U0907434

本书为国家社科基金西部项目“西方哲学经典著作在中国的翻译研究”的最终成果，项目编号：12XZX015，结项证书号：20194723。

本书的出版受到西南科技大学社科处创新发展基金和西南科技大学外国语学院的支持。

西方哲学经典著作在中国的翻译和研究

高阳　田召见　著

目 录

序 言

在今天人类进入全球化的时代背景下，中国与世界的交流和对话的维度超过了以往任何一个时期。文化强国是中国改革与发展的重要目标和任务。文化的核心是哲学，对中国哲学思想和西方哲学的研究有助于我们认识自己和认识世界，在继承发展中国优秀传统思想和文化的基础上借鉴西方先进的思想和文化，推动中华文化的创新和发展，让新时代的中国思想和哲学成为实现中华民族伟大复兴和实现“中国梦”的强大精神动力。中国有五六千年的思想史，中国儒释道思想精华是中华文化的本源，也是中华文化创新和发展的力量源泉，并为人类文明发展和进步贡献着中国智慧。中国思想史上有三次发展高潮，一次是先秦诸子百家学说兴起，一次是佛教传入至隋唐发展到鼎盛，还有一次是宋明理学。我们期待随着中国哲学研究的深入和中华文化的创新发展，在实现“中国梦”的进程中迎来中国思想史上的第四次高潮。今天的中国文化的形成有着中华民族对古代先贤思想的继承，也有对其他民族和其他国家文化的吸收和与异国文化的交融。历史上有两次文化交流的活动广泛而深入地影响着中国文化的进程。一次是发生在公元一世纪到八世纪间的中印文化交流，另一次外来文化的大量传入是十六世纪末以来的中西文化交流。在这两次文化交流中，哲学都是交流的核心部分，表现在前一次是印度佛教思想的输入，在后一次则是西方科学与哲学的传入。而这后一次知识文化的交融流动促进了中国社会形态由封闭保守向开放积极转变，由中世纪形态向近代化和现代化转变，因此十六世纪以来的西学东渐对中国思想和文化的影响极为深远，中国近现代思想史就是引进吸收西方文化的历史。这个时期中国社会的重要思想文化事件无一不与西方思想的进入相关联。尤其是西方哲学理论的翻译和研究,包括马克思主义在中国的传播,深刻影响了近代中国的历史进程。本书旨在通过详尽考查西方哲学经典著作在中国的翻译和研究,反映中国近现代中西思想文化交流的历程,并在此基础上总结出中国学术界在翻译和研究西方哲学方面的经验和教训。对西方哲学的研究必须建立在对西方哲学全面深入的认识和了解的基础之上。只有正确认识和全面了解西方哲学的本质和精髓,才能对西方哲学思想做出正确的评价,才能真正实现中西文化思想的融会贯通,从而发展出适合中国国情和文化土壤的哲学思想,实现中华文化的创造性转化和创新性发展。①

我国研究西方哲学的工作自明末开始,至二十世纪八十年代末,研究和翻译的著作据不完全统计约有 1 156 种,其中译本有 754 种。②翻译外国著作的工作,从佛经翻译开始在中国已经有将近两千年的历史。中国各个历史时期对西方哲学著作的翻译和研究可分为统治阶级有组织的大规模翻译研究和民间自发的翻译研究。从东汉佛经翻译到洋务运动对西方科学著作的翻译,从新文化运动对西方资产阶级哲学著作的翻译到五四运动后对马克思主义哲学著作的翻译研究,从萨特热到当前对西方哲学经典著作的编译工程,对西方哲学的翻译研究与中国社会文化的变革和发展如影相随。

研究西方哲学传入,最早可以追溯到清末民初时期。1920 年,梁启超的《清代学术概论》在晚清学术研究宏观概述中包含了西学东渐的内容。1923 年,蔡元培先生出版专著《五十年来的中国哲学》,突出地就严复的西学翻译、王国维的康德与叔本华和尼采研究、当时的柏格森的生命哲学热、杜威与罗素的来华讲学等进行了简明扼要的论述

① 2019 年 6 月 16 日出版的第 12 期《求是》杂志发表了中共中央总书记、国家主席、中央军委主席习近平的重要文章《坚定文化自信,建设社会主义文化强国》。文章强调,文化是一个国家、一个民族的灵魂。文化兴国运兴,文化强民族强。没有高度的文化自信,没有文化的繁荣兴盛,就没有中华民族伟大复兴。要坚持中国特色社会主义文化发展道路,激发全民族文化创新创造活力,建设社会主义文化强国。

② 数据来自卢海燕:《“西方哲学名著研究编译会”在京成立》,《哲学研究》,1989 年第2 期。

和分析。1934 年，郭湛波的《近五十年中国思想史》第七篇“五十年来中国思想论战”与第八篇“中国五十年来思想的介绍”，全部讨论的都是关于西方哲学的传入与中西文化交流的问题。1946 年，贺麟先生出版了《当代中国哲学》，其中的第二章“西方哲学的概述与融合”，可谓是对自西方哲学进入中国以来的整个传播的全面性介绍。书中介绍了西方哲学进入中国的几个步骤，讨论了西方哲学传入的特点，也对中国学者为西方哲学所做出的贡献大加赞赏。二十世纪四十年代，贺麟先生在西南联大组织了“西洋哲学编译会”，旨在构建中国本土哲学。

在中华人民共和国成立之后，关于西方哲学传入的研究受到了政治的影响，虽有一些学者在某些文章中间接地论述到该问题，但专题式的研究在改革开放之前没有。在二十世纪八十年代之后，中国学者对推进现代化建设的使命感促使他们重新关注西方哲学的传入问题。先是老一辈的学者贺麟先生发表了《康德黑格尔哲学东渐记》，系统地介绍了从晚清到中华人民共和国成立前几代学者传播康德黑格尔哲学的轨迹。1988 年，“西方哲学名著研究编译会”成立，促进了西方哲学著作的深入学习研究。黄见德教授就西方哲学传入的问题撰写了《西方哲学东渐史(上)》《西方哲学东渐史(下)》《西方哲学在当代中国》《20 世纪西方哲学东渐问题》等作品，全面地对西方哲学的传入进行了研究。在各个哲学流派与各个哲学家的传入方面，有李步楼等人的《西方非理性主义人生哲学在中国》、陈海鸿的《西方哲学的研究与进展》、王晓朝的《基督教与帝国文化》、元青的《杜威与中国》、冯崇义的《罗素与中国》、董德福的《生命哲学在中国》，以及 2000 年由汤一介先生任主编的“20 世纪西方哲学东渐史”系列丛书(汤一介主编，首都师范大学出版社，2000 年)。“20 世纪西方哲学东渐史”系列丛书从宏观上展现和论述了二十世纪西方哲学东渐过程的整体面貌，回答了二十世纪西方哲学东渐史作为一种文化现象的发生、历程、学术成果、社会效应以及存在的问题和教训；“西方哲学研究编译丛书”(山东人民出版社，2007 年)所选著作，都是研究某方面原著时必读的参考书；“哲学译丛”(中国社会科学院哲学所,2001)较详细地介绍了十九世纪三十年代西方哲学著作的翻译家及其翻译作品、西方哲学的中国研究、思想风险及其应对方法。

尽管二十世纪八十年代后研究西方哲学的学术成果在数量和种类上急速增加,但是西方哲学的翻译研究仍然存在诸多问题:宏观和外部的研究较多,微观和内部的研究较少;专门的研究较多,整体的研究较少;介述性的研究较多,分析研究和思想创新较少。本书以西方哲学翻译,特别是经典著作的翻译作为重点,进而讨论中西文化交流的研究,旨在帮助大家更清楚全面地认识西方哲学在中国的流入与发展和中西文化交融的历史脉络,指导我们采取正确的思路和方法从事西方哲学的翻译和研究,实现中国文化的创新和发展。

对本书做如下四点说明:

1. 中国学者对西方哲学著作的翻译和研究通常是从解决中国社会中的现实问题出发,以经世致用的原则有选择地译介西学。本书所选择的西方哲学经典著作是从历史学和社会学的视角来关注相关问题的,主要是那些被中国学者多次翻译和着重研究的西方哲学思想和著作,这些西方思想和著作对中国思想的发展和中国社会的变革发生过或可能发生重大的影响。

2. 本书的地域范围界定在中国内地(大陆),没有涉及台湾、香港和澳门地区。一方面,本书要解决的主要是中国内地(大陆)社会文化变迁中所面临的问题;另一方面,获取港澳台西方哲学翻译研究的资料难度比较大。目前,比较详尽论述当代台湾地区和香港地区西方哲学翻译研究状况的书籍有华中科技大学哲学系黄见德教授的《西方哲学东渐史(下)》(人民出版社,2005 年),该书第七章和第九章结合二十世纪中叶以来台湾地区的社会文化背景,介绍了台湾地区西方哲学的引进和传播情况。黄见德教授于 2000 年完成的另一本著作《西方哲学在当代台湾和香港》(首都师范大学出版社,2011 年)作为“20 世纪西方哲学东渐史”系列丛书中的一本专题论著,弥补了目前西学东渐研究领域的不足。故关于港澳台地区的西方哲学著作的翻译和研究,上述两本著作可作为本书的参照与补充。

3. 本书从中国社会文化背景、西方哲学翻译研究状况、西方哲学对中国社会文化的影响三个方面入手，历史地考察西方哲学在中国的翻译和研究。本书把西方哲学在中国的翻译和研究划分为六个历史阶段：明末清初时期、清末民初时期、五四运动前后、二十世纪三四十年代、1949年至二十世纪八十年代、二十世纪八十年代以后。本书结合各个历史时期的历史文化事件来考察西方哲学经典的引入、翻译和研究，以及对中国社会文化产生的影响。

4. 本书是从哲学翻译的角度来考察西方哲学经典著作在中国的翻译研究和中西文化交流，不专门讨论分析各时期的西方哲学理论和流派。

绪　论

一、西方哲学在中国的翻译和研究概况

翻译在重构历史当中扮演着至关重要的角色，其影响力是其他民族接触或交流形式不可比拟的。“翻译为民族文化注入了新的活力，它既是民族文化新的知识增长点，又是赖以延续自身的生命动力。”[①]它促进了历史进程，推动了民族文化的历史性进步。翻译意味着变化，它也体现了文化的内在要求，因而文化史也就是翻译史。

中国对西方哲学著作的翻译始于东汉时期。早在公元67年（东汉明帝永平十年），天竺僧人竺法兰和迦叶摩腾受聘来到洛阳，用白马驮来佛教经典，这是中国人看到外国著作的开始。译经时间长达一千多年，译者人数众多，也是世界之最。十六世纪末年又来了西方基督教的代表，以利玛窦为首，从海道带来了另一批外国著作。他们与中国知识分子合作，进行了翻译工作。他们译出的著作除了《圣经》以外，还有自然科学的典籍（如欧几里得的《几何原本》）和哲学著作（如《名理探》《寰有诠》等）。[②]这一次的翻译事业，规模虽然不及佛经翻译之大，但是把一种全新的文化带入了中国，即起源于古希腊与古罗马的辉煌西方文化。因基督教传教士卷入中国封建王朝的宫廷斗争，这次西方哲学的东进在“礼仪之争”的大背景下人为地中断了。鸦片战争的失败使中国的仁人志士看到中国要救亡图存就必须引进西学，以

① 蔡新乐：《文化史就是翻译史——陈寅恪的历史发现与其翻译观初探》，《外语与外语教学》，2006年第10期。

② 孙尚扬：《基督教与明末儒学》，东方出版社，1994年。

魏源为代表的传统中国文人终于向着世界开放了自己，但“师夷长技以制夷”的方针最后以甲午中日战争的失败而告终。不能再逃避西方文化层面的东西了，在大败之后，以梁启超、严复为代表的进步人士组织和翻译了大量西方政治、经济，尤其是科学技术方面的学术著作，掀起了西学东渐的第一次高潮。严复翻译赫胥黎 *Evolution and Ethics and other Essays* 第一部分所形成的译著《天演论》，脍炙人口，至今都为人津津乐道，可惜哲学这样的高级舶来品还是没有纳入到中国人的视域之中。

在二十世纪初的资本主义民主革命和新文化运动之后，西方哲学经典著作被大量翻译和介绍到中国，先是达尔文的进化论，继之有尼采哲学、无政府主义、实用主义、马克思主义、实在论、德国十九世纪哲学、分析哲学、维也纳学派、现象学、结构主义、解构主义、后现代主义等，这些理论影响着中国学术界，并供中国学者选择，哲学终于登陆了中国，且在西方哲学的包围之下，中国学人（如张东荪、金岳霖、熊十力、冯友兰等）也开始构建属于中国的哲学体系。在中华人民共和国建立之后，西方哲学经典著作的翻译工作受“左”倾思想的影响和数次政治运动的阻挠，经历了近三十年的沉寂期，西方哲学在这一时期体现为在马克思主义的夹缝中生存，只有马克思主义理论来源之一的德国古典哲学翻译还算颇有成果，但其翻译也相当困难，更不用提什么中西融合的问题了。但情况在改革开放后得到了好转，西方哲学著作的翻译和研究逐渐恢复发展，进入了最为繁荣的时期。例如，二十世纪八十年代四川人民出版社出版的“走向未来丛书”，介绍西方哲学著作 200 余种，为知识分子带来了解渴之水。商务印书馆一向以翻译西方经典著作闻名出版界，“系统译介西方学术经典”是商务印书馆创建百余年来一直坚持的出版传统和方向，商务印书馆在 1949 年以前就出版了“汉译世界学术名著丛书”，现已出版书目 800 余种。该丛书是我国改革开放以来最重要的学术丛书之一，是中国几代学者和商务印书馆几代出版家的心血和智慧的结晶。读者对哲学经典著作的需求有增无减。二十世纪八十年代可谓是哲学在中国的黄金时期，不仅翻译众多,且也有如李泽厚这样的学者在吸收西方哲学家的思想的同时进行自己的思想体系构建。时间进入到二十世纪九十年代后,虽然各种学派、各种思想可谓你方唱罢我登场,竞相在中国哲学界出现,但学术代替了思想,“思想家淡出,学术家凸显”。这已经成为了一代学人的时代共识,大家都忙着去研究以往从未深入过的哲学家思想了。学术是思想的诞生点,思想的确需要学术的支撑,但一味追求学术,学术只能成为一种求生的手段。还好,中国的学者逐步认识到了这样的思想窘境。或许在新世纪的曙光来临后不久,新的思想会在中国的大地上生根发芽。

二、西方哲学翻译和研究对中国社会文化变革和发展的影响

中国近代化和现代化的进程与西方哲学著作的翻译介绍紧密相关。西方哲学思想已经在中国生根、开花、结果,它们推动我国的政治、经济、文艺等方面发生变化。文化发展、社会变更、中国的发展壮大及现代化的建设,都需要西方哲学做出自己的理论贡献。

西方哲学包括从古希腊哲学到现代哲学的现象学、分析哲学等内容。在西方哲学中,“西方”不仅仅指地域上的“西方”,而且是文化上的“西方”。古代西方哲学是指从泰勒斯开始的自然哲学直到古罗马早期的斯多葛学派。近代西方哲学是指十五世纪中叶至十九世纪四十年代的西方哲学。近代西方哲学分为三个时期:第一,十五世纪至十六世纪的所谓“文艺复兴”时期。第二,十七世纪至十八世纪末的近代哲学之发展期。这个时期,资本主义进一步发展,自然科学出现了分门别类的研究,哲学的兴趣集中在主体与客体的关系、思维与存在的统一等问题上。可以说,真正的近代哲学是从这里开始的。第三,自十八世纪末的康德哲学起,近代哲学进入了它的高峰——德国古典哲学。每个哲学时期都有重要的代表人物及其作品。近现代西方哲学思想因中国社会发展的需要而被译介到中国,与中国传统文化思想相融合,推动中国思想、文化和制度的变革,使中国社会走向近现代化。哲学翻译的目的,是开扩眼界、增长见识、促进哲学研究、提高思

想水平，以利于更好的实践，即中国的现代化。纵观中国近代社会发展史和文化发展史，每一次思想文化的变革和社会关系的变革都与西方政治文化的影响息息相关。从戊戌变法到洋务运动，从辛亥革命到五四运动，从新民主主义革命到社会主义建设，无不看到西方哲学的影子。影响即用一种为别人所乐于接受的方式，改变他人的思想和行动。西方哲学著作被翻译成中文后，在中国知识分子和各界群众中传播，改变了中国知识分子对世界和社会的认识，让他们认识到中国需要奋发图强，需要引进西方先进的思想和理论（包括科学技术），并用这些理论和技术来指导中国社会文化的变革和发展。西方哲学著作的译者往往就是革新派或革命者。

洋务运动时期的西方格物之学、新文化运动时期的资本主义民主与科学的思想，以及二十世纪传入的西方哲学思想，对中国文化和社会产生了惊天动地的影响，西方哲学思想的译介与中国社会的发展如影相随。这些影响深入到中国文化的深层领域，与中国传统文化相融合，成为了中国文化的一部分。例如，德国古典哲学思想已经在中国植根九十余年，成为中国的核心价值体系不可缺少的部分，深化到中国社会生活的方方面面。

三、存在的问题

中西两种文化是在各自封闭的地域和人文环境中发展起来的。随着东西方经济贸易的增加，中西方文化发生交流、碰撞与融合。中西文化交流互通一开始就是全球化的产物，而作为西方文化内核的西方哲学思想在中国的传入和引进也是全球化发展的结果。十五世纪至十六世纪，西方世界在科学探索方面取得重大进步，人们的思想打破了中世纪的禁锢，西方各国相继完成资产阶级革命。为完成资本主义的原始积累，西方各国将视野从本土转移到海外，他们需要通过海外扩张来获得更多的资源与资本。中西方的文化交流，一开始并不是在平等的基础上进行的。西方哲学最初是以强势文化对弱势文化的姿态进入中国的。文艺复兴运动后，资本主义各国在科技与军事方面都远超封建帝制的大清帝国,因此长期以来,中国人是以学习者的姿态引进和接受西方哲学思想。中国人学习西方文化和思想是为了获取救国的良方,采用的是"拿来主义",对西方哲学的翻译和研究往往受到"经世致用"思想的影响,翻译和研究西方哲学往往较为肤浅和片面,断章取义的情况很常见,对西方哲学完整深入的研究很少。中国学者学习研究西方哲学习惯用本民族的传统文化模式去扭曲和附会西方哲学的诸多理论和概念,"当人们自以为掌握了西方哲学的本质内核时,实际上却在很大程度上还在本民族固有的思想中转圈子"①。即使到了二十世纪八十年代以后,翻译研究西方哲学的成果在数量上有了空前增加,但述介性的研究大大多于分析性的研究,对西方哲学翻译和研究的肤浅性和片面性并没有发生实质性改变,西方哲学与中国思想的融合仍然任重而道远。面对全球化的发展,世界村的概念深入人心,我们需以开放的姿态和开阔的胸怀,在西方哲学与中国传统文化的碰撞中做出智慧的选择,实现文化创新,找出文化强国的道路。

---

① 程新宇:《西方哲学东渐百年:回顾、反思、展望——海峡两岸西方哲学东渐学术研讨会综述》,《世界哲学》,2003年第1期。

第一章　明末清初时期西方哲学的翻译

中国与西方的交流源远流长，但是有着实质性的思想交流与哲学对话却是在明清时期才发生。这与基督教团的传教有着深刻的联系，正是在耶稣会的传教过程中，在公元前六世纪起源的西方哲学才首次进入中国并得到了翻译。西方中世纪占统治地位的哲学是基督教哲学，在这一时期，基督教哲学成为西方哲学在中国翻译的主要内容。

第一节　西方哲学进入中国

西方，这个词语对于现代化进程中的中国总是有着纠结的成分，并且这样的纠结今天仍然在继续着。其实，中国与外来文化的交流，特别是西方文化的交流由来已久。“西方”这个词语按照最初的含义应该是指我国的玉门关之外的广大的欧亚大陆领土，它包括西域地区（我国现在的新疆及中亚各国）、阿拉伯世界的西亚地区、印度和巴基斯坦等南亚地区以及欧洲。自汉代以来，这些地区通过陆上与海上的丝绸之路与中国发生着诸如战争、商业买卖、技术交换、物资流通、文化交流等中西碰撞。中国自身的文化也就在这样的交流和碰撞中不断丰富和发展着。中国的文化始终是在与外来的异质文化交流之过程中存在着的，并不存在一个固有的、超越的、一成不变的中国文化。西方哲学就是在这样常态化的交流之中来到中国的。

一、西方哲学进入的时代背景

那么，西方哲学这个扎根于古希腊文明的西方文化形态是什么时候进入中国的呢？很多人都误以为是在鸦片战争以后，中国人才开始接触到西方哲学并开始翻译。其实，在明朝时期就有了西方哲学的首次进入，这与基督教的传播有很大的关系。随着中西文化交流的深入，自唐代起就有基督教团进入中国，虽中间偶有中断，但基督教一直没有放弃在东方世界的中国进行传播。[①]可是，这样的传播却一直未能在信奉儒家学说的中国得到很好的回应。除了基督教教派内部的争斗，以及其脱离普通平民，只是与社会中的高层人士接触外，基督教思想与中国传统文化思想间的冲突也让基督教在中国的传播不畅。为了更好地传播基督教思想，明清时期的基督教团成员开始反思以前失败的原因，从而改变了传教的方式。对此做出巨大贡献的是于1582年来到中国的意大利耶稣教会成员利玛窦(Matteo Ricci，1552—1610年)。利玛窦提出了与以往传教方式不同的路线：

第一，尊重中国的传统文化及习俗，在此基础之上宣扬基督教思想。中国人因信奉儒家学说，都有祭天祭祖的风俗习惯，利玛窦允许在中国的基督教信徒在信奉耶稣基督的同时，可以保留这样的本地风俗习惯。而利玛窦本人也身体力行“习华言、易华服、读儒书、从儒教、以博中国人之信用，其教始能推行”。[②]

第二，争取统治阶层的信任，自上而下地进行传播。1601年，利玛窦与庞迪我携带大量的礼品进京觐见明神宗，且按照中国的习俗行叩拜之礼，获得了明神宗的支持，获准在京居住、领取俸禄、建立教堂、广布耶道、结交官员。在统治阶层那里获得了好感，为之后的布道打下了基础。

第三，“以学术收揽人心”[③]。这一点是与以往传教士的传播最为不同的。西方基督教以外的科学技术、思想流派等在此之前都不会成为传教士传播的重点。利玛窦以此为工具，吸引中国士大夫阶层的注

---

① 详情可参见王治心：《中国与基督教史》，上海古籍出版社，2004年。

② 柳诒征：《中国文化史》，正中书局，1948年，第19页。

③ [法]费赖之：《在华耶稣会士列传及书目》(上册)，冯承钧译，商务印书馆，1938年，第32页。

意力，进而使他们对基督教产生兴趣从而皈依耶稣基督。为此，利玛窦煞费苦心，他把西方科学所创造出来的伟大成果进行展示，并且在此基础之上宣扬西方科学、哲学、基督教思想。

耶稣会教士的工作使得基督教在中国大地上出现了一波信奉的高潮，而当时的中国也有了些许的变化。中国进入到明朝万历年间后，明神宗乐于见到耶稣会为了传播基督教在中国所做出的改变，他取消了许多原来对于传教士的限制。耶稣会传教士与中国士大夫阶层的互动也甚好，士大夫阶层都以欢迎的态度对待西方传教士，相继有许多士大夫洗礼受教皈依在基督教门下，而像徐光启、杨廷筠、李之藻等人在信奉基督教的前提下，积极地与西方传教士进行合作，翻译了大批包括哲学著作在内的西方著作。

总的来说，以利玛窦为首的耶稣教会成员只是为了传播基督教思想而采用了与之前不同的传播方式，传播西方科学技术与哲学只是他们的手段，目的与动机都不在于此。但是，这客观上却使得西方思想，特别是与中国传统儒家学说"经世致用"不同的纯粹思想——哲学首次进入了中国。

二、艾儒略的《西学凡》

基督教传教士的主要目的是扩大罗马天主教在全世界的影响，招收信徒，进而建立起一个全球性的天主教世界，这是每个脱离欧洲漂流在外的传教士的使命。但是，各个地方的本土文化却是阻碍基督教思想传播的壁垒。遇到文明落后的地区尚可以用武力进行征服再进行传播①，而明清时期的中国国力强盛，并不具备武力征讨的条件。因此，在中国介绍西方文化的同时，把西方文化融入中国文化进行传播，不啻为一个好手段。

中国的传统文化里面并没有学科分类这样的知识谱系。1623 年，意大利传教士艾儒略(Jules Aleni，1582—1649 年)在他的中文著作《西

---

① 当时信奉天主教最为虔诚的西班牙与葡萄牙的殖民化运动确有传教的目的在里面。

学凡》中首次阐述了学科分类的思想。他在书中把知识共分为六大类：(1)文科(*rethorica*)；(2)理科(*philosophia*)；(3)医科(*medcina*)；(4)法科(*leges*)；(5)教科(*canones*)；(6)道科(*cheologie*)。[①]在介绍西方各类思想的同时，他也把中国传统文化当中的文、理、医、法、教、道等思想与西方的思想进行衔接。在这里，"philosophy"首次得到了翻译，艾儒略用中国宋明学说当中的"理"来对应西学中的"philosophy"。"理学者，义理之大学也……如金在砂，如玉在璞，须淘之，剖之。"[②]理学乃是研究义理的大学问，不是具体的技术，也不是表面的现象，而是像隐藏在具体事物背后的本质，就如沙中金、璞中玉一般。作为西方传教士，艾儒略对于西方哲学的理解是到位的，但是宋明理学中的"理"不仅仅是隐藏在事物背后的本质，它还涉及儒家学说所特有的伦理道德维度，艾儒略在翻译"philosophy"时忽略了这一点，只是牵强附会地进行能指层面上的对应。

其实，不仅"理学"遭到了这样的误读，像"道"这样的重要思想也被比附为基督教神学，连中国的基督教信徒(如徐宗泽)都是这样认为。就像在中世纪一样，哲学生活在神学的阴影之下。在这个时期，进入中国的西方哲学译著全部都与天主教的思想有关。

第二节　基督教哲学的翻译

在中世纪时期，哲学沦为神学的婢女，哲学的存在只是为了在理论上论证神学的命题，"信仰寻求理解"——安瑟尔伦如是说。对于耶稣基督的信仰，并不因为在理论推导上能够说得明白就成立，信仰是在先的，这种在先不是流于时间意义上或者哲学逻辑顺序上的在先，而是信徒自身的生存性本身在先，亦即存在的先在性。信徒是在信仰的前提之下去寻找神之理论的证明，即使寻求不到理论的支持，信仰

---

① 括弧中标示的是古拉丁文。

② [意]艾儒略：《西学凡》，参见李之藻等辑，《天学初函》，学生书局，1965年，第31页。

也不会打半点折扣，其以活生生的方式饱满地绽放在世。因此，用哲学的方式论证神学问题的学说就成为了中世纪哲学的主流——神哲学。①明清时期的西方哲学译著就是神哲学。

一、神哲学的翻译出版

神哲学的翻译出版与当时的基督教传播背景有着直接的联系。基督教神圣之道都在基督教的经典典籍中，如果只有传教士的言传身教，基督教思想并不能够在中国大量地传播，因此翻译出版基督教典籍就成为了传教士必须面对的工作。

由于保存不善、禁教等原因，现在流传下来的基督教译著并不多，我们能够找到的主要存放在上海徐家汇藏书楼中，其他的还散见在梵蒂冈与巴黎国家图书馆。民国时期的神父徐宗泽根据上海徐家汇藏书楼藏书整理编辑成了《明清间耶稣会士译著提要》一书。在这本书里，他把当时的译著分为七大类：圣书类、真教辩护类、神哲学类、教史类、历算类、科学类、格言类。这是对明清时期的耶稣会教史译著的整理和总结。虽然仍有很多译著没有能够完全地收集到，但可以看出明清时期的确是我国基督教典籍与科学著作翻译的一个高潮。当然，哲学译著中间涉及基督教神学的著作最多，七大类中的圣书类、真教辩护类、神哲学类、教史类与格言类都涉及基督教神学，其他的涉及欧洲古典科学的内容。在哲学方面，当时涉及的哲学家只有托马斯·阿奎那及其思想上的老师亚里士多德。且在翻译哲学著作的时候，更多考虑的不是两位哲学家与基督教之间的亲缘关系，而是从基督教传教的目的上来传播哲学，所以哲学的婢女地位仍然没有得到解除。

---

① 关于是否有基督教哲学或者神哲学的存在的问题一直在基督教内部有着不同的声音，其实问题的实质在于宗教面对的是信仰问题，而哲学始终是理性问题，信仰的发生不需要理性的参与，因此有些神学家认为，在基督教的神学体系当中是没有基督教哲学存在的。历史地看待这个问题的话，信仰与理性之间的确存在着相互包容、相互对立、在张力与对话之间共存的问题，那么基督教哲学在事实层面上的确是存在的，只是如何看待它与基督教神学之间的关系之问题。

二、托马斯·阿奎那著作的翻译

托马斯·阿奎那(Thomas Aquinas,约1225—1274年)是中世纪最为著名的的经院哲学家之一。他的著作众多,总的字数在一千五百万字以上。在这些著作中,除了对亚里士多德的著作进行阐释评述之外,还有在理解和领会亚里士多德的哲学思想的基础上而写作的神哲学著作,包括《反异教大全》《神学大全》《论存在与本质》《论真理》《论自然原理》《箴言书注》等。在长达千年的中世纪中,阿奎那的哲学思想可以说是经院哲学的顶峰,其对所有的哲学问题都进行了全面和系统的思考,天主教把他奉为圭臬,他的著作成为了基督教徒们学习的经典。

作为天主教的重要修会之一,耶稣会对托马斯·阿奎那的著作当然是非常重视。艾儒略就在他的著作《西学凡》中提到,"其间有一大圣,名为多玛斯,著书甚博。又取前圣之言,括为陡禄日亚略。所言最明、最简、最确。而此后学天学者,悉皆禀仰不能更赞一辞"。①上文中的"陡禄日亚略"就是阿奎那的名著《神学大全》一书。接着,艾儒略还论述了《神学大全》的三个部分:"第一支先论陡禄日亚之学,次论天主之本体……第二支,论人之究竟归向,与人生前身后之真福"②,第三支阐述天主教的"降生救世论"。《神学大全》不仅是阿奎那的系统神学著作,它更体现出了阿奎那的哲学思想。

而且,在传教士的心中,这本书"由初迄末,层层相发,序若鳞次;累累交承,贯似珠连,望之浩瀚,拟河汉之无极"③。就是说,它逻辑严谨,在内容上"义理宏深,旨归精确……诸理之正鹄,百学之领袖,万圣之师资"④,是使中国人得以皈依的最佳选择。于是,传教士利类思决定克服重重困难把它翻译成中文,让它在中国能够传播开来。正如他

① [意]艾儒略:《西学凡》,见李之藻等辑:《天学初函》,学生书局,1965年,第51页。

② 同上,第53页。

③④ [意]利类思:《超性学要自序》,参见徐宗泽编著:《明清间耶稣会士译著提要》,中华书局,1949年,第190页。

在序言中所说,“旅人九万里东来,仰承先哲正传,愿谐同志将此书编译华言,以告当世”。[①]就这样,利类思以《超性学要》为名来翻译《神学大全》的第一部分,分三次刻印。其中,第一支的“论天主性体”六卷,“论三位一体”三卷,“论万物原始”一卷,共十卷于1654年出版;第一支中的“论天神”五卷,“论幸物之造”一卷,共六卷于1676年出版;第一支中的“论灵魂”六卷,“论人肉身”二卷,“论总治万物”一卷,共九卷于1677年出版。后来,传教士安文思又翻译了第三支的“天主降生”四卷,“复活论”二卷,共六卷于1677年出版。

这是阿奎那的著作第一次用中文翻译并且出版。译文全部以文言文的方式翻译而出,语句优美,言简意赅,是难得的文言译著之上品。遗憾的是,这部译著不是全译本,它只是节选了传教士认为重要的部分。虽然阿奎那的著作里面都包含着哲学思想,但哲学最为集中的第二支并没有得到翻译。在明清的战乱年代,《神学大全》能够得到翻译已实属难得,我们不可对此苛求过多。[②]

三、亚里士多德著作的简单译介

由于基督教传教的需要,基督教经典的典籍能够在中国以传教士与中国信徒相结合的方式翻译出来,直接翻译的作品当然会以神学为主,辅以科学、数学、哲学等。亚里士多德(Aristotle,约公元前384—公元前322年)是古希腊最重要的哲学家之一,集古代知识于一身,在他死后的几百年中,没有一个人像他那样对知识有过系统考察和全面掌握。他的著作是古代的百科全书,他的思想曾经统治过全欧洲,并影响了几乎全西方的哲学家,被誉为“百科全书式学者”。亚里士多德逝世后,古希腊哲学走向了衰落,由此可见亚里士多德哲学的重要性。但亚里士多德著作的翻译却还是由于沾了基督教传播的光,才能够在

---

① [意]利类思:《超性学要》,参见徐宗泽编著:《明清间耶稣会士译著提要》,中华书局,1949年,第190页。

② 在周克勤神父(已过世)的带领下,天主教的中华道明会多明我出版社与碧岳学社于2008年联合出版《神学大全》的中文译版十九册,编译过程耗费近三十年。

十七世纪的时候于中国翻译出版。

前文提到，哲学在中世纪沦为神学的婢女，哲学只是为了论证神学命题的合理性才在神学家之间讨论从而形成了经院哲学。基督教最为重视的哲学家分别是柏拉图、亚里士多德与新柏拉图学派哲学家的思想。亚里士多德的思想在教父哲学时期并未受到重视，是阿奎那重新认识到亚里士多德的重要性。作为神学家，阿奎那当然认为信仰是先于理论或者理性的，理性只是为了进行神学论证才有必要存在。但阿奎那的思想带有明显的亚里士多德哲学的痕迹，阿奎那要用亚里士多德的哲学理论来论证神学主题的合理性①，阿奎那自己也对亚里士多德的著作进行阐述。由于阿奎那的缘故，天主教的神职人员（包括传教士）都系统地接受过亚里士多德思想的学习，经院哲学中的许多问题都与亚里士多德的哲学有关。因此，亚里士多德的著作在这个时期也由传教士翻译传入中国。

最早被翻译的亚里士多德的著作并非是亚里士多德的原著。1623 年，传教士傅泛际（Francois Furtado，1578—1653 年）与中国的李之藻一起翻译《寰有诠》，这本书本来是葡萄牙的科因布尔大学耶稣会使用的课本，内容来自亚里士多德的自然哲学著作《论天》。经过五年的时间，该书于 1628 年译出，在杭州刊印出版。这本书只是选取了亚里士多德《论天》中的部分内容进行翻译，且翻译采用的是意译而非直译。这是亚里士多德的著作第一次被翻译到中国。当然，这部著作讨论的是宇宙的构成及其演变，因此它只是“第论有形之性”②。可见，这部著作是亚里士多德作品当中内容较为浅显，翻译起来比较容易的，所以才首先被传教士选中进行翻译。

而阿奎那及受其影响的天主教神职人员最关心的是亚里士多德的逻辑学，这部分的内容构成了中世纪经院哲学的重要部分。那么，在中国，逻辑学的翻译也是必然的了。傅泛际与李之藻在翻译完《寰有诠》之

---

① 如阿奎那在论证上帝存在问题中借助亚里士多德的思想的五个论证。

② 李之藻：《译寰有诠序》，参见徐宗泽编著：《明清间耶稣会士译著提要》，中华书局，1949 年，第 196 页。

后，马上又着手翻译科因布尔大学耶稣会使用的逻辑学讲义，他们后来把它命名为《明理探》，这部分的内容全部来自亚里士多德的逻辑学。全书分为上下两篇：上篇为五公论（宗、类、殊、独、依）及十论（论自立体、论几何、论互视、论何拟、论施作、论承受、论体势、论何居、论暂久、论得有）①；下篇论三段法及其他。上篇在1631年翻译完成并在杭州刻印出版。可惜的是，1630年，与傅泛际合作翻译的中国文人李之藻辞世，居住在西安的傅泛际企图凭借自己一人之力继续翻译逻辑学著作《明理探》后二十卷的三段论部分，但是这项工作却一直都没有完成，译出的部分也没有刊印出版过。傅泛际去世后，传教士南怀仁（Ferdinand Verbiest，1623—1688年）继续完成了傅泛际的翻译。同时，他把《明理探》与其他的逻辑学、科学著作汇编在一起，结集为《穷理集》，于1683年呈现给当时的康熙皇帝，但因为后来的战乱与禁教活动，这一合集至今也未能找到。

除了这两本直接的翻译作品外，亚里士多德的逻辑学说、四因学说、元素学说也在传教士的中文作品中得到了简单的译介。逻辑学在中国的战国时期有一定的讨论，当时被称为“名学”，是由百学里面的“名家”在进行讨论，著名的命题有“白马非马”等。可是，秦朝以后一直延续的主流文化是儒释道三家，其他学派的思想都没有得到系统的阐述。亚里士多德的逻辑学是古典逻辑的顶峰之作。清初的传教士南怀仁在《进呈穷理学书奏》中，反复强调学习逻辑学的重要性，他认为，“穷学理是百学之根……百学之宗，订非之磨勘，试真之砺石，万艺之司衡，灵界之日光，明悟之明眼，义理之启始……诸学之首需者也”。②艾儒略也在《西学凡》中介绍逻辑学乃“理学”五科之首，它的奠基人为亚里士多德，并且他把亚里士多德的逻辑学归为六大门，即落日加诸预论、五公称之论、理之有论、十字论、辩学之论和知学之论，还

① 现在五公论中的概念一般翻译为属、类、差异、固有属性、偶在性，十论为实体、数量、性质、关系、位置、时间、姿势、所有、主动、受动。

② ［比利时］南怀仁：《进呈穷理学书奏》，参见徐宗泽编著：《明清间耶稣会译著提要》，中华书局，1949年，第192页。

简单介绍了这六大门的主要内容。可惜的是，这些思想如同未被发扬光大的“名家”思想一般，淹没在了中国传统文化当中，甚至连译本也只剩下一些残卷。

亚里士多德在谈论事情原因的时候提出了著名的“四因说”，即事物的运动有质料因、形式因、动力因、目的因。这本来是亚里士多德阐述事物的哲学观点，但在中世纪，“四因说”经过改头换面成为了论证神学问题的工具，是天主教教士必修的内容，耶稣会的传教士也在他们的著作当中简介了亚里士多德的“四因说”。例如，利玛窦首先就在他的著作《天主实义》中把亚里士多德的“四因说”翻译成“试论物之所以然，有四焉。四者维何？有作者、有模者、有质者、有为者”。①接着，他还在文中对“四因”的各自含义做出了解释：“夫作者，造其物而施之为物也；模者，状其物置之于本伦，别之于他类也；质者，物之本来体质所以受模者也；为者，定物之所向所用也。”②利玛窦对亚里士多德的“四因说”之理解是准确的，而且在如此介绍“四因说”的同时，作为基督徒的他还主动地把“四因说”与耶稣基督联系起来，世界终极的作者、为者只能是全知全能全善的上帝。

前苏格拉底的哲学家们集中讨论的是自然哲学的问题，他们在谈论世界的本源时分别认为构建世界基础的是“水”“无定”“气”“火”“存在”“原子”等，这些自然哲学的思想在亚里士多德的自然哲学那里得到了系统的梳理。在亚里士多德之前，恩培多克勒就把“水、火、土、气”这四个元素当成是构成世界的本源，但是在他那里，这四个元素是受爱恨这样的非理性因素之推动的，四个元素本身是惰性的。亚里士多德推进了恩培多克勒的思想，四个元素是组成世界的基本元素，但是它们只是组成了月下世界，月下世界就是包含着世间有限万物的世界，而月上世界是由“以太”这一元素构成的。只要稍加改变，月上世界的“以太”就可以与基督教中的天主联系起来，因此元素论在中国也

①② ［意］利玛窦：《天主实义》，参见朱维铮编：《利玛窦中文著译集》，复旦大学出版社，2001年，第12页。

获得了不少的译介。最早译介元素论的是利玛窦与傅泛际，他们分别在《天主实义》《乾坤体义》与《寰有诠》当中介绍了元素论。他们把四元素翻译为“四行”或者“四元行”，并简单阐述了“四行”构成世界万物的情况。后来，在传教士庞迪我（Diego de Pantoja，1571—1618年）的《天主实义续篇》中，他详细地描述了“四行”如何构成宇宙，他写道：“万形之物，取质于四行，据其性情，各得其所。火至轻清，跻于天域，使焰不下害。土至重浊，离天最远。水稍轻，则浮土之上。气轻重之间，则乘水上，而负火焉。四行之情，相攻互敌，而攻敌之中，又有相和。土燥水湿相敌，乃以俱冷而和。水冷气热相敌，乃以俱湿而和。气湿火燥相敌，乃以俱热而和。火热土冷相敌，乃以俱燥而和。全敌而无和，物不生。竟和而无敌，物不成。和敌各半，造化并兴。然彼此力埒，则不相籍。或一强一弱，则强常胜，弱常负，而不相配，物俱难保矣。四行则强以攻者，弱以防；强以防者，弱以攻。如火性急猛，所遇即化，水弱反熄之。土性钝懦，化物最迟，火刚即变之。若此则其强弱调适，而后万物之造化，存安甚顺也。”①在这里，庞迪我详细地说明了“四行”在世间的运行之道，并在其中暗示上帝在这样的运行中所起到的超然性作用。

第三节　传教士对西方哲学经典的翻译

在翻译西方基督教典籍的同时，传教士顺带翻译了西方哲学，这是西方哲学首次进入中国的一大特点，由此可以看出西方哲学的首次进入笼罩着基督教神学的阴影。但是，传教士的翻译传播并不是一项简单的工作，上千年的封建文化思想，特别是以儒家为主的官方意识形态，仍旧成为了基督教传播的巨大障碍。为了传播基督教，传教士的工作甚为艰巨，但是这样的艰巨工作却并没有换来文化交流的深

① ［西］庞迪我：《天主实义续篇》，参见徐光启等：《天主教东传文献》（一），学生书局，1986年，第124—126页。

入，中西方文化的首次碰撞因中国的闭关锁国政策而中断了。

一、传教士对西方哲学的输入

传教士并不是简单地翻译作品，他们同时也著书立说，以宣扬基督教与西方科学、哲学思想。但是，在宣扬这些思想的时候，传教士们并不是简单地把基督教思想进行直接的转述，而是在充分理解中国传统文化的基础之上，做一种解释性的宣扬。例如，在利玛窦的《天主实义》、罗明坚(Michele Ruggieri，1543—1607 年)的《天主圣教实录》、庞迪我的《天主实义续篇》、艾儒略的《万物真原》、孟儒望(Ean Monteiro，1603—1648 年)的《天学略义》、汤若望(Johann Adam Schall von Bell，1591—1666 年)的《主制群徵》、南怀仁的《教要序论》、罗南望的《天主教启蒙》，以及中国信徒徐光启的《辩学章疏》、杨廷筠的《代疑篇》、邵辅忠的《天学说》等著作中，他们都大量摘取中国传统文化当中的资源来讨论经院哲学中的形而上学、灵魂学说、伦理学、逻辑学等问题。他们把中国传统文化中的“天”“道”等用来指称基督教的“天主”“耶稣”“上帝”等概念，用“悟”“欲”“含”“通”等来指称灵魂的功能与认识问题，用“仁义礼智”“修齐治平”“人性”“善恶”等来讨论伦理道德问题。既然是交流，那就不可能是西方单方面的输入。在输入西方的基督教、科学、哲学思想的同时，传教士们也大量翻译中国的传统文化典籍，并将其传入欧洲。莱布尼茨(Gottfried Wilhelm Leibniz，1646—1716 年)就曾经提到，“在中国，在某种意义上，有一个极其令人类赞佩的道德，再加上有一个哲学学说，或者有一个自然神论，因其古老而受到尊敬”。[1]莱布尼茨这段对中国的褒扬就是在了解传教士闵明我(Domingo Fernández Navarrete，1610—1689 年)对中国文化的介绍后提出的。

总体上来说，这个时期的中西文化交流都是西方传教士在努力，

① [德]莱布尼茨：《莱布尼茨致闵明我的两封信》，庞景仁译，《中国哲学史研究》，1981 年第 3 期。

目的就是扩大天主教在世界范围内的教区，翻译西方著作是为了更好地传教。在对待中国传统文化，特别是儒家学说时，他们采取的方式是“合儒(说明天主教与儒家学说及中国古代典籍有相合之处)、超儒(认为西方天主教在某些方面超过了儒家学说)、补儒(认为天主教与儒家思想多有相通之处，但儒家仍可有天主教补充之处)、附儒(对天主教义某些方面做了修改以附会儒家传统思想)等等方法”。[①]虽有中国士大夫阶层加入了这样的交流，但中国的传统文人对包括基督教在内的西方文明没有什么好感，只是对西洋的望远镜、自鸣钟、眼镜、天体仪等器物感兴趣。对于西方思想，在当时的儒者徐大受看来，西洋的科技“纵巧何宜于心身”，其理由是此类末技无益于圣道。简单地说，这时期的中西交流之方式是以西方传教士以西会中为主，但这样的交流在中国的影响却十分有限，仅仅局限在少数感兴趣的上层人士中，与平民的互动极少，中国传统社会的自身发展之路并没有因为西方基督教、科学、哲学思想的传入而受到影响。

二、基督教哲学翻译对中国的影响

十六世纪始的大陆发现运动，使得东方与西方在物理上的距离不再是那么遥不可及，东西方的交流拉开了序幕。虽然这样的序幕是由传教士的传教活动掀起的，但这并不妨碍当时东西方的交流。这个时期的欧洲不再是黑格尔叙述的那个“黑暗的中世纪”，轰轰烈烈的文艺复兴运动已经在那块大陆上播下了人文主义的种子，资本主义已经萌芽并欣欣向荣地发展着，宗教改革使得天主教的绝对权威地位受到了挑战，科学也初步展现出了自己强大的生命力。这个时期的西方文化传入虽以传教士传教作为主要方式，但传教士们也受到了这些运动的洗礼，不然西方的天文、历法、数学、物理、医学、地理、水利诸学，以及建筑、音乐、绘画等技术不会在这个时期才传入中国。

传入到中国并不等于影响到中国，中国对待西洋文化一直抱着

① 汤一介:《利玛窦汇合东西文化的尝试》,《中国论坛》,1989 年第 3 期。

“玩物”的态度，传教士采取的合儒、超儒、补儒、附儒等方式并没有从根本上改变中国人的存在方式。传教士们为中国人打开了一扇了解西方的窗户，可是中国人却并不领情，这扇窗户被中国人自己关闭了。这里就不得不提“礼仪之争”。在利玛窦对传教方式进行改变的时候，他在一个重要的方面定下了规矩，即为了使天主教更好地融入中国社会，传教士在传教的时候必须尊重中国人祭孔祭祖的风俗习惯。也就是说，中国人在信奉耶稣基督的同时，也可以继续祭奠孔子与先祖。这是耶稣会能够在中国取得上述成就的一个关键。如果没有对本土文化的尊重，基督教的传播不会在那个时期小有成就。随着利玛窦的逝世，首先是耶稣会内部出现了反对的声音，认为应该反对用中国传统典籍里的思想来附会基督教思想，反对中国信徒的祭孔祭祖。十七世纪三十年代开始，这样的反对声音一直从耶稣会内部传到其他教团，进而传到了清朝的康熙皇帝与罗马教皇那里。这个时期，罗马教廷的支持者由原来的西班牙与葡萄牙转变成了法国，当法国表态宣布应该废除利玛窦的规矩时，罗马教廷也会极力支持。1694年，教皇克莱蒙十一世发布命令，禁止中国信徒参加祭孔祭祖的仪式，并派特使铎罗到中国宣布与贯彻此命令。1705年，铎罗得到了康熙皇帝的召见，并表明了自己来华的原因，康熙得知后断然宣布：“将来若是有人主张反对敬孔敬祖，西洋人就很难再留在中国。”[①]到了1715年，教皇通过公布“自登基之日”教谕，重申了禁止中国信徒祭孔祭祖，并派嘉禄到中国贯彻此规定。康熙皇帝在召见嘉禄的过程中了解到罗马教廷仍然禁止中国信徒的祭孔祭祖行为，再加上不断有官员上书禁止基督教在中国的传播，康熙皇帝明令全面禁教。除了有一技之长的传教士还留在宫中外，其他传教士全部限期离开中国。虽然传教被禁止了，但中国与西方——特别是罗马教廷——的联系却还没有中断。到雍正皇帝登基之后，由于八皇子胤禩获得了基督教的支持，雍正宣布基督教参与到了宫廷争斗之中。除了在钦天监供职的传教士外，其他

① 罗光：《教廷与中国使节史》，台湾光启社，1976年，第124页。

传教士全部被驱逐出境。至此开始，中西文化交流的大门被彻底关上了。

表面上看，中西文化交流的中断是由于礼仪之争所导致的，但归根结底，这是中国文化与西方文化在根本价值上的对立所造成的。基督教的普世价值不能允许除耶稣基督外的其他偶像存在，中国传统的儒家学说却最为重视以血缘为纽带的社会关系。这样的差异虽可以在利玛窦在世时通过改变策略来适应，但对于有着自身文化体系的中国来说，总归是不能包容如基督教这样的外来文化的。明清时期的传教士式的思想文化交流本就是在薄弱的基础上进行的，轻微的风吹草动都可能导致交流的中断，这是不可避免的现实状况。只有当中国领教到了西洋文化的厉害之处时，中国人才在这样的坚船利炮面前被迫开始了向西方的学习。

第二章　清末民初时期西方哲学经典著作的翻译和研究

第一节　西力东进下的西学传播

鸦片战争拉开了中国现代化的大幕，但其实在鸦片战争之前，西方文化的传播在中国文化圈内就没有停止过，只是传教士的活动没有深入到中国大地，其在中国的周边仍然非常活跃。鸦片战争的失败震动了先进的中国知识分子，他们意识到不可再做着“天朝上国”的梦，中国必须向西方学习了。可是，就算这批先进的知识分子也还是深刻地怀念着中国以儒家学说为代表的传统文化而无法自拔，向西方的学习是被迫的，但毕竟我们被打败了，如果我们要取得胜利就必须向西方学习。中国的文化本身是没有问题的，只需要学习西方的技术即可，“师夷长技以制夷”，这并非魏源个人的思想，而是那个时代的先进中国人的普遍写照。

一、早期西学传播的继续

在雍正颁布了禁令全面禁止基督教在中国传播以后，西方的基督教并没有放弃对东方世界的宗教传播，只不过这时的传播者不再是以罗马教廷为主的天主教团了。随着十六世纪宗教改革的胜利，各种基督新教出现了。为了抢占全球的基督教市场，新教的传教士们也是不遗余力地向东方世界进行传教。但由于被明令禁止，他们无法登入中国，于是传教士们采取了“包围”战略，在马六甲、新加坡、巴达维亚（今雅加达）、广州（中国当时唯一的对外窗口）、澳门（当时的葡萄牙殖民地)、泰国、日本、朝鲜半岛等地进行基督新教的传播活动。当时的教团包括伦敦会、荷兰传道会、美国教会传道会、浸信传道会等新教教团。由于上述地点要么是欧洲国家的殖民地,要么对基督教采取一种宽容的态度,基督新教在这些地方的传播非常成功。他们在当地开办学校、建立医院、撰写著作、编辑杂志报纸、翻译出版书籍,不仅对当地人进行传教,也对来到这里的华人华侨进行传教,企图通过这样的手段重新回到中国。

根据伟烈亚力《基督教在华传教士回忆录》一书的记载,在马六甲、巴达维亚、新加坡、广州、澳门、槟榔屿和曼谷这七个地方,1842 年出版的书籍和刊物达到 138 种。在这 138 种书刊中,“属于《圣经》、圣诗、辩道、宗教人物传记、宗教历史内容的,有 106 种,占 76%;属于世界历史、地理、政治、经济方面内容的,32 种,占24%”。[①]其中,德国传教士郭实腊编撰的《古今万国纲鉴》与美国传教士裨治文编撰的《美理哥合省国志略》是介绍世界历史的重要资料;《察世俗每月统计传》《特选撮要每月纪传》《天下新闻》和《东西洋考每月统计传》四种报刊以华文出版,虽然大都刊载基督教的内容,但也不乏诸如新闻、历史、地理、宗教、哲学、时论、自然、天文、工艺、商业、贸易、文学、杂闻等一般性的资料。这些书刊广泛地介绍了世界各国、各地区的历史、地理、民情、风俗,在当时的南洋及我国的沿海一带影响甚广,魏源在撰写《海国图志》的时候就大量参考了上述书刊。

清朝的禁教令虽然禁止了基督教传教活动,但以建立世界性宗教为宗旨的基督教却孜孜不倦地向东方世界传教,中国与西方的交流在南洋的华人圈子里继续着。可惜的是,这个时期与明末清初的盛景比起来还是显得微弱了许多,且作为西方文化精华的哲学在这个时期也只是在各类书刊中被泛泛地提及,中西文化的交流还停留在相互对立的阶段。直到鸦片战争,洋人用坚船利炮才重新打开了中西文化交流的大门。

---

① 熊月之:《西学东渐与晚清社会》,上海人民出版社,1994 年,第 104 页。

二、鸦片战争对中西交流的影响

在鸦片战争之前，中国作为一个自给自足的中央王国，已经维系了上千年的封建社会形态，这样的自足特征很难对外国的商品产生兴趣。同时，清王朝一直延续着自康熙以来的闭关锁国政策，只开放了广州一个口岸进行对外贸易，这些都限制了外贸的规模大小。因此，在全世界都畅通无阻的英国商品在中国受到了阻碍，而英国上层贵族和新兴的资产阶级对中国商品的热爱却是有增无减。大量中国商品出口到英国，这样就造成了中国方面一直以来保持着出超状态之局面。英国的资产阶级当然是不能容忍这样的事态的，他们急于改变这样的窘态。在英国的殖民地印度，他们找到了改变这一切的法宝——鸦片。鸦片贸易的结果是严重的，英国通过鸦片贸易在对华贸易中变入超为出超，中国变出超为入超，中国每年的白银外流量起码在一千万两以上。大量官员吸食鸦片，影响了官僚体制的运作。人民吸食鸦片，不仅损坏体质，丧失劳动力，而且也带来了道德的沦丧。这样的颓势当然是清朝政府不愿看到的，于是在一大批禁烟派的支持下，林则徐上任钦差大臣，进入广东全面禁烟。中国禁烟的消息传到英国，英国政府认为禁烟影响了他们的在华利益，决定武力侵华。

1840 年 6 月，英军舰船 47 艘、陆军 4 000 人在海军少将懿律、驻华商务监督义律的率领下，抵达了广东珠江口外，封锁入海口，鸦片战争自此开始。战争经历了三个阶段：第一阶段，英军先后封锁中国东南沿海的几个重要港口，并攻占浙江的定海作为前哨站，继而向天津大沽口进发。道光皇帝看到战火已经烧到了自己的家门口，于是允许了英方的通商和撤换林则徐的意见，并派琦善与义律签订了《穿鼻草约》。第二阶段，由于琦善在签约时对英方提到的苛刻要求几乎完全答应，道光皇帝撤职琦善，与英方在广东境内重新展开了战斗，但终因实力悬殊太大而战败。此后，中国签订了《广州和约》，并赔偿英方白银 600 万两。第三阶段，英方虽然通过《穿鼻草约》取得了一定的在华利益，但其仍然觉得获益太少，于是在 1842 年重新发动了针对我国东南沿海的战争，并把战火烧到了长江流域，占领了重要的内河口岸——镇江。在此状况下，道光皇帝迅速向英方求和。

持续了两年多的中英鸦片战争以中国的失败而告终，中国先后与英、法、美等国家签订了《南京条约》《望厦条约》及《黄埔条约》。根据这些条约，中国割让香港岛给英国，开放广州、福州、厦门、宁波、上海等沿海城市作为通商口岸，允许外国传教士在这些地区开办学堂、建立医院，等等。中国的大门在强势的西方军力面前被迫打开了，自清雍正年间被中断的中西文化交流也在此种状况下得以恢复。要是明清时期的中西文化交流是在中国皇帝的允许之下进行的话，那么这时的中西文化交流就是因西方的军事实力而强行推进的，中国在交流中的地位一下子就从高高在上跌落为压迫在下。

这样的现实深深地刺痛了先进的中国知识分子。与那些还做着帝国大梦的守旧派不同，这时先进的知识分子已经在思考着中国的未来。毕竟中国的开放是被迫的，而不是主动的。魏源这位受过传统中国文化熏陶的近代文人发出了中国向西方学习的第一声呐喊。他在《海国图志・叙》中谈到，“是书何以作？曰：为以夷攻夷而作，为以夷款夷而作，为师夷长技以制夷而作”。①“师夷长技以制夷”，这并非魏源个人的意愿，而是在那个衰落的时代不得已而为之的策略，即学习西方的先进技术，从而达到制约西方的目的。魏源在分析鸦片战争失败的原因时指出，英国在技术上比中国强的地方有三点，即“一战舰，二火器，三养兵、用兵之法”②。他认为英国之所以能够打败中国，除了在以往的中西交流中已经非常熟悉中国的国情外，还因为其技术——特别是科学技术——的发展已经远远超过了中国。中国如果还是固步自封地坚持原地不动，将来还会在军事上吃亏。所以，他主张向西方学习引进军事技术。不可否认，魏源的思想在中西文化的交流上已经迈出了一大步，不似中国的保守派仍旧坚持着“脆弱”的大国

---

① 魏源：《海国图志・叙》，中州古籍出版社，1999 年，第 67 页。

② 同上，第 99 页。

心态。但是,类似魏源的中国先进知识分子还是缅怀着中国传统文化。对于他们来说,学习西方的技术迫在眉睫,可是需要向西方学习的也就是技术层面上的东西,就文化上来说,西方还是属于文明未开之地,西方的政治制度、思想精神是不需要学习的。这个思想在"中体西用"原则中体现得尤为充分。

第二节　洋务运动中西方哲学家的简单译介

知识分子的呐喊终于还是触动了中国当时的领导阶层清王朝,当时的洋务派也十分赞同知识分子的提议。在落后挨打的现实面前,中国人终于开始正视西方了。但是,时代的局限性决定了洋务派在学习西方先进技术的同时却拒斥着西方的文化,其不能够把西方文化当成一个整体来看待,学习的姿态也早就预定了失败的结局。当时的中国先进知识分子却不愿继续当"井底之蛙",他们认识到西方技术的先进是由西方科学的发展带来的,他们的眼光要比洋务派深远得多,西方的科学主义纳入了他们的眼帘,西方科学延续着明清时期的步伐行进着。在这个时期,西方哲学家的一些思想也得到了传教士与先进中国知识分子的简单译介。

一、十九世纪末兴起的"中学为体,西学为用"

当时,清朝政府的一些官员看到了西方先进的军事技术,他们认为中国如不在军事技术上学习西方,就无法抵御西方的军事威胁。以曾国藩、李鸿章、左宗棠、张之洞等为代表的洋务派提倡在技术层面上向西方学习。洋务运动是中国近代一场声势浩大的向西方学习的运动,可以认为是中国第一次向现代化的主动转变,内容涉及了西方的各个方面。首先,洋务派提出了"自强"的口号。怎么"自强"? 必然是需要现代的军事技术和产业,于是洋务派开始建立现代化的海陆军事力量。从十九世纪六十年代开始,洋务派先后建立了江南制造局、福州船政局、安庆内军械所等近代军事产业。例如,由洋务派领袖李鸿章亲自创办的江南制造局是我国第一个官方的工厂。江南制造局位于上海,主要制造枪支、大炮、子弹、炸药等一般军事用品。两年之后,其又开始制造现代化的轮船。总之,江南制造局是中国近代最为重要的军事工厂。当然,只是在国内建立军事工业是不够的,洋务派还选派了一些天资聪慧的学生留学国外。正是因为这样的留学活动,才让正宗的西方哲学来到了中国,后文将专门介绍。

在经历了“自强”阶段后,洋务派发现一个大问题,就是仅仅靠中央和地方的财政完全无法支撑起毫无产出的军事工业。况且,除了资金问题,洋务派还面临着诸如原料采集、燃料供给、交通运输等方面的困难。于是,洋务派又打出了“求富”的口号。从十九世纪七十年代开始,洋务派采取官办、官商合办等方式开办了一些近代工商企业,如轮船招商局、开平矿务局、天津电报局、唐山胥各庄铁路、上海机器织布局等。这些工商企业为洋务派的活动提供了软实力方面的支持。在这样的基础之上,中国终于创建了自己的海军。1884 年,南洋、北洋和福建海军基本成型。同时,洋务派修建了旅顺港和威海卫港作为军事港口。

在“自强”与“求富”的口号之下,洋务运动对西方技术层面的学习是全面的,但对西方文化的整体却没有一个清楚的认识,因此其提出“中学为体,西学为用”的指导原则是必然的。这就不同于我们的近邻日本,日本在十九世纪的时候也受到了西方的侵略和欺凌,于是日本推翻了幕府政府,实现了“王政复古”。此后,日本以明治天皇的名义发布诏书开始“明治维新”,迈上了现代化的道路。首先,明治政府公布了《五条誓文》,以破除封建的统治方式,为日本确立了一个现代资产阶级的施政纲领,使其在思想上做足了准备。而后,日本开始加快步伐,向先进的西方进行全方面学习。一方面,派遣大量的优秀学生进入西方的各类大学进行知识方面的学习,同时也邀请国外的专家、学者到日本工作;另一方面,兴办教育,在全国范围内强制适龄的儿童接受义务教育,提高整个民族的素质。而在经济方面,日本大量引进西方的物质文化成果,并对本国的资产阶级进行扶持,如把原来由国家经营的企业以低价卖给三菱、三井等民营资本家，让他们发展。这些改变也促使新兴的资产阶级和原有的守旧派达成了一定的和解，确立了日本以君主立宪制的方式发展资本主义之路径。日本的明治维新虽然落后中国的洋务运动整整七年多的时间，但是日本在处理本国文化和西方文化方面找到了很好的切入点。“脱亚入欧”口号的提出，就比洋务派的“中体西用”要彻底得多，日本的全方位学习可以说是亚洲国家走上现代化道路的典范。日本在政治上效法德国，在经济上取道英国，在文化上推崇美国，推出了“富国强兵、殖产兴业、文明开化”三大举措，走出了与中国的洋务运动不同的一条快速发展的道路，迅速从一个落后封闭的封建农业国家转变成为一个新兴的资本主义发达的工业强国。

1894 年，甲午中日战争的失败使得中国人看清了洋务运动的致命弱点，也宣告了中国第一次主动向西方学习的失败。

二、洋务运动中西方哲学家的简单译介

这一时期，翻译机构与新式学堂的建立在包括哲学在内的西学之传播方面起到了关键性的作用。在洋务运动中，出于对西方技术学习的需要，洋务派在中国各地设立了翻译机构。最早是于 1862 年设立的京师同文馆，这是我国第一个有关西方语言学术的翻译与教育机构。接着，沿海地区也相继效仿设馆。1863 年，李鸿章先后在上海设立同文馆，在广州设立广方言馆。1867 年，上海在创办江南制造局的时候也附设了翻译馆。天津在设立北洋制造局及福州在设立船政学堂时，也分别附设了翻译西学的部门。

同时，新式学堂也在中国大量建立。传教士在中国的开放城市大量兴办新式学堂。据统计，1875 年，教会学校从十九世纪初期的五十所增加到了八百多所，在校学生人数从千余人上升到两千多人。到甲午战争前夕，教会学校发展到两千多所，在校学生超过了四万人。中国人也效法传教士，从十九世纪六十年代开始，兴办自己的西式学堂。洋务派在中国的沿海城市建立了官办的洋务学堂，培养了大量的外语

人才、军事人才和技术人才。此外，民间人士也通过与传教士的合作，开办了一些西式的学校。

翻译与新式教育机构的设立终于使中国人不再封闭自己，而是积极地去探索西学的知识与文化。在这样的交流之下，一批有识之士认识到了洋务派改良的滞后性，他们不满足技术层面的东西，而是要挖掘支撑技术的科学理论。因此，在这个时期，先进的中国知识分子超越了洋务派的固有保守性，在向西方学习的道路上前进了一步。虽然这样的前进还没有触及西方文化的精髓——哲学，但在这样的理论学习中，先进的中国知识分子已经接触到了西方的一些哲学家，并行文介绍他们。当然，在学习过程中，传教士依然扮演着一个重要的中间角色，中国人主动学习哲学的欲望还没有展现出来。因此，哲学家在这个时候只是在各种书刊中得到了简单的译介，且得到译介最多的是英国哲学家——培根(Francis Bacon，1561—1626 年)。

弗朗西斯·培根(Francis Bacon，1561—1626 年)，英国近代唯物主义哲学家、思想家和科学家，被马克思称为“英国唯物主义和整个现代实验科学的真正始祖”。培根生于贵族家庭，却专门从事科学和哲学研究。他不满意中世纪的经院哲学对世界的介绍，认为经院哲学所提出的观点只不过是一些假象，会给人们认识世界造成障碍，经院哲学的思想是不可靠的。为了重新树立新的知识观，他提出了“知识就是力量”的口号，用彻底的唯物主义经验的观点来对抗当时流行的经院哲学的观点。他认为一切认识都是从人对外物的经验开始的，而只有这个经验才是完全可靠的，是一切知识的来源。从经验出发，然后通过“三一法”进行归纳整理，人们就可以得出有用的知识。培根的这些思想虽然在当今看来已经是人们的常识，但是在那个时代，他确实是敢于吃螃蟹的第一人。

培根对哲学的贡献在于，他清除了人们对偶像的崇拜，并确立了现代科学的研究方法。对于当时向西方学习科学技术的中国人来说，培根让人倍感亲近，特别是培根的科学论，更是获得了先进中国知识分子的高度赞扬。王韬在墨海书馆期间撰写了《西学原始考》《泰西著述考》与《西学图说》三本著作，加上由英国传教士伟烈亚力口述，他笔译的《西国天学源流》《重学浅说》与《华英通商事略》三本译著汇编成《西学辑存》于1890年出版。在这些书中，就介绍哲学家而言，最为重要的就是《西学原始考》与《西国天学源流》。在《西学原始考》中，王韬说"英国备根（培根）著《格物穷理新法》（《新工具》），实事求是，必考物以合理，不造理以合物"。[①]他高度称赞培根从经验事实出发概括出科学原理的经验归纳法，反对经由经院哲学改变后的亚里士多德的先天演绎方法。王韬在香港办报期间，专门又撰写了《英人倍根（培根）》一文，介绍培根的哲学思想。在文中，他特别推荐培根对中世纪经院哲学的反叛："倍根，英国大臣也……其为学也，不敢以古人之言为尽善，而务在自有所发明；其立言也不欲取法于古人，而务极乎一己所独创。其言古来载籍乃糟粕耳，深信胶守则聪明为其所囿，于是澄思渺虑，独察事物以极其理，务期于世有实济，于人有厚益。"[②]培根的思想要旨在于实事求是，不迷信之前的经院哲学思想，"格物穷理新法"，用归纳法来重新划定知识的界限，这些思想都是王韬所看重的。但是，他认为西方科学"勤察事物，购求其理，祖倍根之说，参悟而出"。[③]他只是看到了培根哲学在经验主义层面的科学化展开，而对培根哲学的弱点并未觉察。由香港返回中国内地之后，王韬任上海格致书院监院，并于1885年建立了以命题课士的考试制度。在考试中，许多优秀的论文都对培根的思想进行了讨论。这些学生在对待培根的问题上都与王韬一样持完全赞同的态度，他们奉培根的思想为圭臬，认为培根"其学之大旨，以格致各事，必须有实在凭据者为根基，因而穷极其理，不可先悬一理为的，而考证物性以实之"[④]。他们对亚里士多德的思想进行经验主义的批判。尤为可贵的是，在一些文章中，学生们还对培根的名著《新工具》进行了讨论，把《新工具》分为七类，并具体指出每

① 王韬：《西学原始考》，参见《西学辑存》，光绪庚寅刻本，第31页。
② 王韬：《英人倍根》，参见《瓮牖余谈》（卷二），岳麓书社，1988年，第44页。
③ 同上，第45页。
④ 上海格致书院：《格致书院课艺》，上海富强斋书局石印版，1898年。

类下面各有若干的“条”。例如，第一类“天地阐义，凡三十七条”。这里的“天地阐义”所对应的，就是培根《新工具》中的副标题——“解释自然的真正指南”；“三十七条”所对应的，就是《新工具》第一卷第一章第一节到第三十七节关于人是自然的解释者、知识就是力量、批判旧逻辑学、建立归纳法的论述。再如，第二类“方寸对象，凡二十四条”。这里的“方寸对象”所对应的，就是培根《新工具》的“扰乱人心的假相”；“凡二十四条”所对应的，就是“四假相”学说的具体内容。可以看出，在格致书院的上课过程中，学生们曾经详细地对培根及其《新工具》的哲学思想进行过学习，不然文章不可能达到这样的高度。

这个时候，中国人不再封闭自己，而是积极地走出国门，到世界各国——特别是发达的资本主义国家——参观学习。在这一过程中，敏感的中国人也由于国外的经历而发现了培根。郭嵩焘在经过了对英国的考察后得出结论：“英国讲实学者，肇自比耕（培根）。始时，欧洲文字起于罗马而盛于希腊，西土言学问皆宗之。比耕（培根）亦习剌丁、希腊之学。久之，悟其所学皆虚也，无适于用实，始讲求格物致知之说，名之曰新学。当时亦无甚信从者……至一千六百四十五年，始相与追求比耕之学……相距二百三四十年间，欧洲各国日趋于富强，推求其源，皆学问考核之功也。”①虽然郭嵩焘把西方的强大在思想上完全归功于培根有点言过其实，但这是中国人第一次在思想层面上认识到中国自身的不足之处。郭嵩焘在论说完培根后接着说：“中国章句之儒，相习为虚骄无实之言，醉梦狂呼，颀然自圣……中国之所以不能自振，岂不由是哉！”②

既然培根及其《新工具》在当时受到这样的欢迎，那么培根著作的翻译也就顺理成章了。但当时中国人对西学的翻译还是固执在技术层面上，《新工具》一书还是在传教士的重视之下才得以面世的。1877年，英国传教士慕维廉在月刊《格致汇编》的3、4、8、9、10期连续刊

---

① 郭嵩焘：《郭嵩焘日记》（三），湖南人民出版社，1982年，第356页。
② 同上，第789页。

出由他翻译的《格致新法》(培根的《新工具》)。第二年,他又继续在《万国公报》的第504卷到第513卷继续发表。在这些报刊中,他翻译的内容大致是对《新工具》第一卷的简单介绍,全文共分为八节。第一节介绍培根的生平与《新工具》一书出现的历史背景和巨大影响;第二节介绍前37条箴言的内容,并指出在培根的《新工具》中,认识自然规律,从而在此基础上使人控制自然是最正确的方法;第三节介绍第38条到第61条箴言的内容,简单叙述了培根的"四假相"学说的主要内容;第四节介绍第62条到第70条箴言的内容,叙述了培根对以往哲学中的诡辩、根据不足、迷信权威思想的批判;第五节介绍了第71条到第77条箴言的内容,阐述了在培根时代,科学与哲学受到经院哲学的不良影响;第六节介绍第78条到第91条箴言的内容,分析了哲学与科学在当时会产生错误的主要原因;第七节介绍第92条到第115条箴言的内容,指出了培根并非是在建立一个新的哲学学派,而是要用科学的方法使得人们步入真理的殿堂。遗憾的是,在该译著介绍完第一卷的内容之后,《新工具》之后的章节之介绍却因故中断了。可是,培根的科学思想却在先进的中国知识分子心里播下了种子,这颗种子要到五四运动时期才会生根发芽。

传教士除了翻译培根的著作外,还积极建议中国人学习培根。美国传教士林乐知曾向中国建言:"昔英国相臣名贝根(培根)者,读书人也,辨明古法,易以新法,而弃古法,三百年来,后人宗之,无有变易,洵为格致中有开必先者。近来格致之法,日增一日,传遍天下,皆相臣贝根之前功也。"①在这里,林乐知提到了培根哲学中的归纳法,而这个是西方强大的原因之一,中国正缺乏这些科学方法,因此中国应该极力向培根学习。

除了培根在当时得到了积极的译介外,其他的哲学家也在各种书刊中得到了简单的介绍。王韬编著的《西学原始考》是一本介绍西方科学家的编年简史,《西国天学源流》是介绍西方天文学的历史著作。

---

① [美]林乐之:《中西关系略论》(第一卷),1876年,上海美华书馆活字刊本,第15页。

在这两本书中，大批的哲学家在科学家的名义之下得到了介绍，涉及的哲学家包括：古希腊时代的泰利斯（Thales，约公元前 624—公元前 547 年）、阿拉克西曼德（Anaximander，约公元前 615—公元前 546 年）、阿拉克萨格拉（anaksagoras，约公元前 460—公元前 410 年）、毕达哥拉斯（Pythagoras，公元前 572—公元前 497 年）、苏格拉底（Socrates，公元前 469—公元前 399 年）、柏拉图（Plato，约公元前 427—公元前 347 年）、亚里士多德（Aristotélēs，公元前 384—公元前 322 年）；古罗马的斯多葛学派（stoa，公元前 308 年—公元前 2 世纪中叶），中世纪的罗吉尔·培根（Roger Bacon，1214—1292 年）及其《大著作》；近代的培根与笛卡尔（Rene Descartes，1596—1650 年）。在论述到这些哲学家时，著作大都是在介绍他们作为科学家与天文学家的背景。例如，在谈到泰利斯时，就说到他是古代建立天文学的第一人；在谈到笛卡尔时，也是着重介绍笛卡尔的数学思想。但是，在这样的背景之下，也还是有一些例外，《西学原始考》在谈到苏格拉底的时候就指出，“希腊名贤梭格拉底（苏格拉底）……以理学著名”，苏格拉底在知识上提出了“去以伪存诚为格致之急务……训人主良知良能之说”，在伦理道德上主张天赋道德说，苏格拉底“为希腊理学一变之始”。①在王韬主持格致书院期间，毕达哥拉斯、柏拉图、亚里士多德等哲学家的思想也被列为了教学内容。前面两位哲学家只是被简单地介绍了一番，而亚里士多德则作为科学的典范以供学生批判。有的人赞扬亚里士多德是大学问家，“综其平生，无一种学问不为其思虑所到……可谓希腊格致之大家，西学之始祖”②；有的人则批评亚里士多德“凭己之思议，著为成书，拟议天地之理，博引见闻之事，辩论纷繁，虽它心微妙，多属推测”③。郭嵩焘在大力介绍培根思想之余，也注意到了笛卡尔的哲学思想。在 1878 年 7 月 20 日的日记中，他记录到，“眉叔（马建忠）言：西洋徵实学问，起于法人嗄尔代希恩（笛卡尔），其言以为古人所言无可

① 王韬：《西学原始考》，参见《西学辑存》，光绪庚寅刻本，第 10 页。

②③ 上海格致书院：《格致书院课艺》，上海富强斋书局石印本，1898 年。

信者，当自信吾目之所及见，然后信之；当自信吾手足所涉历扪摩，然后信之。既自信吾目矣，乃于目所不及见，以理推测之，使与所见同；既自信吾手足矣，乃于手足所未循习者，以理推测之，使与所循习同”。[①]这段记载对笛卡尔哲学上提出的“普遍怀疑”理论有着深刻的领会。

这一时期，传教士也接续着因禁教而中断了的哲学译介活动。1857 年，英国传教士艾约瑟在《六合丛谈》的第 11 号上发表《百拉多传(柏拉图传)》。1886 年，在他翻译的《西学略述》中分有“理学”一章，专门介绍西方的哲学家，涉及从古希腊的苏格拉底、柏拉图、亚里士多德到近代的培根、笛卡尔、洛克、休谟、莱布尼茨、康德等人。虽然文章介绍得非常简明扼要，但阅读性强，受到了中国人的欢迎，出版量巨大。

总的说来，这个时期的中国在被迫打开大门之后，虽然已经主动地向西方学习了，而且学习得还十分努力，并取得了不错的效果，但是这样的学习对象却只是西方的技术层面上的东西，精神与思想的东西并没有获得中国人的重视。难能可贵的是，有一些先进的中国知识分子与西方传教士一起涉猎了哲学，尽管只是简单地介绍，实实在在翻译出来的著作几乎没有，但哲学正如同星星之火，即将在中国的大地上猛烈燃烧起来。

---

① 郭嵩焘:《郭嵩焘日记》(三)，湖南人民出版社，1982 年，第 605 页。

第三章 五四运动前后西方哲学经典著作在中国的翻译和研究

无论是洋务派的“言技”还是早期维新派的“言政”，都是在功利性的指导原则之下进行的，都是在鸦片战争之后伴随着中国近代的屈辱史而进行的，都是在中国传统核心思想不需改变的前提下进行的。那么无论是洋务派还是早期维新派，他们的“中体西用”思想在根本上是排斥西方的，只是不排斥西方的器物和制度层面上的东西。①因此，西方哲学也是在这两派人物的“言技”与“言政”的学习中被间接带入中国的。西方哲学的学习与翻译实际上还未进入中国人的视野之内。“以中拒西”，以中国的传统文化来拒斥西方的文化思想，这是那个时代的特征。中国人也还未认识到现代化之路的行进是全面性的，单单窃取复制人家的技术，未必能够把中国带入真正的独立与富强。不可否认的是，每个时代的人拥有每个时代的任务，纵使是封建没落时期的先进中国人也受到了他们所处时代的限制，向西方的学习之路也不可能有任何的捷径。只有在一次次的失败教训面前，中国人才会逐渐地打开自己的心扉，以恭谦的态度向西方学习。思想的解放在民国初年迎来了高潮，同时也为西方哲学的翻译真正打开了大门。

十九世纪末至二十世纪初，中国发生了一系列重大的历史事件。首先是 1898 年在中国的大地上卷起了一场意义深刻的维新变法运动，变法革新旧思想带来了许多西方的新思想观念。在进入二十世纪

① 制度层面上的学习也是为了更好地维护晚清政府的统治，与英国和日本的君主制改革有本质性的差异。

后不久，一场轰轰烈烈的革命运动“辛亥革命”在中国大地上上演，这场革命从1911年“武昌起义”一直延续到1916年袁世凯意图恢复帝制但失败才告一段落。即使是在这样一个动荡的时期，我国与西方学术界的交流依然在继续着。这个时期，西方哲学领域的大量介绍性著作及一部分原著翻译进入到中国，标志着西方哲学正式进入中国。

第一节　五四运动前西方哲学简单译介的继续

所谓五四运动前的中西文化在哲学领域的交流，主要指的是在洋务运动之后，维新变法与辛亥革命这一段旧民主主义革命时期的中西方哲学之交流情况。而在这样一个时期内，对西方哲学的介绍与翻译活动却不同于洋务运动时期，其研究表现得更加深化，这种深化是在对洋务运动进行反思之基础上的一种深化，同时也是一种更加自觉的深化。当然，在这样一个比较动乱的时期，哲学著作的译介活动会呈现出自己独有的特征。其中，体现得最明显的一点，就是为了政治改革的目的去学习西方的先进思想。然而，政治改革的目的带动了我国哲学学术界的西方哲学译介活动之发展，从而加深了对西方文化的认识，加强了中西文化的交流。

一、戊戌变法与共和改制

把戊戌变法与共和改制放在一起，是基于这两个事件的一脉相承性，以及这两个事件都是民族资产阶级为了革新中国而进行的奋斗与探索。在这个时期，一些优秀的民族人士为拯救中华，身先士卒地向西方学习，立志要从思想上寻求拯救中华民族的道路。在这样的志愿之下，大量的西学被介绍到中国。尤其是随着国人对西方文化的认识之加深，哲学领域的研究更是得到了发展，西方哲学逐渐在这个时期被国人接受。

（一）维新变法时期对西方哲学著作的大量翻译

十九世纪末，帝国主义国家对中国的资本输出日益加强，加之殖民地成为他们赖以生存的基础，因此他们对中国更是虎视眈眈。在十九世纪九十年代，资产阶级维新思想有了进一步发展，其中最主要的人物为康有为与梁启超。康有为撰写《新学伪经考》，在维护孔子的名义下，把历代统治者认为神圣不可侵犯的古文经典斥为伪经。同时，梁启超在《变法通议》等文章中批判盲目守旧的传统观念，阐述变法图存的道理。他提出“法者天下之公器也，变者天下之公理也”①，只有变法才是救亡图存的硬道理。

1895 年春，康有为领导的“公车上书”拉开了维新变法的序幕。1895 年至 1897 年，国内设立的学会、学堂、报馆共五十多所，大力宣传维新变法思想。但在这个时期，维新变法运动也受到了一些阻碍。十九世纪末，维新派与封建顽固势力进行了一场激烈的论战。面对这样一次论战，维新派在应对的过程中，更加明确地认识到变法的必要性。同时，这次论战也使得一些以前比较保守的知识分子摆脱了封建思想的束缚，加入到维新变法的阵营中，从而推动了变法的发展。

1898 年，德国强占胶州湾，康有为再次上书光绪帝，强力要求进行变法，否则国将不国。光绪帝深受感动，令康有为提出具体的变法措施。1898 年初，康有为呈交了《应诏统筹全局折》，请求光绪帝确定维新变法的政策。他向光绪帝提出“大誓臣工，开制度新政局，革旧图新”的主张。他建议光绪帝效仿日本，制定法律，建立军校以推动中央变法。同时，他又写了《日本变政考》《俄彼得变政记》等著作，作为借鉴。1898 年 6 月，光绪帝颁布《定国是诏》，开始变法，标志着戊戌变法的正式开始。但是，由于维新变法触动了以慈禧太后为首的顽固派之利益，因此遭到他们的强烈反对。1898 年 9 月 21 日，慈禧太后将光绪帝囚禁于中南海的瀛台，宣布“临朝听政”，同时下令逮捕维新派人士。最终，维新变法以“戊戌六君子”被杀而告终。虽然变法失败了，但是其为这个时代的中国留下了许多值得思考的东西。

---

① 梁启超：《论不变法之害》，见林文光选编：《梁启超文选》，四川文艺出版社，2009 年，第 5 页。

维新变法是一场深刻的思想改革，具有思想启蒙的意味，这是中国知识分子第一次作为一种社会政治力量来推行的运动。这次运动的理论资源主要是来自西方的启蒙思想。例如，借以反对专制制度的“民权”“民主”思想；借以推行“变法维新”的“进化论”思想；借以反对八股取士的科举制度之新教育思想；借以反对“人治”的“法治”思想；谭嗣同“仁学”体系中所包含的自由、平等、博爱等西方自由民主的理念；康有为的“大同”学说，等等。所有的这些无一不源自西方资产阶级启蒙思想体系，这一点尤为清楚地表明了维新变法运动的现代启蒙性质。这里要指出的是中国的启蒙思想与西方的启蒙思想之区别：中国的启蒙思想是反对愚昧，而西方的启蒙思想之核心是自由、民主与平等。

维新变法时期对西方哲学著作的翻译数量迅猛增加。据统计，洋务运动时期，西方哲学社会科学文献的翻译数量占译书总数的22%；到了戊戌变法时期，西方哲学社会科学文献的翻译数量占译书总数的61.4%。这一时期，翻译西方哲学著作的代表人物有严复、梁启超等启蒙思想家。严复，原名宗光，字又陵，后改名复，字几道，汉族，福建侯官县人，近代著名的翻译家、教育家、新法家代表人物，先后毕业于福建船政学堂和英国皇家海军学院，曾担任过京师大学堂译书局总办、上海复旦公学校长、安庆高等师范学堂校长、清朝学部名辞馆总编辑。在李鸿章创办的北洋水师学堂任教期间，严复培养了中国近代第一批海军人才，并翻译了《天演论》、创办了《国闻报》，系统地介绍西方的民主和科学，宣传维新变法思想，将西方的社会学、政治学、政治经济学、哲学和自然科学介绍到中国。他提出的“信、达、雅”的翻译标准，对后世的翻译工作产生了深远影响。严复是清末极具影响力的资产阶级启蒙思想家、翻译家和教育家，是中国近代史上向西方国家寻求真理的“先进的中国人”之一。《天演论》是英国著名博物学家赫胥黎在牛津大学举办的一次有关演化的讲演之内容，其主要观点为：万物均按“物竞天择”的自然规律演化，“物竞”就是生物之间的“生存竞争”，优种战胜劣种，强种战胜弱种，而“天择”就是自然选择、自然淘汰，生物是在“生存竞争”和“自然淘汰”的过程中进化演进的。联系甲午战争后的国家危亡状况,严复向国人发出了与天争胜、图强保种的呐喊,指出再不变法将循优胜劣败之公例而亡国亡种。《天演论》揭示的这一思想,结合对达尔文生物进化论及西方哲学思想之介绍,使当时处于"知识饥荒"时代的中国知识界如获至宝,产生了振聋发聩的影响。梁启超在戊戌变法失败后流亡到日本,在日本著书立说,号召中国人学习西方文化思想。梁启超的学术研究涉猎广泛,在哲学、文学、史学、经学、法学、伦理学、宗教学等领域均有建树,以史学研究成绩最显著。梁启超一生勤奋,著述宏富,在政治活动占去大量时间的情况下,每年平均写作达 39 万字之多,出版各种著述达1 400 多万字。他有多种作品集行世,以 1936 年 9 月 11 日出版的《饮冰室合集》较为完备。《饮冰室合集》共计 148 卷,1 000 余万字。在这个时候,变法使人们看清楚了要解决国家的当务之急,出路在于效仿日本的明治维新,从根本处着手改革,所以当时中国的思想与学术层面刮起了一场学习西学的旋风。二十世纪初,当时的中国知识界兴起了大规模的赴日留学热潮,东渡学习的人数逐年增加,介绍西方哲学、政治学、经济学、社会学等社会科学思想的书籍如潮水般涌入中国。并且在这个时期,人们对西学的认识突破了以往的学"器"以强国,他们开始转向"思想"的领域去追寻救国的方法,中西文化的交流进入到思想层面。

可以看出,这样一场声势浩大的变革之局不仅仅是政治上的革新,它所带来的对西方文化之深度思考才是真正的关键所在。

(二) 从辛亥革命建立共和之路到袁世凯称帝导致共和之路失败

对于中国来说,十九世纪末二十世纪初是事件多发的时期。维新变法虽然以失败告终,但是一批有自觉性与思想性的有识青年觉醒起来并且数量越来越多,除旧迎新的需求越来越强烈,一场新的变动正在酝酿中。

这一时期,帝国主义凭借不平等的条约,直接干涉中国内政,加大对中国经济政治方面的控制。帝国主义侵略的深入,造成了中国主权的大量丧失和社会的贫穷落后,民族危机不断加深。在国内,清政府的腐败日益严重,人们的负担越来越重,内部矛盾激化。在这内忧外患、风雨飘摇的社会时态之下，一场在中华民族历史上留下深深印记的“辛亥革命”正在酝酿之中。在辛亥革命爆发之前，许多革命团体纷纷成立，而革命党人联合成立的同盟会是其中影响力最大的党派。1905 年，孙中山同黄兴、宋教仁等兴中会、华兴会、光复会成员共七十多人，在日本东京集会，决定成立统一的革命政党，即中国同盟会。中国同盟会是第一个全国性的统一的资产阶级革命政党，它的成立标志着中国的资产阶级民主革命进入了一个新的阶段。

1911 年 10 月 10 日，辛亥革命从武装上取得胜利，翻开了中国历史的新篇章。革命的运动还在进行中，现在的革命矛头是要瓦解清政府的统治。基于对清政府的认识，当时清政府的中坚大臣袁世凯站了出来，假打共和的口号，佯装响应民主革命的潮流，虎视眈眈地准备窃取革命的胜利果实。那个时候，外国政府对清政府也失去了信心，准备重新选择在中国的殖民地代理人，于是他们找到了袁世凯，并与他达成私下协议，这样袁世凯就得到了外国政府的支持。但最关键的一方面是，当时的革命政府自身的力量不是很强大，所以其也希望借其他的力量来推翻清政府的统治，以实现真正的民主共和。在这样一些前提之下，袁世凯的伪装共和适应了那个时代的需要。

1912 年 1 月 22 日，时任中华民国临时大总统的孙中山发表声明，只要清帝自行退位，他亦会自行辞职，让位于袁世凯。1912 年 2 月 12 日，在袁世凯党羽的威逼利诱之下，宣统帝的母后隆裕太后接受了由中华民国政府提出的《清室优待条件》，宣布清王朝最后的一个皇帝宣统退位。此后，袁世凯组建了临时共和政府，顺理成章地坐上了中华民国的大总统之位。至此，革命的胜利果实被袁世凯窃取，革命从形式上失败了。

辛亥革命虽然最终以失败告终，但给我们留下了许多思考。辛亥革命的成功掀起了中国民主革命的高潮，中国从此破除了两千多年的封建制度，建立了亚洲第一个民主共和国——中华民国。在秦王朝之后，中国社会始终逃不掉一个朝代更替另外一个朝代的命运，但是辛亥革命却彻底推翻了封建社会，使中国进入了共和政体。虽然共和政体在后来的新旧民主革命中遭到了各种政治势力的破坏，甚至袁世凯还一度短暂恢复帝制，但是他们从根本上却不能颠覆早已深入人心的共和政体。从长远来看，这样一场革命同时是一场思想上的革命。通过这次革命，国民更加深刻地反省到要改变现有的政策制度，必须要有统一的思想保证，只有学习西方的思想精髓，才能真正实现民主制度的改革。在这个时期，中西文化的交流并没有因为动乱而中断，革命的热情反而促使更多有识之士迫切地去向西方学习。

二、政治制度改革时期的西方哲学的翻译研究

对于西方国家来说，十九世纪末二十世纪初是一个发展的黄金时期，资本主义发展到了帝国主义阶段，因此其需要其他殖民地及半殖民国家的原料来作为自己的生产资料，以满足自己的发展。在这样的背景之下，尘封了五千年的中国自从在第一次鸦片战争的隆隆炮弹声中遭受了首次撞击以来，国门便不得不持续遭受西方的坚船利炮之打击。特别是 1894 年甲午中日战争的爆发与 1900 年八国联军的侵华，使得中华民族面临着亡国灭种的危险。严峻的形势促使着民族的觉醒，虽然列强的入侵给中华民族带来了许多的灾难，但是也从思想上给了当时的中国人当头一棒，促使当时的中国人意识到自身的不足，迫使当时的中国人想办法来改变这样一种落后挨打的局面。所以，对于中国来说，十九世纪末二十世纪初也是人才辈出的时期，许多思想家怀着救国救民的心愿进行着中西方文化的研究，中西方文化的交流达到了一个新的高峰。

（一）政治改革促使中国进一步学习西方的文化

就各国的历史文化发展来看，政治改革一定有着思想文化根基。在维新变法的酝酿与推行过程中，一些先进的知识分子为了探索强国之路而加强了对西方文化知识的学习，并且利用这些知识来重新认识国家问题，深刻地反思社会中存在的诸多问题，希望找出救亡图存的方案。在维新变法时期，当时的杰出人士更加明确与深刻地认识到中国的器物之所以不如西方，根本上乃是因为政治制度上的差异。他们

认为，任何一种科技工业只有在相应的思想制度下才能够发挥它真正的威力。梁启超曾说："欧洲各国，土地之沃，人民之赜，物产之衍，匪有迈于中国也，而百年以来，更新庶政，整顿百废，始于相妒，终于相师，政治学院，列为专门，议政之权，逮于氓庶，故其所以立国之本末，每合于公理，而不戾于吾三代圣人平天下之义。"[①]这些言说表明，国人逐渐认识到国家的富强不在于"器物"的强大，更重要的是国家的政治与法律制度。因此，中国要想强大起来，必须要改革内政，学习西方的思想文化。

在维新变法的过程中，维新派已经认识到，要救中国，必须要大力学习西方的知识文化，进行从格致之学到政治制度的全面学习。但是，唯有在是否学习西方价值观这一问题上，各方依然争论很大。西方的价值观与中国的传统文化价值观有着很大的差别，对西方价值观的学习之阻力是可想而知的。像严复这样主张全盘西化的人无疑是要求引进西方的价值观念的，但是有这样认识的人毕竟是屈指可数的。在政治制度的变法失败之后，人们不得不面对这样的问题，即中西方差异的关键不在于"器物"的区别也不在于"政治制度"的不同，那么导致两者的不同之原因究竟是什么？对于这个问题，人们必须进行更加深入的学习研究。

1898 年，戊戌变法失败以后，逃亡到日本的梁启超在他的《十三自述》里面写道："戊戌九月至日本，十月与横滨商界诸同志谋设《清议报》。自此居日本东京者一年，稍能读东文，思想为之一变。"[②]这里的"变"指的是什么呢？指的是他在海外留学的环境之下，对西方文明的反省，以及在对维新变法的失败进行深刻反思的过程中，在救国救民问题上的思想层面之改变。一次次鲜血的教训所留下的不仅仅是痛苦的回忆，它给我们留下的最重要也是最应该去思考的东西是失败之后的反思，这能使我们的认识更加接近事情的真相。到日本之后，梁启超阅读了大量的西方书籍。经过深刻思考后，他和严复一样主张

---

① 梁启超：《西政丛书叙》，中华书局，1989 年，第 63 页。

② 梁启超：《十三自述》，见《饮冰室合集》(2)，中华书局，1989 年，第 18 页。

“开民智”，以望广大国民开化为独立自由的国民。国家是人民的国家，只有人民的意识觉醒了，国家才可能真正得救。为此，他提出了“新民说”，以养“国民元气”，并认为，只有启蒙国民的思想性才是解决中国问题的关键。对西方文化“本”的认识在这里发生了变化，在梁启超看来，西方之所以强大，那是因为西方国家还有一套精细的哲学思想理论。基于这样的认识，在阅读西方哲学史的过程中，他深刻地认识到笛卡尔(Rene Descartes，1596—1650年)与培根(Francis Bacon，1561—1626年)在近代哲学史上的重要地位，并认为笛卡尔和培根是近代西方文明的“始祖”，认为他们在哲学上对思考方法的变革所缔造的时代精神，给西方带来了“新道德、新政治、新技艺、新器物。有是数者，然后有新国家，新世界”[①]。所以他就西学说道：“有形质焉，有精神焉。求形质之文明易，求精神之文明难。精神既具，则形质自生；精神不存，则形质无附。”[②]这些思想无疑促使国人更加重视西学的精神层面，从而更好地把握西方文化的思想精髓。

另一位中国学者严复在维新变法之前就已经具有了上面这样的认识。他认为，西方“二百年来学运昌明，则又不得不以柏庚氏之摧陷廓清之功为称首。学问之士，倡其新理，事功之士，窃之为术，而大有功焉”。[③]也就是说，先有培根(即柏庚氏)在思维方法与科学方法上的奠基，才有近代器物强大的西方国家。他提出，在学习西方思想文化知识的时候，不能像洋务派那样只是引进一些表面上的科学技术，而要着重学习西方文化的思想精髓。他认为，西方文化的精髓在于，“于学术则黜伪而崇真，于刑政则屈私以为公”。[④]前半句指的是自然科学上的研究方法与哲学上的思考方法，后半句指的是国家的政治制度与法律条文，以及反映这种制度的社会科学理论。为此，他对洋务派处理中西文化的方式进行批评，主张抛弃“中体西用”的原则，坚持“体”

---

① 梁启超：《近世文明初祖二大家之学说》，《新民丛报》，1902年，第1号。

② 梁启超：《“国民十大元气论”叙论》，见《饮冰室合集》(1)，中华书局，1988年，第61页。

③ 严复：《原强》，《直报》，1895年3月4日至3月9日。

④ 严复：《论世变之亟》，《直报》，1895年2月4日至2月5日。

与“用”的不可分割，提出学习西方精神的魂魄才是拯救华夏之王道。

梁启超和严复在这个时期对西学的重新认识，是他们自鸦片战争以来，在西方列强的坚船利炮的攻击之下，在沉重的民族危机之下，对解决民族危机所进行的认真思考。在他们的思考中，我们看到西方之所以强大，是因为其先进的精神文化与精神魂魄，因此我们必须从根本上学习西方的价值观与先进的文化理念。只有从这里入手，才可能改变近代中国落后挨打的被动局面。为了能证明只有从价值观上全面学习西方才能够拯救中华，严复借助了进化论的思想。在严复那里，进化论不仅是变法革新的理论基础，而且还是引进西方价值观的理论依据。在严复看来，一种文化是否有“价值”，或者说一种价值观是否值得学习，关键在于它是否符合进化的理论。“适者生存”是严复进化论思想的根本观点，从这样的基本论点入手，自然会得出这样的结论：西方之所以强大，那是因为他们的价值观适应了时代的需要，而中国之所以落后，那是因为其价值观上的落后。严复在这个时期谈得最多的就是“开民智”和“兴民德”。他深刻地认识到，近代以来，西方人重视科学文化与科学精神已经成为一种传统，正是这种传统才导致了西方近代的强大，因此他提倡学习西方必须从价值观的核心方面入手。严复认为，我们最需要的不是坚船利炮，而是科学态度、科学精神与科学方法。

通过以上的一些论述，我们可以看到，在这个时期，有识之士在探索救国道路的过程中已经深深地认识到了要救国，必须先得救思想。这样的深刻认识，即那个时代对西方文化的一种全新价值取向之形成，必然会引发西学思想东来的一次全面化进程。说具体一点就是，我们在学习西方文化的时候，不仅要学习西方技术制度层面的内容，更要学习西方的思想，以“开民智”，从而对全民进行启蒙教育。例如，马君武认为，法国大革命的成功，是唯物主义哲学指导之下的广大群众武装起来反对政府的一次进步性革命。所以，他联系当时国家的具体情况，得出“欲救黄种之厄，非大倡唯物论不可”①之结论。

① 马君武：《社会主义与进化论比较》，《译书汇编》，1903年2月第11号。

总的来说,在历史的演变过程中,对西方之所以在器物层面上强大之思考,是一条不断深化的道路。这个时期是一个强力要求变革的时期,维新变法与辛亥革命的上演,是时代的召唤,不是某个史事所造就的。这样一个要求政治变革的时期必然会促使人们去思考西方文化,必然要求我们从根本上学习西方文化并进行根本性的哲学思考。这不是历史的偶然,在历史上没有偶然,有的仅是历史事件的生成。这样一个时期是召唤西方哲学等社会科学到来的时期,对西方思想文化态度的转变被提到了历史的平面之上,国人必须要坦然地直面这样的转变。

(二) 政治变革时期的西方哲学译介

西方哲学在中国得到重视是在维新变法失败之后。维新变法与洋务运动的失败,使得以前所主张的"旧瓶装新酒"之思想被打倒。为了拯救国家,人们必须要学习西方的先进制度与思想理念。同时,引进西方哲学是新兴的资产阶级思想家们自身确立新的世界观之理论需要。对于政治上的需求,这个时期的有识之士饱含热情地学习了大量的西方哲学文化著作,许多西方哲学家的著作传到了中国,丰富了国人的精神文化生活,开启了国人的智慧,对西方哲学进行了一定程度的刻画。另外,在这个时期,关于西方哲学原著的理解与翻译是比较少的,大多是一些涉及西方哲学家哲学思想的简单性译介,很少有直接针对原著的研究与翻译。所以,这部分将主要从译介方面论述这个时期西方哲学在中国的传播情况,但也会附带提及这个时期国内学者们关于西方哲学的译著。下文将把这个时期输入中国的西方哲学展示出来,呈现出这个时期的中西文化交流之态势。

这个时期有着大量与西方哲学相关的研究著作,许多西方哲学家的著作在当时的中国找到了市场,并得到了广泛的传播,哲学成为了学者们津津乐道的思想盛宴。虽然下面的几种哲学著作有的是以前就进入过中国的,但在这个时期却呈现出别的特点,还有的哲学著作是这个时期第一次进入中国,给中国文化界以耳目一新的感觉。

首先是希腊哲学在中国的传播情况。1903 年到 1904 年,光希腊哲学方面的作品就有 40 多篇。当然,这一时期对希腊哲学的研究,绝大部分是在哲学史层面上的研究，很少有人对希腊哲学提出自己的理解，大部分的著作都是来源于别人对哲学家原著理解的第二手理解，很少有自己针对原著进行的研究。如果说这个时期对西方哲学的理解是停留在介绍知识型普及扫盲的层面，那么对希腊哲学的理解则更加浅显。总的来说，这一时期对西方哲学的研究仅停留在转述其他国家一些学者的研究层面上，还没有形成自己独立的观点。

基于当时的政治环境与国内的学术氛围，学者们把主要的力量集中到了西方近代哲学上。这里将主要论述这个时期的学者对西方近代哲学的研究及相关的著作。在近代的西方哲学家中，这个时期对我国影响比较大的首先就是康德。

在译介康德哲学的时候，首先被引进的就是康德（Immanuel Kant，1724—1804 年）关于天体运行的“星云假说”。康德是一个哲学家，同时也是一个科学家。1755 年，康德在其著作《自然通史与天体论》中提出了太阳系起源的“星云假说”。1796 年，法国天文学家拉普拉斯在《宇宙系统论》中提出与康德相同假说的时候，还使用了力学原理与数学模型对这个学说进行了论证。这个学说在当时的重要性体现为，打开了十七世纪与十八世纪占统治地位的关于地球和太阳系亘古不变的形而上学之缺口，揭示了天体运行的规律。这个理论有利于批判封建传统的“天道不可变”之传统观念，满足了维新派与革命派对改变当下环境之要求。

康有为深信自然科学，在 1886 年所著的《诸天讲》中，他最先引进了康德的“星云假说”。他在第二卷中说道：“德之韩图（康德）法之立拉士（拉普拉斯）发星云之说，谓各天体创成以前，是朦胧之瓦斯体，浮游于宇宙之间，其分子互相引集，是谓星云，实则瓦斯之一大块也。”①当然，这样的描述对于康德的“星云假说”而言只是比较浅显的。但是，对于当时盲目守旧的中国大环境来说，康有为的论述无疑打开了

① 康有为：《诸天讲》（卷二），见蒋贵麟主编：《康南海先生遗著汇刊》，宏业书局，1976 年，第 47 页。

一个缺口。康有为通过“星云假说”来论证天体运动的规律，使得在中国传承了几千年的宇宙形成和运动的“元气说”在西方科学面前第一次产生了松动。

继康有为之后，严复在翻译著作《天演论》时，也介绍了“星云假说”。严复在学习康德著作的时候，广泛阅读了许多相关资料，并且他是能够直接看原著进行研究的，因此他对“星云假说”的把握应该会更加准确。严复运用“星云假说”来深化自己对世界的看法，他在引用拉普拉斯与康德的“星云假说”时写道：“天演者，翕以聚质，辟以散力。方其用事也，物由纯而之杂，由流而之凝，由浑而之画，质力杂糅，相剂为变者也。”①在这里，“翕以聚质”是哲学家斯宾塞的一个概念，说的是质点由于相互吸引而凝集成物。严复用这样一个概念述说了原始的星云是长期形成之观点。对于这样的说法，严复在自己的著作中曾说道：“其所谓‘翕以聚质’者，即如日局太始，乃为星气，名涅菩剌斯，布濩六合，其质点本热至大，其抵力亦多，过于吸力。继乃由通吸力收摄成殊，太阳居中，八纬外绕，各各聚质，如今是也。”②这些文字抓住了吸引力与排斥力的相互关系，其对太阳系是怎样由星云演变而来的认识是很深刻的。

1903 年 8 月，《大陆报》上刊登了梁启超的文章《西哲之星云说及佛教之器世间论》。这篇文章不仅谈到了康德与拉普拉斯的“星云假说”，而且还涉及了东方的佛教器世理论。这在当时可以说是对康德“星云假说”介绍得最为全面的一篇文章。梁启超在文章中指出：

> 创立星云说者，康德是也。彼之说曰，我等观于太阳系，现象殊奇，游星有六，卫星有九，皆在同一之轨道，且与太阳运动之方向相同。今系于彼等之间，使其运动合一之物质，存于何地？今日以前，必有生之之原因在也。唯形为此等游星之物质，始于极小极微之分子。今涉太阳系之全圜，而弥沦之者，外围凝固浓厚

---

①② 严复：《天演论·按语》，见王栻主编：《严复集》（第五册），中华书局，1986 年，第 1327 页。

之分子，藉引力之作用，吸收其他分子，累累簇集，成为一团。[①]

并且，梁启超还在后面的文章中专门谈到拉普拉斯对康德所提出的“星云假说”的科学上之论证，即运用力学的原理，通过引力与斥力的相互作用和运动，说明太阳系的运行规律之必然性。梁启超先对“星云假说”进行了陈述，再就拉普拉斯对“星云假说”的论证进行了阐释，在当时的思想界产生了很大的影响，给人们以深刻的印象，启迪了人们的思想。

当然，对康德“星云假说”的介绍只是关于康德哲学的一个方面。在这个时期，对康德哲学的认识也涉及其他方面，其中最重要的学者是王国维与蔡元培。

在西方哲学史上的诸多哲学家中，王国维[②]对康德可以说是推崇备至。在其著作《汗德像赞》中，他把康德比喻为高挂在天空的太阳和翱翔云霄的丹凤。因此，在研究德国哲学的时候，他所发表的关于康德哲学的著作可以说是最多的，这些文章比较全面地介绍了康德的思想。

王国维所著的《汗德之知识论》是一部关于康德认识论学说的著作，共由十个部分组成。这十个部分通过对康德的《纯粹理性批判》之阐释，比较系统地论述了康德的认识论思想。其中，第二、三部分介绍其先验感性论，突出了作为感性直观形式的空间与时间；第三、四、五、六、七部分介绍了先验悟性论，集中论述了最抽象也是最有价值的纯粹思维形式的范畴学说。王国维做了大量的分析，通过对范畴的先验演绎，论述了范畴是怎样切入到经验对象中的。在王国维看来，在康德那里，他把知识分为先天的知识与后天的知识，不过先天的知识对后天的知识具有优先性的地位，而所谓先天的知识是指由时间和空间构成的感性直观形式与由因果性等范畴构成的悟性思维模式。人们

---

① 梁启超：《西哲之星云说及佛教之器世间论》，《大陆报》，1903 年 8 月第 12 期。

② 王国维（1877—1927 年），字静安，晚号观堂，浙江海宁人。少年时代的王国维和许多其他的知识分子一样，苦读四书五经与八股文章，希望能够以后在仕途上有所成就。但是，处在这样一个时刻，面临着亡国灭种的危机，他“留心实务，向往新学”，大量地学习了西方的思想文化知识。

要认识事物与获得知识，都必须运用感性形式和悟性形式，这样认识才有可能。在论述康德的认识论思想时，王国维认为这样一种先验论的思想在哲学史上与前面的认识论比较起来是一大进步，这样的一种“理性为自然立法”的思想明显体现出人的能动性。其文章的最后两部分介绍了康德的先验辩证法，通过对理性心理学、理性宇宙论与理性神学的批判，证明人们的认识不能超出感性经验的领域。人们所拥有的只有“现象”的知识，不可能认识事物的“物自身”，即人们不能认识事物的绝对真理。不过，人们虽然不能达到事物的绝对本质，但是人们可以对之进行思考。并且，王国维还把康德的上述主张与休谟的怀疑论进行比较，认为两者的差别“只在程度，而不在性质”①。的确，在认识论方面，康德与休谟的确有相同的一面，王国维在这一点上的看法是正确的。可是，我们也必须要看到，康德的认识论是对休谟的不可知论予以克服之产物，在哲学史上有着不同的地位。另外，王国维还著有《汗德之伦理学及宗教论》，介绍了康德的《实践理性批判》与《单在理性范围内之宗教》。由此可见，王国维对康德哲学的介绍是相当全面的，并且其在《新民丛报》上面发表的有关康德哲学的文章“其纰缪十且八九也”②。

蔡元培对康德的研究可以说是比较深入的，对康德学问的传播做出了积极的贡献。蔡元培在介绍西学时特别重视康德的哲学思想，与其他的思想家比较起来，他对康德有着自己独特的认识，主要表现为两个方面：一方面，他阐述了康德哲学中有关科学与哲学之间的关系之内容；另一方面，他评价了康德哲学中的美学思想。对于第一点，蔡元培看到，在康德之前，科学与哲学是没有分开的，哲学包含着科学，只是到康德这里，科学与哲学才有了明确的界限。康德的《纯粹理性批判》认为，人们的认识有先天与后天两类，先天的知识是先验的思维模式，后天的知识是人们的经验。关于这两个层面的划分，前面的构

① 王国维：《叔本华之哲学及其教育学说》，《教育世界》，1904年5月第74号。

② 王国维：《论近年之学术界》，见《王国维先生全集》（第五集），台湾大通书局，1976年，第1824页。

成了哲学，而后面的则构成了科学。虽然蔡元培对康德认识论的眼光是独到的，但是他对康德的哲学之认识却是不准确的，因为康德虽然区分了先天的知识与后天的知识，但是真正说来，这两种知识都是人们的认识所不可缺少的部分，前者是知识的先天“形式”，后者则是知识的“内容”。真正的知识是由这两部分共同构成的，二者缺一不可，而非像蔡元培所认为的，先天知识构成哲学，后天经验构成科学。但不管他是否真正准确地表达了康德的哲学原意，在那个时候强调哲学应该与科学划清界限，两者不能混淆，这对当时的国民意识冲破保守的传统观念无疑起着很大的作用。

在这个时期，对中国影响比较大的还有唯意志哲学。伴随着维新变法与辛亥革命的失败给国内带来的危机，中国的先进知识分子为了救亡图存，迈出了向西方学习哲学社会科学的步伐。二十世纪的最初几年，在社会变革力量的推动之下，一批较早接触西方哲学的思想家尽可能利用当时的大众传播工具进行西方思想的传播。在这样的条件之下，唯意志哲学家叔本华（Arthur Schopenhauer，1788—1860 年）的思想也第一次经过王国维的介绍传入到中国。

唯意志论哲学家叔本华对东方的佛学也有一定的认识，他吸取佛教的思想资料来构筑其唯意志论思想体系，视意志为现实的基础，把有生命的东西描绘成人们的意志对象，并试图去解释动植物的行为。在他的学说中，意志成为每一种可见物体永不衰竭的创造者，并且叔本华也像其他唯意志论者一样，强调人行为中的那些非理性因素。

作为那个时期西方唯意志论哲学家的代表，叔本华的思想极大地受到王国维的重视。在《叔本华之哲学及其教育学说》中，王国维写道：“自希腊以来，至于汗德之生，二千年来哲学上之进步几何？自汗德以降，至于今有百余年，哲学上之进步几何？其有绍述汗德之说而正其误谬，以组织完全之哲学系统者，叔本华一人而已矣。”①王国维

① 王国维：《论近年之学术界》，见《王国维先生全集》（第五集），台湾大通书局，1976 年，第 1824 页。

在上海担任梁启超主编的《时务报》校对时，接触过日文的叔本华著作，对其思想是极为感兴趣的。从1904年开始，王国维在《教育世界》上面发表过《叔本华之哲学及其教育学说》《书叔本华遗传说后》《叔本华与尼采》等文章。另外，王国维还深受叔本华思想中的悲观主义哲学之影响，并以其深厚的中国文化修养来借鉴其悲观主义，于1904年发表了《红楼梦评论》，这部著作深刻地反映出王国维思想的深邃。通过王国维撰写的关于叔本华的这些文章，叔本华的思想在国内传播开来。正如钱钟书在后来指出的，“老辈惟王静安，少作时时流露西学义谛。庶几水中之盐味，而非眼里之金屑”。[①]在王国维大力推崇叔本华思想之后，国内形成了传播叔本华哲学的高潮。

对叔本华哲学进行介绍的，还有一位思想家张东荪。张东荪在《道德哲学》《哲学ABC》《出世思想与西洋哲学》等论著和论文中，都对叔本华的思想进行过介绍。在《道德哲学》中，他论述了叔本华的“解脱说”，认为这样一种思想是来源于佛教的无常生活是空是苦之人生观。同时，他论述了叔本华的思想与康德、柏拉图、贝克莱等多位思想家的关系。张东荪翻译的《创化论》及《物质与记忆》两书还涉及了柏格森的思想，并且论述了柏格森的哲学思想与叔本华的思想有着密切关系。最后，张东荪在把叔本华的道德理论与其他各种道德理论进行了比较后得出结论：叔本华的道德哲学是从根本上反对快乐论的。因为快乐是为了满足个人的欲望，而一切的痛苦与罪恶即由此而生，所以快乐主义是一切罪恶的源头。此外，叔本华的人格在世人看来是比较低劣的，但是在张东荪看来，这正是叔本华的学说贴近现实生活的特点。

总的来说，张东荪对叔本华的介绍虽然不像王国维那样面面俱到，但他对叔本华伦理学方面的关注还是值得称赞的。他能够不受其他人的观点之影响而提出自己的看法，这一点也是难能可贵的。

因研究叔本华思想而受到重视的，还有美学大师宗白华。20岁的

---

① 钱钟书：《谈艺录》，中华书局，1984年，第24页。

宗白华在上海泰东书局出版的《炳辰》杂志第4期上发表了自己的第一篇作品《萧本浩(叔本华)哲学大意》。1919年,宗白华在少年中国学会办的学术刊物《少年中国》上相继发表了《说人生观》《叔本华之论妇女》《欧洲哲学的派别》等文章,分别介绍了叔本华的人生哲学、对妇女的评价与看法及新心理学。宗白华对叔本华思想的介绍虽然不像王国维那样有影响力,但他在西学的传播方面,从关注社会改革的角度,另辟蹊径地向国人介绍了叔本华的思想,开阔了国人的视野,更新了人们的观念。

此时,德国古典哲学中的另一位大师——黑格尔(Georg Wilhelm Friedrich Hegel, 1770—1831年),也悄无声息地来到了中国。

中国学者学习黑格尔,与这个时期学习其他的西方哲学家一样,有一个共同的大背景,即为了满足政治方面的需要而着力去引进西方的哲学思想,怀着救国于危难的实用目的,尚不是纯学术式的学习。自然科学、社会进化论,以及一些政治思想理论能够满足此种需要。当时,黑格尔哲学能够进入中国是一个巧合,因为黑格尔的思想与当时的一些主流学者(如严复、马君武等)所感兴趣的思想在很多方面都不符合。黑格尔的很多思想在我们今天看来是应该能够与当时的时代背景相符合的,只是当时的人们没有认识到,如比较著名的"理性的狡黠"等思想。但是,当时的学者却认识到了黑格尔的历史辩证法之积极思想,其中的代表就有严复、马君武等人。他们大力宣传黑格尔的辩证法思想,并造就了黑格尔思想在二十世纪三十年代之后的整体性走红。

前文曾提到过,严复的研究重点并不在德国哲学,但由于其自身对科学认识论比较感兴趣,所以他曾花大量的精力翻译了《穆勒名学(逻辑学)》(*A System of Logic*)和英国思想家耶芳斯的《名学浅说》(*Logic the Primer*)。正因为严复对逻辑学有强烈兴趣,黑格尔的哲学才被他收入眼中,并勉为其难地著有《述黑格尔唯心论》。这篇文章着重阐发的是黑格尔《精神哲学》中的"主观心"(主观精神)、"客观心"(客观精神)和"无对待心"(绝对精神),但这些论述都是泛泛而谈,并没有进行深入的研究，这也体现出黑格尔哲学在当时不是特别受欢迎。但不管怎么说，对黑格尔哲学的研究毕竟掀开了新的一页。

（三）这个时期西方哲学翻译与译著所呈现的特征

这个时期，西方哲学译介的特征体现在三个方面：

首先，推动与传播西方哲学的力量发生了变化。在此之前，传播西方哲学的主要力量是“中体西用”的洋务派和一些早期受到资产阶级思想影响的开明人士。这个时期，传播西方哲学的主要力量是刚刚登上政治舞台不久的资产阶级维新派和辛亥革命的革命派。其中，主要的传播者有康有为、梁启超、严复、王国维、马君武、蔡元培等思想家。对于这样一些人，引进西方哲学完全成为他们进行社会活动的思想理论上之需要，所以这个时期对西方哲学思想的学习符合政治革新需要之目的性比较突出，即政治上的需要促使人们思考西方思想文化知识。

其次，这个时期，中国学者对西方哲学的认识在整体上呈现出比较粗浅的水平。这主要表现在这个时期对西方哲学大多数著作的译介仅仅局限于一些介绍性的文章，很少有直接针对原著进行研究与翻译并提出比较深刻见解的成果，并且许多的介绍性文章都是根据其他国家学者的研究文章进行的二手资料研究。但总的来说，学者们在这个时期对西方哲学在中国的传播还是做出了很大的贡献，为以后中西文化的交流做了许多基础性的工作。

最后，这个时期，学者们在将西方哲学引进中国的过程中是没有选择性的，很多时候都是“本末不具，派别不明，惟以多为贵”①。在文化饥荒时代的中国，这样的情况是很容易得到理解的。但是，针对哲学史上的不同阶段与哲学家们的不同观点，学者们还是有侧重点的。具体而言，这个时期，哲学研究侧重于西方近代哲学，对哲学家们的理论侧重于有利于将变革与革命结合起来的思想理论。应该说，传播者对西方哲学的输入，主要是为思想启蒙与社会变革服务的，是为了振

---

① 梁启超：《清代学术概论》，中华书局，1954 年，第 71 页。

兴中华、救亡图存的需要而选择性地学习西方的思想。所以，在这个时期，学者们对西学的选择体现出这样一种既没有选择性而又有选择性的悖论状况。

第二节　五四运动前后的西方哲学进入中国的集中爆发

在中国近代史上，五四运动与之前的新文化运动对于中国的思想界来说绝对是思想上的一次大地震和文化上的一次大换血。五四运动的爆发是中国从旧民主主义革命走向新民主主义革命的转折点。这里的从“旧”到“新”主要体现为思想上的革新，其表现为这个时期有大量的西方哲学思想进入中国，中国的文化界呈现出对西方文化大包容的局面，思想界撞击出许多的知识火花。

一、新文化运动和五四运动的发生

维新变法与辛亥革命虽然失败了，但是除旧革新的思想却是薪火相传，破旧迎新的强大思想力量一直在孕育着。终于，1915 年，中国的大地上掀起了一场声势浩大的新文化运动，这次运动不仅对洋务运动至今的学习西方思想之历程进行了反思，更对中国几千年来的传统文化进行了理性批判。新文化运动是中国文化史上的一次具有里程碑意义的思想文化运动。这个时期，中国的知识分子反思了维新变法与辛亥革命失败的深刻原因，他们认为失败的主要原因是人们在思想上缺乏启蒙，国民精神没有得到开化，所以现在的主要任务就是对国民进行民主共和的思想教育，深刻地“批判旧文化吸收新文化，批判旧科学吸收新科学”，这也就是新文化运动的两面旗帜。

在反思的过程中，中国的知识分子还深刻认识到中国传统的文化观念是阻碍中国进步的关键力量，孔子成为这个时期的主要批判对象，并且中国的知识分子还提出了“打倒孔家店”这样的口号。对思想伦理的重视，正如陈独秀在 1916 年所说的，“伦理问题不解决，则政治学术，皆枝叶问题”。[1]这是对中国文化与西方哲学之间关系的一种深刻反思。

引用西方的思想对以孔子为代表的传统思想进行批判，主要表现在高举“科学”与“民主”两面大旗，用近代科学理论反对传统实用主义，用近代人文主义反对传统的仁礼禁忌，力图用人性的主体价值来取代传统的家庭伦理，这些思想都集中体现了新时代思想的要求。1915年，陈独秀提出，“国人而欲脱蒙昧时代，羞为浅化之民也，则急起直追，当以科学与人权并重”。[2]这里的民权就是“民主”。从此，“民主”与“科学”成为新文化运动的两面旗帜。为了实现这两面旗帜的价值，陈独秀还告诫国人：“一切政府的压迫，社会的攻击笑骂，就是断头流血，都不推辞。”为了唤起国民的自觉意识，使他们从传统的封建观念里面解放出来，必须要用科学与民主的精神把他们武装起来，唯有这样，中国的民主变革才有可能取得成功。总的来说，这一时期，新文化运动的口号集中体现为“提倡民主与科学，反对专制与愚昧；提倡新道德，反对旧道德；提倡新文学，反对旧文学”。

新文化运动可谓中国近代最重要的思想启蒙运动，它对中国的影响是巨大的。一方面，两千多年的封建思想受到极大的冲击，人们开始接触到真正的外来新思想；另一方面，中国的传统文人也开始向新的知识分子转变，中国的知识分子开始登上历史的舞台，并受到了德先生和赛先生思想的洗礼，从而对之后五四运动的爆发起到了直接上的宣传动员作用。

五四运动的发生不是偶然的，其有着深厚的社会根源。从国际上看，这个时期正是第一次世界大战爆发期间，所以一些没有参加战争的国家（如日本、美国）趁机加紧侵略中国，国际局面更加严峻，从而导致中国人民的反帝情绪更加高涨。在国内，北洋军阀政府对外投靠帝国主义，对内大量掠夺土地和工矿业并猛增赋税，人民负担沉重。此

---

① 陈独秀：《宪法与孔教》，《新青年》，1916年11月第二卷第3号。

② 陈独秀：《〈新青年〉罪案之答辩书》，《新青年》，1919年1月第六卷第1号。

外，之前的新文化运动推动了人民的思想解放，促使先进分子——尤其是青年学生——开展爱国活动。五四运动是中国人民思想觉悟的一次标志性历史事件，在中国的近代化历程上留下了深深的烙印。这个时期的五四运动与之前的新文化运动，在中国近代史上是彻底的反帝反封建的思想革命运动，对于当时传统的中国来说无疑是思想上的一次大地震。五四运动之后，“德先生”和“赛先生”的“民主”与“科学”理念深入人心。同样，这个时期也是中西文化交流十分繁荣的一个时期，大量的西方思想文化进入中国，许多西方哲学家的思想被传入国内，从而使得中国思想文化界百花齐放、耳目一新，中西文化的交流达到一个高峰。

二、五四运动前后西方哲学的大量译介

在五四运动前的新文化运动时期，不同性质的文化交锋不但反映了当时思想战线上百家争鸣的生动局面，而且通过对问题的层层推进，使得关于中西文化的讨论主要集中在深刻的哲学思想方面。因此，这个时期，对西方哲学理论的学习呈现出一种繁花似锦、向纵深推进的态势，并且有许多译作与著作在这个时候涌现出来。在这一时期，对中国思想文化界的影响很大，且受到国内学者大力推崇的西方哲学家有很多，我们将在下文的论述中涉及一些主要的哲学家在中国学术文化界的传播情况。

首先，这一时期，传播西方哲学的手段多样化了。在新文化运动中，不少知识分子为了批判旧传统与宣传新思想，纷纷成立社团和出版刊物。据统计，各类社团约有三四百个，新出版的期刊增加到四百多种，这些刊物绝大部分以介绍新思想和寻求救国道路为宗旨。其中，尤以《新青年》《民铎》《学艺》《东方杂志》《学衡》等期刊最为突出。

其次，传播的队伍扩大了。这个时期，传播西方哲学的主要力量有三种：首先是以李大钊、李达、瞿秋白等人为代表的接受了马克思主义的先进分子；其次就是具有资产阶级民主倾向的知识分子，如胡适、范寿康、张铭鼎、张东荪、张颐、瞿世英等人；最后就是一些文学家，如

鲁迅、茅盾、郭沫若、田汉等人。这个时期,以上这些人成为了传播西方哲学的主力军,他们基于对传统的批判与对华夏兴盛的需要,在中国积极进行西方思想的传播工作。

再次,随着大批留学生回国,西方哲学在中国更是得到大力的传播。就是在这个时期,中国学术界先后邀请了欧美的一些著名哲学家来华进行讲座,直接进行哲学思想的宣传,其中最为著名的有杜威(John Dewey, 1859—1952 年)、罗素(Russell, 1872—1970 年)等哲学家。这些哲学家来到中国所进行的学术活动,在中国思想界引起了广泛的关注,积极地推动着中西思想文化交流。

最后,这一时期,西方哲学领域出现了真正的译著和国内学者的研究。这个时期关于西方哲学的著作包括:

[美]杜威:《哲学史》,刘伯明译,泰东图书局,1920 年。

[美]顾西曼:《西方哲学史》,瞿世英译,商务印书馆,1922 年。

[德]余伯威:《西洋哲学史纲要》,张秉洁译,永明印书局,1922 年。

[日]金子筑水:《欧洲思想史大纲》,林科堂译,商务印书馆,1924 年。

[日]金子筑水:《欧洲思想大观》,蒋桑汉译,泰东图书局,1928 年。

[奥地利]耶路撒冷:《西洋哲学概论》,陈正谟译,商务印书馆,1928 年。

王平陵编译:《西洋哲学概论》,泰东图书局,1924 年。

刘经庶:《西洋古代中古哲学史大纲》,中华书局,1922 年。

黄忏华编:《西洋哲学史》,商务印书馆,1922 年。

陈筑山:《哲学之故乡》,中华书局,1925 年。

何子恒:《希腊哲学史》,光华书局,1926 年。

赵紫宸:《基督教哲学》,中华基督教文社,1926 年。

通过这些著作可以看出,这个时期,我国学术界对西方哲学的翻译和上一个时期一样,仅仅局限于一些哲学史上的翻译与介绍,直接针对西方哲学原著的翻译微乎其微，唯一的一本哲学家著作就是杜威的《哲学史》。在这里，杜威不是一位哲学家，而是一位哲学史家。在这些哲学史著作中，王平陵编译的《西洋哲学概论》最具有代表性，因为这本著作既不是完全的专著，也不是完整的译著，而是以梯利、耶路萨冷、泡尔生、库尔波所著哲学概论为依据，兼取各家之说并参以作者意见编译而成。全书分为两部分：第一部分分为五章，讲述哲学概论，叙述哲学的定义与意义、本体论、认识论、美学方法；第二部分即第六章，分十节，讲述康德、叔本华、新康德主义、实证主义、实用主义、生命哲学、新实在论等近现代西洋哲学派别。可以看出，译介这种形式还是在这个时期大行其道，西方哲学著作的翻译才刚在中国起步。所以，下文将着重从译介方面呈现这一时期西方主要的哲学家在中国学术文化界的传播情况。依照在中国的受欢迎程度，排名前三的哲学家分别是康德、尼采、黑格尔。

（一）追捧中的康德著作翻译

在戊戌变法与辛亥革命时期，康德的哲学就曾在中国广泛传播，这一点在上文中已经涉及。总的来说，那个时期对康德哲学的论述是比较零散的，很少有对其进行系统介绍的成果。但是在“五四”之后，康德哲学的研究达到了另一个高潮，其在当时成为了哲学界的一门显学，学者们开口闭口都是康德。对于这样的情况，在国外因研究黑格尔而成名的张颐先生因为康德热而在回国后放弃了写黑格尔的文章，并说道：“余自欧洲抵沪上时，所遇友朋，皆侈谈康德，不及黑格尔，竟言认识论，蔑视形而上学。”①康德哲学在“五四”之后能够受到中国学者的大力追捧，原因在于我国知识界要以康德哲学作为思想启蒙的武器，借助康德哲学传播科学、理性、自由、民主的精神。例如，甘蛰仙在追述了唯心论在西法中的发展过程之后说：“康氏哲学之成功，在认识

---

① 张颐：《关于黑格尔哲学回答张君劢先生》，《大公报》，1931 年 12 月 28 日，见中国科学院哲学研究所资料室编：《资产阶级学术思想批判参考资料》（第八集），商务印书馆，1960 年，第 31—32 页。

论方面，而且在哲学界所引起之影响，则波及道德论本体论方面均钜。"[①]同时，康德所提出的"为义务而义务的精神"，更是"深契于吾人之心"。[②]因此，五四运动之后，有识之士纷纷研究康德，关于康德的著作也大量问世。关于康德的研究，国内学界有人翻译了国外学者的文章，如杜威的《二百年之后的康德》、杜里舒的《康德与近代哲学潮流》、桑木严翼的《康德与现代哲学》等；1915 年 5 月，宗之魁先后译出《康德唯心论哲学大意》与《康德空间唯心论》，并在《晨报》副刊上发表；1920 年，德国哲学家卡尔·福尔伦德(Karl Vorlunder)通俗版的《康德传》也由马克思学说研究社的成员罗张龙和商章孙合译出版。当然，多数的著作还是学者们自己撰写的关于康德的译介性著作，如南吕的《哲学改造和现代康德哲学》和沈甘霖的《康德教育意见》于 1920 年分别在《学灯》和《海周刊》上刊登；1922 年，王中君在《今日》上发表了《康德的认识论和马克思的认识论》。这种学术的态势为人们研究康德哲学提供了丰富的资料素材。

当时，康德哲学在中国能够得到广泛传播，还有一个直接原因就是德国哲学家杜里舒于 1922 年来华办讲座，他于 1923 年在北京作了题为《康德以前之认识论及康德之学术》的讲演(由张君劢口译)。该讲座一共分为四个部分，即康德以前之哲学、康德哲学、康德后继之哲学及现代哲学潮流，讲稿曾在《文哲学报》第三、四期上连载。杜里舒的这次演讲，对推动康德哲学在中国的传播起到了重要的作用。1924 年是康德诞辰 200 周年的纪念日，这一年也是杜里舒来华办讲座的最后一年。针对这样的特殊事件，中国学者在《学艺》第六卷第五期上出版了康德哲学专刊，收录了张铭鼎的《康德学说的渊源与影响》、张心沛的《康德先验哲学论之中心问题》、范寿康的《康德知识哲学概说》、虞山的《康德道德哲学概要》等二十篇文章。1925 年，《民铎》也以同样的名义，用康德的名号发表了十五篇中国学者写作的关于康德哲学的文章，其中有吴致觉的《康德哲学批判》、余文伟的《康德哲学之批判》、

---

①② 甘蛰仙:《康德在唯心论史上之地位》,《晨报》,1924 年 4 月 22 日第 88 号。

胡嘉的《纯粹理性批判梗要》、叶启芳的《康德范畴论及其批评》、张铭鼎的《康德批判哲学之形式说》、彭基相的《批评主义的概念》、胡喜的《康德传》等。通过这些文章可以看出，当时对康德哲学的介绍的确是相当全面与系统的，这些文章涉及康德的认识论、伦理学、美学、法哲学、宗教哲学、自然哲学等方方面面。最可贵的是，这些文章还介绍了以前的研究著作很少涉及的康德哲学的“永久和平论”“教育论”“宗教论”“法哲学”等内容。以现今的观点来看，这些文章仅仅是泛泛而谈，但是在当时却是难能可贵的。例如，陶汇曾在《康德之法律哲学》中说：“康德之法律学说以个人之自由为出发点，而其所谓‘无上命令’者为理想法非现实法，故实属自然法派，集前此自然法派之成而纯化之，开后世自然法派之基而启发之。”[①]对康德哲学的此种认识，即使在今天看来也是比较深刻的。下文将具体论述当时国内一些比较著名的学者对康德哲学的具体看法。

首先是张铭鼎对康德哲学的研究。张铭鼎是“五四”前后最早研究康德哲学的主要代表人物之一，他认为康德哲学在哲学史上是“承前其后的大关键”。在历史渊源上，张铭鼎认为，古典哲学家柏拉图对康德的影响很大，康德哲学中的先天知识的演绎，就源于柏拉图的天赋理性推知一切的做法。另外，斯多葛学派所认为的人类的本性是理性，而理性又是自然界的根本法则，也给予了康德哲学一些启示。张铭鼎在《康德批判哲学之形式说》中认为，康德哲学体系有一个不可忽视的中心，那就是“康氏所拳拳致意的理性主义，他要根据着理性主义，将从前一切学说加以评价，以便从科学、道德、艺术三大文化领域中，得建设出一个确实的基础而完成其批判的精神，所以他所最注重的东西，就是理性”。[②]张铭鼎认为，贯穿康德哲学的知识、道德、审美领域的是形式主义。康德之所以要提出“形式”学说，那是因为“在西洋哲学史上，无论是知识哲学、道德哲学，或是审美哲学，都经过了唯

① 陶汇曾：《康德之法律哲学》，见中国科学院哲学研究所资料室编：《资产阶级学术思想批判参考资料》，商务印书馆，1960 年，第 429—430 页。

② 张铭鼎：《康德批判哲学之形式说》，《民铎》，1925 年第六卷第 4 号。

理论和经验论一番割据与争执，各是其所是，各非其所非，因而没有什么普遍的标准同必然的原则，康氏因为不满于以上二说起见，遂欲于二说之间，建设一个新概念，树立一种新方法，这种新方法，在他讲起来，就是批判论，而这个新概念，在我看起来，就是形式说”[①]。在康德那里，他通过对人类的先天认识能力的研究，找到了具有必然性的形式，康德的形式说就是这样建立起来的。针对康德的形式说之意义，张铭鼎在文章中指出，在康德那里，主观世界与客观世界有着严格的区分，客观世界给我们带来的只有杂乱的、无序的质料，要得到知识就必须通过先天形式的综合判断。总之，康德的形式说“所树立于知识论里面的，是自然界必然的关系；所树立于道德论里面的，是实在自由的规范；一是出于自然法的形式，一是出于命令的形式。而从这两者互相对立的情形之中，寻出二者综合的关系，本着知识力与意志力相互调和的作用，在自然界向着目的的观念而行，这就是康氏第三批判里所论的美学的判断。他所谓的审美上的判断，是离开质料面专门的形式，这种形式是从主观方面以求适合目的的一种关系。这就是康氏所谓真善美三界里的形式说的意义”。[②]但是，康德的形式说也有其不能自圆其说的地方，那就是对形式说的极端重视导致了意义上的现象界与本体界之分立。张铭鼎对康德哲学的认识，特别是他对康德“形式”的内容与功能之考察，大致体现了康德哲学中的形式之重要性及其在哲学变革中之重大意义。在张铭鼎看来，康德哲学的伟大之处就是他对知识、道德、艺术三大文化领域进行了划界。

其次是范寿康对康德哲学的认识，他 1924 年 11 月在《学艺》上发表了《康德知识哲学概说》一文。当时关于对康德哲学中的认识论问题之看法的成果中，范寿康的文章无疑是一篇巅峰之作。文章指出，康德对唯理论与经验论的认识论并不满意，这两种认识事物的方法都不能解决真正的认识问题。为了解决认识论的问题，康德提出认识的

---

① 张铭鼎：《康德批判哲学之形式说》，《民铎》，1925 年第六卷第 4 号。

② 张铭鼎：《实践理性批判》，见中国科学院哲学研究所资料室编：《资产阶级学术思想批判参考资料》（第八集），商务印书馆，1960 年，第 190 页。

可能性是“形式”与“质料”共同的结合体，形式是先天先验的，质料是后天经验赋予的。范寿康认为，对于“形式”与“质料”，洛克仅承认前者，莱布尼茨仅承认后者，而“康德则站在这两者之间而独辟一种新的见地”①。康德反对只有形式而没有质料的唯理论的看法，同时也反对只有质料而轻视形式的经验论的观点。因此，必须要把二者结合起来，才能达到真正的认识。这里的关键问题在于，怎样把形式与质料连接起来。康德把这个问题称为先天综合判断何以可能的问题。范寿康指出，“康德为答解这个问题起见，他先论数学上这样的综合判断怎样成立；其次，他论及于物理学；最后，乃论及纯理哲学”。②康德依次论及“先验感性论”“先验分析论”与“先验辩证论”，并最终得出“自然界的法则绝不是外界给我们内心的，却是我们内心所授予自然界者，立法者不是外物，乃是自我。这样，自然界是由我们与以因果律等法则后能成立，所以在自然界的全范围内因果律等法则没有不适用”③。这便是康德的“人为自然立法”的思想，这样的思想在西方哲学史上掀起了一次“哥白尼式的革命”。

还有就是虞山在《康德审美哲学概论》中对康德美学的看法。当时，在关于这方面的研究论述并不多的情况下，虞山的《康德审美哲学概论》可谓独树一帜，这篇文章比较清晰地表现了康德的美学思想。虞山首先在这篇文章中论述了康德批判哲学中的美学之地位。康德的知识论研究的是自然界的法则，道德论研究的则是本体论的规范。具体而言，在自然界中，一切都受到自然法则的约束，没有自由可言，而道德界所说的“应该的状态”是理想的世界，人在其中是自由的。为了使人的思想界能够与自然界结合起来，就必须把这二者统一起来，这就是康德的第三批判“判断力批判”所要解决的问题。在康德那里，“悟性是由局部的（或者有条件的）统一而行使作用，理性是由无条件的观念而行使作用，而判断力则由在自然界上的目的的观念而行使作

①②　范寿康：《康德知识哲学概说》，《学艺》，1924年第六卷第5号。

③　虞山：《康德审美哲学概论》，《学艺》，1924年第六卷第5号。

用，判断力所行的统一是在具有目的的动作上的统一”。[①]也就是说，只有判断力批判才能把二者结合起来。此外，虞山比较详细地论述了康德哲学中的美学思想。在虞山看来，所谓美的事物，就是给我们快感的事物，审美判断是在对事物的悟性和想象力之调和过程中实现的。虽然这样的判断是主观的，但是它却是有普遍性的。审美判断能够具有普遍性，就是因为“审美的判断上所表示的快感为主观的，而同时却单为一物的形式的唤起的缘故”[②]。详言之，一物的形式适合于我们的想象力与悟性的作用，而凡是人类都具有同样的想象力与悟性，所以该物的形式也就不得不适合于人人都具有的想象力与悟性了。这样，“形式的及主观的二者与普遍的合成在一起，这是康德哲学上的一贯的思想，这也是他审美论的根柢”。[③]总之，美学既是主观的，但同时又是形式的，所以康德给美学下了一个定义，即“把只有由形式而不与利益的观念相结合的快感普遍的必然的接受与我们的就是美”[④]。

（二）尼采著作翻译的兴盛

尼采(Friedrich Wilhelm Nietzsche，1844—1900 年)的哲学在中国近代史上的第一次广泛传播也就是在这个时期。新文化运动开始后的 1915 年，谢无量的《德国大哲学者尼采之略传及学说》对尼采进行了全面介绍。1918 年 2 月，陈独秀在《人生真义》一文中热情地向青年们提出要求，“主张要尊重个人的意志，发挥个人的天才，成为一个大艺术家，大事业家，要做寻常人以上的‘超人’才算人生的目的；什么仁义道德，都是骗人的鬼话”。[⑤]李大钊在这个时期著有《介绍哲人尼杰(尼采)》，他指出，“其说颇能起衰振敝，而于吾最据形式，重因袭，囚锢于奴隶道德之国，尤足以鼓舞青年之精神，奋发国民之勇气”。[⑥]1919 年，五四运动爆发当月，傅斯年在《新潮》第一卷第 5 号发表随感

①②③④ 虞山：《康德审美哲学概论》，《学艺》，1924 年第六卷第 5 号。

⑤ 陈独秀：《人生真义》，《新青年》（文学副刊），1918 年第四卷第 2 号。

⑥ 李大钊：《介绍哲人尼杰》，《晨钟报》，1916 年 8 月 22 日。

录，他认为“我们须提着灯笼沿街寻找超人，拿着棍子沿街打魔鬼”。[①]在这里，傅斯年根据尼采的“重估一切价值理论”去冲击中国的传统思想。1921年1月，郭沫若的新诗《匪徒颂》在《时事新报·学灯》上发表，他把尼采的“超人”学说、哥白尼的天体运行说、达尔文的进化论并称为“学术革命的匪徒”，并为之三呼“万岁”。这个时期还有很多关于尼采的著作，正是这些著作的大力宣传，才使得尼采哲学在中国产生了很大的影响力，并推动尼采哲学在中国的传播迎来了第一次高峰。

这一时期，尼采的原著第一次被翻译成中文。1919年，茅盾在《解放与改造》上发表了尼采《查拉图斯特拉如是说》中的《新偶像》与《市场之蝇》之译文。在序言中，茅盾盛赞尼采“是大文豪，他的笔是锋快的。骇人的话，常见的。就他的《查拉图斯特拉如是说》看，又算是文学中少有的书”[②]。1919年，田汉的《说尼采的〈悲剧之发生〉》也在《少年中国》上发表，他在文章中这样表述道：

> 然而尼采虽说祖述叔本华，承认意志之世界，而没有叔本华那样消极的思想。叔本华是要主张人要否定意志，断绝欲望，才能够逃去这个“生之苦恼”，而尼采却积极地肯定意志，是认人生说，无论如何都要强猛地生活下去，人生越苦恼，所以我等越要有强固的意志，只有与那个“生之苦恼”战斗的时候，那个人的美与高才得发挥出来，所以生之苦恼！实才是美与高的源泉，增进生存之价值的刺戟剂。[③]

这样的作品所传达的不仅仅是尼采的观点，而且也是作者的那种积极寻求强力意志的心声，这无疑对当时的国家具有振奋士气的积极意义。

为什么尼采哲学在这个时期的中国能够受到欢迎呢？首先是由当时中国的时代大背景决定的。从鸦片战争到五四运动，对外经历的一次次战败，以及对内的变法与革命之失败，使得知识分子深刻认识

---

① 傅斯年：《随感录》，《新潮》，1919年第一卷第5号。

② [德]尼采：《新偶像》，雁冰译，《解放与改造》，1919年第一卷第6号。

③ 田汉：《说尼采的〈悲剧之发生〉》，《少年中国》，1919年第一卷第三期，第42页。

到传统思想对人们的禁锢。要想改变这样的境地,必须要改变人们的思想。一个国家要想在世界上有立足之地,必须要开启民智、培养人才。对于开启民智这样的需要,唯意志哲学是适应其需求的。正如瞿秋白所言:"这种发展个性,思想自由,打破传统的呼声,客观上在当时还是有相当的革命意义的。"①尼采哲学本身对我们是有着许多积极的教化作用的。尼采生活在西方资产阶级物质文明与精神文明出现危机的时期,所以在对危机进行反思与批判方面,尼采就是一个专家。他的"强力意志""超人""重估一切价值"等命题都带着深深的批判烙印,他站在非理性主义的立场上,歌颂人类"酒神"的激情价值,高度赞扬主体的能动作用,这一点特别受到中国学者的欢迎。例如,"尼采反基督,颇合'五四'知识分子反孔孟;尼采反道德,颇合'五四'知识分子反封建传统思想;尼采呼唤超人,挑战众数,颇合'五四'强烈的个性解放要求……"。②总之,尼采的思想适应了当时中国的需要,成为新文化运动中的人们进行思想启蒙的重要思想武器。尼采对当时国内思想界的影响也是颇大的。

首先是尼采对鲁迅的影响。鲁迅是 1902 年的春天到日本去留学的,那个时候正是尼采在日本比较受欢迎的时期,所以鲁迅也深受其影响。在日本学习期间,鲁迅于 1907 年到 1908 年发表了《文化偏至论》《摩罗诗力说》《破恶声论》等文章,这些文章鲜明地展现出鲁迅受到尼采的深刻影响。其中,鲁迅深受尼采对近代文明的深刻批判之影响。在尼采的影响下,鲁迅认识到近代文明秩序之下的人都是畸形的。在物质丰富的时代,人们忘记了高贵的精神,遗忘了贵族的血统,对现实的一切价值理念都必须重估。在尼采那里,"西方的民主制度"是人类软弱的表现,是压制强者、扼杀天才的一种制度。基于尼采的这种对西方近代社会的认识,鲁迅深刻地认识到,中国社会的出路与关键在于"立人"③,在于有"精神界战士"的出现,因此他才弃医从文。

---

① 瞿秋白:《鲁迅杂感选集》,见《瞿秋白文集》,人民文学出版社,1953 年,第 983 页。

② 郜元宝:《尼采在中国》,上海三联书店,2001 年,第 1 页。

③ 鲁迅:《文化偏至论》,见《鲁迅全集》(第一卷),人民文学出版社,1973 年,第 54 页。

在他看来，救人的身体不如救人的灵魂来得更猛烈彻底。此外，鲁迅还受到尼采的“超人”学说之影响。在鲁迅看来，“超人”学说是尼采唯意志精神的集中体现，他把尼采对人类意志的强调视为对近代黑暗现实的不屈反抗，以及对坚强个性的不断追求，并认为尼采唯意志的超人学说及其内在的新理想主义“崇尚主观，张皇意力，其功劳之伟大，犹如洪水期的若亚方舟，改变了旧有的理想，使精神成为人类生活的最高准则，也使超群绝伦的意志力成为人性中的最高价值”①。基于对尼采的认识，鲁迅遵照“立人”之“道术，乃必尊精神而张个性”②。尼采的“超人”学说主张启蒙改革，鲁迅以为尼采是“个人主义之至雄桀者”③。人需要一点个人英雄主义的气质，需要那么一点“超人”的霸气。在鲁迅看来，“唯超人出，世乃太平，尚不能然，则在英哲”。④

在“五四”前后这段时期，由于辛亥革命的失败，鲁迅更加坚定地认识到思想启蒙的必要性。这一时期，鲁迅接受了尼采的如下观点，即人类的新进步总是孕育在对旧的偶像的打破中，打破得越是彻底，人类所取得的进步才可能更加彻底。例如，1918 年 11 月 15 日在《新青年》上发表的，后收入《热风》的《随感录三十八》，就深刻地揭示了当时国人的劣根性，表达了要坚决打破尼采所说的旧的偶像之观点。在《再论雷峰塔的倒掉》中，鲁迅赞扬尼采“不单是破坏，而且是扫除，是大呼猛进，将碍脚的旧轨道不论整条或碎片一扫而空”。⑤对此他指出，中国的青年要立志像尼采那样做一个偶像的破坏者。

上文说的是这个时期尼采对鲁迅的影响。鲁迅将他那把思想的利剑一次次地刺向当时麻木了的中国人民，以期能够真正唤起国人的心智。

还有就是茅盾在这个时期与尼采哲学的关系。1920 年，茅盾在

---

① 鲁迅:《文化偏至论》，见《鲁迅全集》(第一卷)，人民文学出版社，1973 年，第 50 页。

② 同上，第 54 页。

③ 同上，第 78 页。

④ 同上，第 49 页。

⑤ 鲁迅:《再论雷峰塔的倒掉》，《语丝》，1925 年第 15 期。

《学生杂志》上连载了《尼采的学说》一文。当时的茅盾是把尼采当成一个真正的哲学家来看待的，他对尼采的著作有着比较深入的研究，并能够指出尼采的著作中有许多自相矛盾的地方。他提醒读者，在阅读尼采的著作时一定要处处谨慎，要时常用批判的眼光去看待，千万不要仅被他的文字所迷惑。茅盾认为，尼采最大的见识就是把哲学上的一切学说，社会上的一切信条，一切人生观、道德观，重新称量过，重新把它们的价值估定。这便是尼采思想的卓越之处，即扫荡一切古来传习的信条，根本动摇向来所认为的绝对真理。乐黛云在《尼采与中国现代文学》一文中曾称《尼采的学说》"代表了当时研究尼采的最高水平"①，这样的评论也为当时的多数学者所认同。当然，茅盾对尼采的研究也是为了教化中国的民众，这一点在当时的国内学术界是无独有偶的。但是，茅盾对尼采的理解呈现出一种哲学式的思维，这一点对于以文学家著称的茅盾来说却是难能可贵的。

最后就是李石岑主编的《民铎》在 1930 年的第二卷第 1 号上策划了一期"尼采号"。在这期杂志中，就数李石岑的《尼采思想之批判》的研究价值最高。捷克学者高利克在《尼采在中国(1918—1925)》一文中认为，李石岑对尼采思想的研究比茅盾及其他的学者更加可信。例如，茅盾等学者通常把"权力意志"中的"权力"理解为政治权力，而李石岑则把它理解为人的自我克服的力量，这样的认识更加具有哲学性。

(三) 黑格尔哲学思想的译介

黑格尔哲学在新文化运动与五四运动之后是无声无息的，以至于整个二十世纪都很少有中国人知道黑格尔的名字，那个时候全国上下都在追捧康德。例如，在国外因研究黑格尔而成名的张颐先生因为国内的康德热而在回国后放弃了写黑格尔的文章。可见，当时黑格尔的思想在国内可以说是一片暗淡。1921 年，瞿菊农在《时事政报》上发表了《黑格尔》一文，该文以 1931 年黑格尔去世一百周年为契机，号召学

---

① 乐黛云:《尼采与中国现代文学》,《北京大学学报》(哲学社会科学版),1980 年第 3 期,第 20—33 页。

术界的人们学习研究黑格尔。张颐在美、英、德留学十年，并以《黑格尔伦理学》在国外成名，但是在1924年回国后，他却发现黑格尔的思想在国内并不受待见。他曾把《黑格尔伦理学》送给当时在福州的留美女同学，这位女士却是“开卷即成寐，因之每于午膳后小憩时，辄手持是册，用以催眠”①。由此可见黑格尔哲学在当时中国的地位。但是，这部著作就其内容来看，对黑格尔思想的认识是比较深刻的，下文将简单介绍一下本书的主要内容。

张颐这本书的全名叫《黑格尔的伦理学说——其发展、意义与局限》，全书共分九章。在前五章中，作者以时间为序，分别考察了黑格尔论述伦理学说的相关著作。在对黑格尔的相关伦理学著作进行考察后，张颐得出这样的结论：“客观精神的讨论引向了绝对精神的领域，绝对精神是伦理体系的基础。对于人类精神的更大范围的生活来说，伦理生活是有机的；对于绝对和永恒的精神的生活与工作来说，伦理生活也是有机的，并且是依赖于绝对的和永恒的精神作为它们的内容。它们的区别在形式上，而其内容是相同的。”②这说明，张颐肯定了黑格尔的伦理学说与其绝对唯心主义体系的内在合理性联系，从而深入全面地将黑格尔的伦理学展现在我们面前。

在后面四章中，张颐对黑格尔的伦理学进行了评说。首先，他探讨的是黑格尔的伦理学说的基础。在张颐看来，任何伦理学要成为真正的伦理学，必须要有一种形而上学的基础，即“一种正确的伦理理想必须在一种形而上学体系中找到其正当理由，得到解释”③。以形而上学为基础所建立的伦理学，会使人们形成某种新的人生观，逐渐形成一种更真实的生活态度，得到一种正确的生活方式。此外，在伦理学说诞生以后，对其真理性的证明将会相应地巩固伦理理论，以达到现实与理

① 张颐：《读克洛那、张君劢、瞿菊农、贺麟诸先生黑格尔逝世百年纪念论文》，见中国科学院哲学研究所资料室编：《资产阶级学术思想批判参考资料》，商务印书馆1961年，第28页。

② 张颐：《黑格尔的伦理学说——其发展、意义与局限》，见侯成亚等编译：《张颐论黑格尔》，四川大学出版社，2000年，第84页。

③ 同上，第122页。

念、主观与客观、合理性与实在性、内部与外部的真正统一,实现真正的伦理学。同时,张颐概括出了黑格尔伦理学说的一般特征,指出“贯穿于黑格尔伦理学说的最显著的特征是道德伦理与现实的统一”①。可以看出,在张颐对黑格尔伦理学的描述中,人是一种现实与理念相结合的自由自在的统一体。在张颐看来,黑格尔的伦理学是以形而上学为基础建立起来的自在自为的伦理学。“黑格尔主张实在性与理想性没有什么区别,以致实在性就是指某种东西的表现符合它的本质特征,或者某种东西与它的概念相符。”②总之,在黑格尔的伦理学中,理想与现实、合理与实在这样高度统一起来的伦理学才是真正的伦理学。

对于黑格尔的伦理学,当时有许多人谴责他把现存的伦理看成是终极的伦理,宣称黑格尔是崇拜现实的“现实主义者”。然而,在张颐看来,这样的观点对于黑格尔来说是不公正的,因为黑格尔自己的话语并没有表现出伦理的停滞。相反,黑格尔的《精神现象学》与《法哲学》表明,“任何特殊民族或时代的制度化的生活都受到地理环境和暂时条件的限制。作为有限的或受到限制的东西,每个民族或时代必须经过辩证过程。在这个辩证过程中,每个民族或时代能够且实际上必须通过相互的调解,为促进道德和伦理生活以及为促进人类的一般文化的共同财富作出贡献,而且每个民族或时代都不能独自希望达到完善或终点”。③因此,黑格尔的辩证法是发展的辩证法,伦理学是发展的伦理学,那些对黑格尔的谴责是不切实际的。

张颐对黑格尔的伦理学并不是持完全接受的态度,他在论述了黑格尔的伦理学之后,也指出了其不足。例如,在介绍绝对伦理时,黑格尔将国家分为三个等级。张颐指出,“在黑格尔看来,绝对伦理只是在第一等级——自由人——的平等中才得到实现。市民阶级符合相对的伦理性,而农民只具有无机的伦理性。在这方面,黑格尔是很不公正的”。④张颐

① 张颐:《黑格尔的伦理学说——其发展、意义与局限》,见候成亚等编译:《张颐论黑格尔》,四川大学出版社,2000 年,第 88 页。

② 同上,第 88—89 页。

③ 同上,第 90 页。

④ 同上,第 23 页。

认为，虽然不同阶层的人对国家所做出的贡献有所不同，但是任何等级的伦理价值都是不可忽视的，而且针对黑格尔本身的理论，"开始坚持认为绝对伦理是存在于整个国家中的和整个国家具有的普及所有等级的精神，然后又只把绝对伦理放在第一等级，这在逻辑上是自相矛盾的"①。除此之外，张颐还批判了黑格尔伦理学说中的绝对精神对个人精神的压抑、民族主义与文化霸权主义的倾向等内容。张颐的这些批评都是以事实作为依据的，在当时看来是很有说服力的。

上文所述的就是"五四"前后西方哲学在中国传播的大致情况。总的来说，这个时期，中西文化的交流比较密切，很多西方哲学家的著作在中国得到广泛的传播，康德与尼采的哲学在这一时期特别受欢迎。

第三节　西方哲学正式进入中国

十九世纪末二十世纪初，中西方的交流不仅仅局限于"器物"层面，而是深入到了思想文化的内部。正如前文提到的，这个时期有许多的西方哲学思想在中国得到了广泛的传播。特别是在新文化运动与五四运动时期，中西文化交流进入到了一个繁荣的阶段，国民的思想在很大程度上得到了开化。这样一场中西碰撞的思想文化盛宴，标志着西方哲学正式进入中国。

一、"哲学"名词的出现

西方哲学思想正式进入中国的表现之一，就是在这一时期，用"哲学"这个词来翻译西方思想领域的核心词"Philosophia"被普遍接受。明末清初，在中西文化开始交流的时候，为西学中的"哲学"概念找一个统一的中文翻译，就已显现出迫切性。1623 年，在介绍欧洲大学的

① 张颐：《黑格尔的伦理学说——其发展、意义与局限》，见候成亚等编译：《张颐论黑格尔》，四川大学出版社，2000 年，第 24 页。

专业课程时，艾儒略就在《西学凡》中提出了“理学”或“科学”的概念，“斐禄所费亚”就是“Philosophia”的最早翻译。1628 年与 1631 年，傅泛际与李之藻的《寰有诠》和《名理探》就用“爱智学”与“性学”来翻译“Philosophia”。《名理探》提到，“爱知学者，西云斐禄琐费亚，乃穷理诸学之总名”。①此外，其他的传教士也有一些对“Philosophia”的中文译法，如高一志在《修身西学》中写道：“启格物穷理之学……西洋费罗所非亚是也。”②明清之际，中外人士对“哲学”的译法仅出现在传教士的著作之中，所以在当时的流传范围是相当有限的。同时，由于当时清政府对外来的文化相当排斥，因此对“Philosophia”的译法一直处于比较浅显的层面。③

鸦片战争爆发后，中国近代史的篇章被掀开，西方的坚船利炮打开了中国的国门，随之而来的是国人对西方文化的思考。在“哲学”概念的翻译上，出现了一种把哲学译为“智学”的译法。例如，1873 年，德国传教士花之安在《德国学校略论》中指出，院内学问分列四种，即“一经学，二法学，三智学，四医学”，并指出“智学”则是“格物、性理、文学语言之类”④。另外一种对“哲学”的译法为“格致学”或“格学”。例如，1877 年，慕维廉在《格物汇编》上发表的《倍根（培根）格致新法》介绍了“philosophy”一词，他将该词译为“格学”或“学”。在颜永京译出的《心灵学》一书中，“Philosophy” “Human Knowledge” “Natural Science”都被译为“格致学”。这一时期，也有许多的中外人士把“Philosophia”一词译为“理学”。例如，1895 年，严复在《天演论》中将希腊的哲学家称为希腊的“理学家”，说到“天地万物、造化真宰、万物本体是‘理学’探讨的不可思议之理等”⑤。而这样一种用“理学”译“哲学”的做法却不同于明清时期的对“哲学”用“理学”来进行翻译，这种译法反

① ［葡］傅泛际、李之藻：《名理探》，生活·读书·新知三联书店，1959 年，第 7 页。

② ［意］高一志：《修身西学》，见徐宗泽编著：《明清间耶稣会士译著提要》，中华书局，1949 年，第 240 页。

③ 关于此问题的详细讨论，可以参见本书第一章第一节的相关内容。

④ 花之安：《德国学校略论》，见梁启超辑：《西政丛书》，慎记书庄石印本，1897 年，第 6 页。

⑤ 严复：《天演论》，见王栻主编：《严复集》（第五册），中华书局，1986 年，第 1366 页。

映的是一种将各门科学分化出去的哲学思想。

用“哲学”来翻译“philosophia”的做法，最早的实践者是日本人。1870年，日本学者西周在办《百学连环》演讲的时候，将希腊文“philosophia”译成汉文“哲学”，这样的译法在日本迅速流行开来。之后，黄遵宪于1887年撰写的《日本国志》将“哲学”一词转介到中国。其实，中国的传统文化思想典籍中并没有“哲学”这个词语，而“哲”这个词在汉语中还是有其基本的含义的，它意味着“明智、明道”。“明”的一般意思是“明白、知道”，但它深层次的含义是“使其显现”；“学”字在中文中也有理论化的意义，这与“philosophia”的本真意义——爱智慧——完全可以衔接起来。

就这样，中国的一些学者也开始用“哲学”来翻译“philosophia”，以取代先前的对哲学的其他多种译法。例如，1898年，康有为上奏光绪帝的《请开学校折》中讲到，德国大学设有“经学、哲学、律学、医学四科”①。1897年至1899年，蔡元培译出了德国科培尔的《哲学要领》，并且还撰写了一篇《哲学总论》，专门讨论了哲学的性质及哲学与其他各门自然科学的相互关系。蔡元培把哲学与其他科学的关系比喻为“中央政府与地方政府之别”②。由此可以看出，“哲学”这个译名在当时的中国学术界已经被逐步接受。当然，也有反对的意见，毕竟当时还是在清政府的统治下，在“中体西用”的原则之下，政府下令禁止在中国的学堂里设立“哲学”科目，“哲学”这个词被张之洞等清朝大臣认为是异教邪说。但是，针对清政府这样的愚民政策，这个时期的学者一直都在与之做斗争。直到辛亥革命推翻了清政府的统治之后，“哲学”才在政治上实现了合法化。对于“philosophia”的“哲学”译法，基本上在新文化运动与五四运动时期，中国学术界已经普遍接受。

二、西方哲学家来华讲学

对于翻译之外的中西文化交流，主要是指杜威、罗素等西方学者

① 康有为：《请开学校折》，见《康南海先生遗著汇刊》，宏业书局，1976年，第16页。

② 蔡元培：《哲学总论》，见高平叔编：《蔡元培全集》（第一卷），中华书局，1984年，第359页。

在这一时期来到中国讲学。这样的一些学术交流活动对中国思想文化革新起到了很大的作用,强烈地推动着中国近代化的历程。

1919 年 4 月 30 日,实用主义哲学的主要代表人杜威(Dewey,1859—1952 年)由东京横浜抵达上海,开始了中国的学术演讲之旅。1919 年 5 月 3 日与 5 月 4 日,杜威在江苏省教育会作了题为《平民主义之教育》的演讲;1919 年 5 月 7 日,杜威在浙江省教育会作了题为《平民主义之真谛》的演讲。

由于演讲的效果非常之好,杜威因此延长了在中国的讲学计划。从 1919 年 4 月抵达中国开始,直到 1921 年 7 月离开,杜威在中国待了两年零两个多月。在此期间,他在中国总共十一个省份办了不下 200 次演讲,对中国文化界做出了很大的贡献。在二十世纪二十年代的中国,杜威先生的演讲及他的思想在中国掀起了一股热潮。胡适称"自从中国与西洋文化接触以来,没有一个外国学者在中国思想界的影响有杜威先生这样大的"。[①]杜威先生的这些演讲也在中国以中文的形式出版了。在杜威于 1919 年初次来到中国后,上海新学社就出版了《杜威在华演讲集》。但是,在这些著作中,还是以杜威的学生胡适先生编撰的《杜威五大演讲》最为出名。在当时那个战火纷飞的年代,这本著作翻印了十次之多,总共发行了一万册。

作为一个实用主义思想的大师,杜威在中国的演讲也不仅仅限于哲学层面,他对政治学、教育学、心理学、逻辑学等很多领域都有涉猎。特别是在现代教育学方面,杜威浸润了那一代的中国知识分子。对于教育问题,杜威先后办了二十多次演讲,大致阐明了教育是生活、教育是生长、教育是社会等理论。总之,杜威在中国的这两年多,对于当时的中国思想及中西文化的交流而言是意义深刻的。

继杜威之后来到中国的哲学家是英国分析哲学家罗素(Bertrand Russell, 1872—1970 年)。1920 年 9 月,罗素开始了为期九个多月的

① 胡适:《杜威先生与中国》,原载《晨报》,1921 年 7 月 11 日,后收入《胡适文存》,见欧阳哲生编:《胡适文集——胡适文存》,北京大学出版社,1998 年,第 279 页。

中国演讲行程。罗素在当时被人们称为“最后一位百科全书式的哲学家”，人们对他的思想产生了极大的兴趣。1920 年 10 月至 1921 年 7 月这不到一年的时间内，中国掀起了一股“罗素热”，人们对罗素的思想进行了广泛的讨论，介绍罗素思想的文章也层出不穷，演讲的内容更是多次出版。但是，罗素的思想是以西方的哲学思想为基础的，对于中国来说并没有实用性，他在中国的演讲更多地是在宣讲自己的哲学思想，主要介绍了他在《心的分析》《物的分析》《数学逻辑》等著作中的哲学观点。即使涉及社会变革方面的内容，罗素也没有将其与中国的现实国情结合起来，而是对社会结构提出了自己的全新诠释。因此，在经历了一段时间的新鲜感后，人们觉得罗素的思想在解决中国的问题方面完全没有可用之处。慢慢地，中国知识分子对罗素由原来的热情转变成了冷淡，甚至发展成了批判和嘲讽。本来早就安排好的胡适先生与罗素先生的东西方哲学思想的对话，也在胡适先生一次次的拒绝下而没有成功。

最终，罗素在离开中国之前呈现了一个题为《中国走向自由之路》的演讲。在这次演讲中，罗素先生向当时的中国提出了十多条建议。罗素认为，中国需要新式的教育，中国的民主道路是必须走的，中国的经济建设要加强伦理观念，不可把权力和财富融为一体。这些建议其实是罗素在中国之行的过程中边演讲边思考出来的。回到英国之后，他根据中国的经历写成了《中国问题》一书，专门对中国的问题进行了阐述。例如，在谈到中国的未来时，他提到中国当时还处于尚未独立的阶段，如果想独立就必须做到三点：第一，建立一个有序的政府；第二，发展属于自己国家的工业；第三，广泛地普及教育。同时，文化的独立对于政治的独立也有着重要的作用。在农业、人口政策、生育等各个方面，罗素都做出了自己的论述，这些思想对于当时的中国而言无疑是真知灼见，即使在今天看来也还具有借鉴意义。

三、西方哲学引起中国文化从传统向现代化转型

鸦片战争以后，国人在近代化的历史进程中摸爬滚打，把对西方

国家之所以强大的追问从一个层面推进到另一个层面。在不断地对西方思想进行认识的过程中,中国的传统文化一次次受到冲击,国人旧有的世界观与价值观被无情解构。当然,一种新的价值观也正在这样的过程中逐渐形成。

西学的引进对中国的传统文化造成了巨大的冲击。黄远生在其著作《新旧文化冲突》中曾说过:“自西方文化输入以来,新旧之冲突,莫甚于今日……盖在昔日,仅有制造或政法制度之争……盖吾人须知,新旧异同,其要点本不在枪炮工艺以及政法制度等等,若是者犹滴滴之水,青青之叶,其非本源所在。本源所在,在其思想。”[①]1916 年,陈独秀在他的《吾人之最后觉悟》一文中写道:“欧洲输入之文化,与吾华固有之文化,其根本性质极端相反。数百年来,吾国扰攘不安之象,其由此两种文化相触接、相冲突者,盖十居八九。凡经一次冲突,国民即受一次觉悟……最初促吾人之觉悟者为学术,相形见绌,举国所知矣;其次为政治,年来政象所证明,已有不克守缺抱残之势。继今以往,国人所怀疑莫决者,当为伦理问题。”[②]学者们的这些言论表明,西方思想对中国文化的冲击不仅仅涉及“器物”与“制度”层面,而且已经深入到中国传统的价值观与伦理观之中。当然,西方思想的传入也可以说革新了中国传统思想,推动着中国近代化的历程。

在新文化运动与五四运动之后,西方哲学思想大量进入中国。梁启超在自己的文章中提到,“近五十年来,中国人渐渐知道自己的不足了。这点子觉悟,一面算是学问进步的原因,一面也算是学问进步的结果。第一期,先从器物上感觉不足。……第二期,是从制度上面感觉不足。……第三期,便是从文化根本上感觉不足”。[③]毋庸置疑,西方思想在十九世纪末二十世纪初对中国文化的冲击是巨大的。戊戌变法、辛亥革命、新文化运动、五四运动等重大历史事件之所以在这一

① 黄远生:《新旧文化冲突》,商务印书馆,1984 年,第 154—155 页。

② 陈独秀:《吾人最后之觉悟》,《新青年》,1916 年第一卷第 6 号。

③ 梁启超:《五十年中国进化概论》,见《梁启超文选》(下),中国广播电视出版社,1992 年,第 553—554 页。

时期上演，根本原因就是人们思想观念上的变化促使社会制度在形式上发生了改变。对于这个时期人们思想观念的变化来说，西方思想文化既是破坏者又是塑造者，破坏指的是对传统观念的解构，塑造指的是对新观念的建构。经历了这个时期的中西文化碰撞之后，国人的思想观念得到了洗礼，社会思想面貌焕然一新。

第四章　民国时期西方哲学的翻译

二十世纪三四十年代，国民党统治时期的中华民国可谓中国极为动荡的时期。1927 年，南京国民政府建立后，中国实现了形式上的统一，但国民党与中国共产党之间的斗争从 1928 年的第一次围剿开始，一直持续到 1949 年中华人民共和国建立。1937 年的“七七事变”爆发后，中国又面对着居心叵测地想要吞并自己的日本帝国主义，我们在抗日战争中遭受了巨大的损失与牺牲。可喜的是，在这样的环境之下，中国的哲学学者们不畏任何困难，在恶劣的生存条件之下仍然从事着西方哲学的传播工作，大量西方哲学家的著作与西方学者的研究著作被翻译到了中国，并且与前一个时期相比，不管在数量还是质量上都上了一个层次。在这样的背景之下，中国的知识分子也开始主动寻求中国的哲学资源与西方的哲学思想之对接，以中会西的局面在这个时期形成了。

第一节　民国时期的社会环境

1927 年至 1928 年，先是汪精卫的武汉国民政府与南京国民政府实现“宁汉合流”，接着革命军北伐胜利，张学良改旗易帜，南京国民政府表面上成为得到国际承认、代表中国的“合法”中央政府，实现了形式上的统一。南京国民政府建立后，在政治、经济、军事、文化、教育等方面采取了一系列的措施，希望以此巩固其统治。

在政治与军事方面，南京国民政府一直视中国共产党为大敌，五次围剿中国共产党在江西瑞金建立的苏维埃政权，其后又在红军的长征过程中进行围追堵截，并趁势收并湖南、四川、贵州、云南、甘肃、青海、新疆等地，改造了当地的军阀集团。在红军胜利到达陕北之后，南京国民政府继续对其进行围剿。随着日本侵略中国步伐的加快，经历了"西安事变"之后的国民政府决定与中国共产党合作抗击日本帝国主义，但在国难当头的抗日战争中，其依旧发动"皖南事变"，企图消灭新四军部队。抗战胜利后，蒋介石在和谈的伪装之下，暗自扩充实力，待时机成熟后发动了内战，最后因战事失败而退守台湾。国民政府一直视中国共产党为心腹大患，希望除之而后快，因此其将主要的军事作战对象设定为中国共产党及其部队，实行的是真反共、假抗日。在经济建设方面，南京国民政府鼓励民族资本主义，但其也大力发展以"四大家族"为首的官僚资本主义经济，从而控制国民经济命脉。在文化教育方面，南京国民政府曲解孙中山先生的"三民主义"，实行党化教育，推行新生活运动和国民精神总动员运动，发展新闻报刊业，对语言文字进行改革，将故宫文物南下迁移并进行保护，新办公立性的初、中、高等级的新式学校，抗战时期对沦陷区的大量大学进行迁校保护，等等。

虽然这些措施在一定程度上促进了各个层面的发展，但总的说来，都是为了维护国民党的独裁统治。西学的传播与传入并未因这样的政策措施而受到过多的影响，中国知识分子的努力让西学的融入更进了一步。

第二节　文化争论下的西学传播

经过了新文化运动与五四运动的洗礼之后，中西文化的争论在这一时期显得更加繁荣，各派人物亦竞相登场。其中，有的人提出"中国现代化的问题"，有的人追问"中国文化的出路"，有的人游离在这两派之间，企图走出第三条道路。从长远的眼光来看，这场争论把中国文化与西方文化的交流带到了更高的层面，也推动了西方哲学的翻译在中国的大发展。

一、中国文化出路的争论

1933年7月，上海的《申报月刊》以“中国现代化问题”为主题，刊出创刊周年纪念特大号。编者在前言中指出，这次讨论是在世界经济危机导致中国国民经济衰落和东北四省沦陷的背景下举行的。当时，大量的学术界知识分子参与到现代化问题的讨论中，如陶孟和、樊仲云、吴泽霖、金仲华等。在讨论的过程中，他们对现代化问题都提出了自己的主张，争论不休，且对于这样的大问题没有形成一个统一的认识。但是，在这样的讨论中，有一个观点却占了上风，就是在中国今后的社会发展过程中，应着重经济的改造与生产力的提高。这是中国思想界就中国社会发展取得的一个新认识。由此可以看到，这场讨论与二十世纪二十年代的东西文化争论之思想相联系，但不同的是，它已经不再停留于东西文化抽象的空洞争辩之上，而是面对国家和民族的危亡，具体提出了必须采取切实步骤来加快实现现代化的现实问题。实际上，这场讨论可以说是中国知识界对复杂尖锐的社会矛盾和极端严重的民族危机做出的思想反应。上述看法的提出说明，中国思想界对世界潮流的认识还是有了进一步的提高。

1935年，陶希圣等十位教授联合发表了《中国本位的文化建设宣言》，借“文化建设”之名，反对和阻挠国外进步思想的输入与传播，由此引发了一场全国性的关于中国文化出路的热烈讨论。实际上，这场争论不只是事关中国文化的重建问题，而是从这里引出对中国出路的探讨，即有关社会发展道路问题的大争论。在争论的过程中，站在“本位文化”对立面的是陈序经的“全盘西化论”，但这种观点刚刚一亮出旗帜就遭到了各方面的批评与责难，不久便昙花一现地再无人提及了。倒是讨论过程中提出的两个观点引起了整个中国思想界的重视：第一，不同于“五四”时期那样对文化问题进行的争论，认为好的就是绝对好，坏的就是绝对坏，而是主张不论对待中国文化还是对待西方文化，都要采取具体问题具体分析的态度。正是通过这样的讨论，“本位论”与“西化论”逐步接近起来，最后形成了一种新的认识，即用“现代化”来取代“西方化”“中国化”等概念。第二，在具体分析中还认识到，中西文化的不同是农业经济文化与现代工业文化的不同，从而使中西文化比较从文化层面扩大到了经济层面。其中，令人印象深刻的是把“西化”改变为“现代化”的看法之提出，这引起了哲学界的广泛关注。正如冯友兰当时所说：“这表示，一般人已渐觉得以前所谓西洋文化之所以是优越的，并不是因为它是西洋的，而是因为它是近代的或现代的。我们近百年来之所以到处吃亏，并不是因为我们的文化是中国的，而是因为我们的文化是中古的。这一个觉悟是很大的。”①虽然这种认识在新文化运动时期就有人提出过，但到这个时候才被中国思想界乃至一般的普罗大众所普遍接受，这一觉悟的确是“很大的”，这是他们对世界潮流与中国社会发展方向认识深化的具体表现。

这些讨论或争论，虽是在知识界中进行的，但它在一定意义上却是国内对实现中国现代化的强烈愿望在文化思想上的真实反映。通过这些论争，我们可以看到，中国人——特别是其中的一些进步力量——对世界形势及其发展趋势与中国国情和出路的认识，都达到了一个新的高度。尤为可贵的是，他们还把这种认识或觉悟变为行动。进入二十世纪三十年代后期，在抗日战争全面爆发之后，他们认为，抗日战争是关乎中华民族生死存亡的关键，也是关乎中国现代化前途的关键。因此，他们进一步提出，为了争取民族独立和振兴中华，在全民抗战打败日本帝国主义的过程中，必须从政治、经济、文化等方面入手，以使中国在抗战胜利之后顺利地走上现代化建设的道路。实际上，在抗日战争时期，中国人民在极为艰苦的条件下，以坚强的意志和特有的智慧，确实从各个方面为中国现代化积累了经验，为主动的社会现代化提供了一些民主的姿态，如给各派政治势力以合法的地位，减少了对政权机构与新闻舆论的监控，从而在一段时间内出现了朝民主化发展的趋势。不论是自然科学、社会科学，还是人才培养与教育工作，所有这些方面的现代化因素之积累都大大超过了以往的任何时

① 冯友兰：《新事论》，见黄克剑、吴小龙编：《冯友兰集》，群言出版社，1993年，第247页。

代,西方哲学的翻译与传播也显现出难得的繁荣。

二、民国时期西方哲学翻译传播的任务

现代化问题下的文化争论直接向处于民族危难之中的中国人提出了一个艰巨的任务:为什么要引入西方哲学?答案当然是为了使中国走上现代化的道路,而中国走向现代化的前提是民族独立。鸦片战争的教训使中国人深刻认识到,只有实现民族独立,才能在现代化进程中摆脱被动局面,真正走上现代化道路。要达到以上的目的,就必须提高全国人民的精神觉醒程度,首先便是民族独立意识的真正产生。这一时期,虽然民族独立意识在不断增强,但对于全国绝大多数人来说,其并没有成为全民族的共同意识,这既是现代化文化因素的积累,也是当时中国社会发展对西方哲学的翻译与传播提出的任务。

在着手这项工作时,中国学者从总结新文化运动的得失入手,认为"五四"时期开展的启蒙运动虽然在形式上有过轰轰烈烈的壮观景象,对中国人的思想束缚之解放也起到了一定的积极作用,但是这样的作用发挥得并不理想和充分。胡绳就曾经指出,"'五四'的启蒙运动并未完全成功,因此最近有人提出要开始一个新的启蒙运动来完成,来推进前一阶段的未了的工作"。[①]因为在他们看来,进入二十世纪三十年代之后,随着文化上的现代化因素之积累与抗击日本侵略者形势的出现,思想上不但要继续完成新文化运动未竟之事业,而且当时中国的社会发展对新形势下的思想战线还提出了更高的要求。因此,只有开展一个更大规模的启蒙运动,才能唤起全国人民的民族独立意识,以此打败日本侵略者,并为中国顺利地走向现代化提供思想准备。

在此背景下,西方哲学正提供了绝佳的思想养料以供中国人吸收,中国人在二次启蒙运动的召唤之下,积极地参与到西方哲学的翻译与传播之中,这是那个时代中国学者的历史使命。在对黑格尔哲学

---

① 胡绳:《新启蒙运动》,《自修大学》,1937年第一卷第2期第11号。

进行译介的过程中，贺麟先生有过这样一段描述：

> 我们所处的时代与黑格尔的时代——都是：政治方面，正当强邻压境，国内四分五裂，人心涣散颓丧的时代；学术方面，正当启蒙运动之后；文艺方面，正当浪漫文艺运动之后——因此很有些相同。黑格尔哲学的学说于解决时代的问题，实有足资我们借鉴的地方。而黑格尔之有内容、有生命、有历史感的逻辑——分析矛盾，调解矛盾，征服冲突的逻辑，及其重民族历史文化，重有求超越有限的精神生活的思想，实足振聋起顽，唤醒对于民族精神的自觉与鼓舞，对于民族性与民族文化的发展，使吾人既不舍己鹜外，也不固步自封，但知依一定之理则，以自求超拔，自求发展，而臻于理想之域。①

在这里，贺麟先生把民族危机的解脱与国家的振兴，集中到促进民族精神的全面觉醒上，认为只有完成了这一步，才能为中国现代化的前途开辟道路。贺麟的上述认识代表了广大爱国学者的心声，即要在自己的学术研究中，着力从世界观的高度去寻求解决中华民族的现代化问题。

因此，西方哲学的翻译与传播在这个时期就不单单是学术思想上的中西交流这么简单，它承载着巨大的历史使命感。当时的中国学者希望系统地引进西方哲学家的重要著作及其学说，对其进行深入研究，并将取得的理论成果在社会中广泛传播开来，使它们继续推动思想启蒙，在进一步唤醒民族精神觉醒的过程中发挥更大的积极作用。对此，有的学者写道："我们应尽量介绍和翻译赫尔克里德、伊璧鸠鲁、培根、霍布士、笛卡尔、斯宾诺查、拉美特利、狄第德、佛尔巴黑、卢骚、富禄特尔、黑格尔、布列哈诺夫等等的主要著作或全集。然而我们不仅单纯地输入，主要还须加以综合的理论研究和深刻的历史探讨，俾能充分发挥其中心精神，借以形成新的历史思想运动之丰富源泉，同

① 贺麟：《康德黑格尔哲学东渐记》，《中国哲学》（第2辑），商务印书馆，1984年，第377页。

时亦即所以继续和扩大五四运动的精神。”①这段话既阐明了当时引进西方哲学的具体内容及其重点，也指明了当时引进与研究西方哲学的目的所在。下面我们就具体看看这一时期有哪些哲学著作被翻译进入中国。

第三节　二十世纪二三十年代西方哲学的翻译情况

在经历了新文化运动与五四运动的洗礼之后，中国的学者们开始从深层次来反思中国现实问题。自鸦片战争之后，面向西方的学习为什么总是失败？洋务运动失败、戊戌变法失败、共和改制失败。中国的文化在他们看来必然到了要进行再次改造的时候了，不能再固守老祖宗的那一套东西。可是，新文化运动与五四运动所表现出来的文化虚无主义成分完全否定了中国文化的价值，这样的偏颇也令中国知识分子群体感到不安，因此必须深入到西方文化的根源去探访，在那里才能找到与中国文化相契合的东西。那么，作为西方文化的精髓，西方哲学当然在这个时期受到了中国人的重视。只有探索西方文化的根基，才能在新时期重塑中国文化的根基。在这一时期，西方哲学的主要流派与主要哲学家的著作都得到了翻译。不仅如此，西方学者研究哲学的著作也在这时顺应这股风气被翻译出来。在这样的大环境之下，西方哲学的翻译和研究呈现出繁荣景象。

一、西方哲学家著作的翻译

西方的哲学自公元前六世纪产生后，直到二十世纪三四十年代，出现了数以百计的哲学家，他们都在由泰勒斯开创的爱智道路上行走着，并以自己的思想回应着哲学的古老问题——存在。毕达哥拉斯、赫拉克利特、阿拉克西曼德、阿那克萨戈拉、德谟克利特等自然哲学家用数、元素、逻各斯、原子等来作答；柏拉图、亚里士多德以理念与形式

① 林一新：《中国思想发展的回顾及其前途》，《文化建设》，1935年第一卷第7期。

来作答；中世纪的教父哲学与经院哲学家们以神来替换存在；十七世纪以来的近代哲学家们以自我、意识、观念、主体、客体、物质等概念在认识论的框架下作答；而二十世纪的现象学与分析哲学则是在主体间性、此在、位格、词语、逻辑结构、意义之中去寻求响应那古老的问题。二十世纪三四十年代，在留洋学生与本土新式知识分子的共同努力下，我国的西方哲学翻译与传播几乎涉及了各主要的哲学流派与哲学家，他们的作品被翻译成为了中文，以供中国人学习。

（一）古希腊哲学家的翻译

古希腊哲学是指从公元前六世纪的泰勒斯开始，直到古罗马接受基督教思想成为主流思想之前的哲学时期，哲学于此时奠定了它的基础。在本书第一章中，我们曾经提到亚里士多德的著作被传教士与中国传统文人翻译的情况，但亚里士多德的思想被打上了浓重的基督教神哲学的痕迹。虽然在“五四”时期也有古希腊哲学的翻译出版，但古希腊哲学的强势登陆还是在这个时期才到来。

在苏格拉底唤醒希腊人把哲学问题转向人本身之前，哲学家们讨论的是自然哲学的问题。由于时代的限制，当时的哲学家都是在羊皮卷上书写他们的著作，但历史的磨砺使得这些著作在中世纪被发现之时已经残破不堪，因此前苏格拉底的哲学家著作大都是残卷。法国学者梭罗文在二十世纪初期把赫拉克利特、德谟克利特和伊壁鸠鲁这三个哲学家的残卷进行了整理并翻译为法文，分别编辑成《赫拉克利特哲学思想集》《德谟克利特：哲学道德集》与《学说与格言》出版发行。杨伯恺先生在国内已经习得法文，后于1919年赴法国勤工俭学，进一步学习西学。在旅法生活中，他发现了我国尚没有前苏格拉底的哲学家译著。回到中国后，由于自己的共产党员身份，他积极参与到革命之中，但在二十世纪三十年代初，他还是抽出时间翻译了上述的三本哲学家残卷，分别在1934年到1935年间由辛垦书店出版。

《赫拉克利特哲学思想集》收录了赫拉克利特的残篇箴言135条，以及历史上有关他的生平、思想和评论的文献资料，这些资料经过整理后，与赫拉克利特的哲学箴言一起出版。通过这些资料，我们可以了解赫拉克利特哲学的基本面貌。而且，书中还有大篇幅的编者所写的解释性文字。正如中文前言所述，借助这些辅助材料，我们“可以把握真正的赫拉克利特”①。

《德谟克利特：哲学道德集》总共收集了德谟克利特的224条残篇箴言，是了解德谟克利特唯物主义思想的第一手材料。梭罗文在他的序言与导言里反映了历代西方学者对德谟克利特的理解与评价，我们可以在这样的二手解释中窥见德谟克利特的思想。

《学说与格言》涉及伊壁鸠鲁的三封信件与两组共121条哲学箴言。在三封信中，一封是写给希罗多德的，论述伊壁鸠鲁改造原子论的思想；一封写给比多克勒斯，论述他自己的天文学思想；最后一封写给墨勒色，论述伊壁鸠鲁的伦理学思想。杨伯恺在译者序中说道：“（这些）都是历史上极其宝贵的文献。他的全部哲学思想，都可于此中得之。”②

总之，前苏格拉底的自然哲学家虽然不只这三位，但在当时那个时代，关注这样的次一级哲学家的哲学思想已经是一种进步，他们虽不如苏格拉底、柏拉图、亚里士多德那么重要，但这三位伟人的思想并不是凭空而来的，他们是在继承和发展前者的思想之基础上，创造性地提出了自己的思想。因此，把三位自然哲学家的残篇翻译出来，还是有填补空白的意义的。

古希腊的哲学思想被保存下来的并不是很多，大量的著作都是残篇，但柏拉图的著作却很好地被保存了下来。英国的牛津大学专门收集整理了柏拉图的对话集，并历经数十年编辑成了《柏拉图全集》，这为英语世界研究柏拉图提供了一个很好的版本。1933年，曾经留学英国的中国学者张师竹对柏拉图产生了巨大的兴趣，他参照英国学者乔维特的英译本翻译了柏拉图的六篇对话集，译完后交给张东荪先生参照《洛布古典丛书》的译本校对，最后以《柏拉图对话六种》为书名由商

---

① ［古希腊］赫拉克利特：《赫拉克利特哲学思想集》，杨伯恺译，辛垦书店，1934年，第170页。

② ［古希腊］伊壁鸠鲁：《学说与格言》，杨伯恺译，辛垦书店，1934年，译者序。

务印书馆出版。该译本收录了柏拉图对话当中的《欧雪佛洛》《辩诉》《克利托》《菲独》《普洛他过拉》《曼诺》等篇。[①]

另外,当时国立中央大学的两位教授郭斌龢与景昌极先生也对柏拉图的著作产生了极大的兴趣,他们合力翻译了柏拉图的五篇对话集,其中三篇与前面提到的张师竹的作品相同,分别为《自辩篇》《克利陀篇》与《斐都篇》,另外两篇是柏拉图的《筵话篇》与《斐德罗篇》。[②]翻译完毕后,这两位先生把译文交予英文极佳的吴宓先生进行校对,校对完成后,交由南京国立翻译馆出版。此译著不仅包含了五篇柏拉图的对话,而且郭斌龢先生写了导言与《柏拉图之挨提论》,景昌极先生写了《柏拉图理型说略评》附在书中。从这些文章中可以看出,两位先生选择这五篇柏拉图的著作作为翻译对象有着深刻的考量。在他们看来,柏拉图的哲学体系是建立在他的理念论的基础之上的,因此这五篇对话都有助于理解这一主要研究对象——理念。在翻译柏拉图著作的同时,两位先生还就理念问题分别做出了自己的解释,这是最早针对柏拉图的专题式哲学研究,可谓十分难得。

更为难得的是,在抗战最为激烈的时期,陈康先生不畏艰难,在贺麟先生的邀请之下,完成了"西洋哲学名著编译会"交予的任务,翻译了柏拉图的《巴门尼德斯篇》。陈康先生于 1924 年考入东南大学预科。两年之后,他考入该校哲学系,师从汤用彤、方东美等名师。1929 年毕业后,陈康先生赴英国伦敦大学学习哲学。一年之后,他又转入德国柏林大学,师从耶格、哈特曼、斯登泽尔等人学习哲学、古希腊文、拉丁文,1940 年获得哲学博士学位。在获得学位之后,陈康先生毅然决然地回到祖国,进入当时合并组成的西南联合大学教授"希腊哲学史""知识论""柏拉图与亚里士多德哲学"等课程。在上课与思考哲学问题的过程中,陈康先生认识到了柏拉图《巴门尼德斯篇》的重要性。十九世纪末,英国学者坎贝尔经过细心整理,剔除了借名柏拉图的伪

① 现在这六篇对话的中文翻译一般为《游叙弗伦》(*Euthyphro*)、《苏格拉底的申辩》(*Apologia*)、《克力同》(*Crito*)、《斐多》(*Phaedo*)、《普罗泰戈拉》(*Protagoras*)、《美诺》(*Meno*)。

② 目前,《斐德罗篇》仍旧在学界使用,而《筵话篇》一般被翻译为《会饮篇》(*Symposium*)。

作，并且为柏拉图的思想进行了早、中、晚的分期。柏拉图的早期思想主要体现在《申辩篇》《克力同篇》《卡尔米德篇》《拉凯斯篇》《吕西斯篇》《伊壁鸠鲁篇》《美涅克塞努篇》《小希庇亚篇》《伊安篇》《高尔吉亚篇》《普罗泰戈拉篇》《美诺篇》等作品中，中期思想主要体现在《欧绪德谟篇》《克堤拉斯篇》《斐多篇》《斐德罗篇》《会饮篇》《理想国》《泰阿泰德篇》《巴门尼德斯篇》等作品中，后期思想主要体现在《智者篇》《政治家篇》《菲力帕斯篇》《蒂迈欧篇》《克里底亚篇》《法律篇》等作品中。《巴门尼德斯篇》是承接柏拉图中晚期思想的关键性著作，但是国外的学者对这篇对话却是众说纷纭，有的人认为其只是柏拉图的一个逻辑推演，有的人认为其是形而上学的理念演绎，有的人认为其主要是在辨别字的歧义性，还有的人甚至认为该篇根本就不是柏拉图的著作，而是一篇伪作。长期以来，这样的分歧都得不到解决。

陈康先生看到了《巴门尼德斯篇》的重要性，无论从西方哲学研究的角度出发，还是从当时围绕解决柏拉图对话所产生的分歧之现实情况出发，他都深深地感到必须把这篇对话翻译成中文，“欲使后之来者辨别柏拉图哲学中的精华与糟粕，以资研究问题时的借鉴，因此译《巴门尼德斯篇》”①。经过多年的研究与推敲，陈康先生终于在 1944 年翻译完成了《巴门尼德斯篇》，并交予商务印书馆出版。在这篇译著中，陈康先生不仅翻译出了《巴门尼德斯篇》中柏拉图对话的原貌，文字顺畅、语言优美，更为可贵的是，他还把自己的理解与诠释以注解的方式放入此译本中，使得读者在阅读原文的时候，也能跟随译者的思想一同进行思考。陈康认为，“柏拉图的著作已几乎每篇都是一个谜，或每篇至少包含一个谜了，然而《巴门尼德斯篇》乃是一切谜中最大的一个”。②如果只是把这篇对话翻译成中文而不加解释的话，最好的结果是介绍了一个谜，甚至这篇对话还有可能增加了一种无法阅读的艰难。这样翻译出来，中西文化交流的目的是不能达到的。因此，在翻译之外，必须添加注释。直到今天，陈康先生的译本都活跃在学术界，

---

①② ［古希腊］柏拉图：《巴门尼德斯篇》，陈康译，商务印书馆，1982 年，第 7 页。

“许多哲学史工作者和中青年哲学家都为它的严密论证、深邃分析和新颖观点所吸引，视为楷模，对哲学史研究起了很好的促进作用”①。

前文提到，亚里士多德的著作在明清时期就由传教士与中国传统文人合作翻译引进，但当时翻译的著作并不是亚里士多德的原著，而是基督教会培养神职人员的大学课本，这样的课本显然是无法还原亚里士多德哲学思想的原貌的。二十世纪三十年代，为了纪念“西洋大哲之学传入中土，及中国西学先进逝世三百年”②，翻译亚里士多德的工作又重新开始了。众所周知，亚里士多德的思想来源于柏拉图，但是在这个时期，与柏拉图思想交相辉映的亚里士多德的形而上学、物理学、逻辑学、修辞学、灵魂学说等思想没有受到中国人的重视，反倒是亚里士多德的实践哲学得到了翻译。在西方，实践哲学包含伦理学、家政学与政治学三大部分③，实践哲学也被称为价值论，其专门对人类的行为活动进行哲学思考。伦理学针对的是个人的行为，家政学针对的是家庭的行为，政治学针对的是群体的行为。这个时期，亚里士多德的伦理学说与政治学说得到了翻译，主要的译著是由吴宓推荐，向达与夏崇普翻译的《亚里士多德伦理学》，以及由吴颂皋、吴旭初据英国乔维特英译本（1921 年修订版）译出的《政治学》，这两本译著分别于 1933 年和 1934 年由商务印书馆出版。

亚里士多德的伦理学说是西方实践哲学的真正开端，在他流传下来的著作中，涉及伦理学说的包括《尼各马可伦理学》《大伦理学》《优苔谟伦理学》和《论善与恶》。其中，《大伦理学》共两卷，只是一些提纲性质的东西，较为粗浅，一般为初学者阅读；《优苔谟伦理学》共十卷，是亚里士多德的弟子优苔谟编撰的；《尼各马可伦理学》共十卷，也是亚里士多德的弟子收集整理亚里士多德的上课笔记而成。后两本书

---

① 汪子嵩：《研究希腊哲学的楷模——从〈陈康哲学论文集〉说起》，《读书》，1989 年第 10 期。

② ［古希腊］亚里士多德：《亚里士多德伦理学》，向达、夏崇普译，商务印书馆，1933 年，译者序。

③ 亚里士多德首次在西方进行了学科的分类，他把知识分为三大类，即理论的知识、实践的知识、创制的知识。其中，实践的知识是对人类的行为进行哲学层面上的思考，因此亚里士多德的实践哲学不是在实证意义上进行考察，而是哲学性的。

体现了亚里士多德的伦理思想中最为重要的部分，中译本选择的就是这一部分。吴宓指出，这几本伦理学著作“亚氏于他书中常引用之。其行文体裁，既为一种笔记，故常杂乱无系统，然细读之，则条理井然，义均由归”①。因此，在这部译著中，中国学者选取了亚里士多德伦理学说中最难的一部分进行翻译，大体呈现出亚里士多德伦理思想的主旨和内容。在书中，除了译文部分外，吴宓还写了校者识，书后还附有汤用彤先生翻译英国学者华莱士的《亚里士多德哲学大纲》。

伦理学只涉及对个人行为的价值判断。这个时候，中国学者还认识到了亚里士多德的政治学说之重要性。《政治学》全书在对 100 多个城邦政制进行分析比较的基础上，从人是天然的政治动物这一前提出发，系统论述了什么是对公民最好的国家。全书共八卷 103 章，按内容可分为四个部分。第一部分为第一、三卷，探讨城邦、政体等基本理论，认为城邦是至高而广涵的一种社会团体，追求最高、最广的善业。人类是天生的政治动物，经家庭、村坊而组成城邦。政体按其宗旨及最高统治权执行者的人数，分为正宗政体与变态政体两大类，前者为君主政体、贵族政体、共和政体三种，后者为僭主政体、寡头政体、平民政体三种。第二部分为第二卷，批驳取消私有财产和家庭的主张，评析当时的各种政制。第三部分为第四、五、六卷，论述现实中的平民、寡头、共和等政体的具体形态、变革原因及防范措施，提出以中产阶级为主体的共和政体是最稳定的政体。第四部分为第七、八卷，论述理想城邦中的道德、人口、疆域、民族性、教育等问题。这是亚里士多德的著作首次以全译本的方式在中国出现。当然，亚里士多德的《政治学》能够得到翻译，还是与戊戌变法和共和改制这样的政治制度改革相关，正是这样的失败才使得中国学者到亚里士多德的《政治学》那里去寻找有关合理政治制度的深层次答案。

古希腊哲学作为哲学的诞生点之重要性在此时还没有完全获得

① ［古希腊］亚里士多德：《亚里士多德伦理学》，向达、夏崇普译，商务印书馆，1933 年，校者识。

中国人的肯定，哲学源头的重要性还未展现出来，而近代哲学却在当时获得了巨大的成功。

（二）近代西方哲学家的翻译

古希腊的哲学思想至亚里士多德之后每况愈下。到了古罗马帝国时期，哲学基本上已经丧失了自己的独立地位而成为了神学的婢女。欧美的哲学学者们在当时普遍认为基督教统治的中世纪是没有哲学的，中国显然也受到了这种思想的影响。在当时的哲学传播过程中，中国学者把基督教思想与哲学思想泾渭分明地区别开来，因此他们跳过了“黑暗的中世纪”而直接进入对近代西方哲学家的翻译。

欧洲文明发展到十六世纪的时候，人们在思想上脱离罗马教廷束缚的特征越来越明显。顺应着这样的社会风气，新教发展起来。在哲学领域，终于有哲学家开始恢复理性，对神学进行或直接或间接的批评。正如黑格尔所说：“在这里，我们可以说到了自己的家园，可以像一个在惊涛骇浪中长期漂泊之后的船夫一样，高呼‘陆地’。”①的确，哲学返回到了陆地，并且在这里，哲学的种子再次生根发芽了。大陆唯理论、英国经验论、法国机械唯物论、德国古典哲学等流派在哲学的大观园里相互争艳，蔚为壮观。

十七世纪至十八世纪的大陆唯理论与英国经验论是近代哲学的开端。中国学者虽然在上一个时期也接触到了这两派哲学家的思想，但把他们的著作大量翻译到中国还是这一时期的事情。随着培根的《新工具》于 1932 年由沈因明翻译，并由辛垦书店出版发行，这两派哲学家的著作得到了中国人的钟爱。这一时期的大陆唯理论哲学家的译著有：

[法]笛卡尔：《方法论》，关文运译，商务印书馆，1935 年。

[法]笛卡尔：《哲学原理》，关文运译，商务印书馆，1935 年。

[法]笛卡尔：《沉思集》，关文运译，商务印书馆，1935 年。

[荷]斯宾诺莎：《伦理学》，伍建光译，商务印书馆，1933 年。

---

① [德]黑格尔：《哲学史讲演录》（第四卷），贺麟、王太庆译，商务印书馆，1978 年，第 59 页。

[荷]斯宾诺莎:《致知篇》,贺麟译,商务印书馆,1942年。

[荷]斯宾诺莎:《论知性之改进》,刘荣焌译,人文书店,1943年。

[德]莱布尼茨:《形而上学序论》,陈德荣译,商务印书馆,1937年。

可以看出,大陆唯理论的三个主要哲学家之著作在这个时期都得到了翻译。虽然哲学译本很多都是根据英译本转译而来的,且其中夹杂着文言文与白话文,但对当时中国人系统地了解和领会大陆唯理论的思想有着特别的意义。其中,笛卡尔与斯宾诺莎的主要著作都得到了翻译,有些译本还“不失为一个很好的译本”①。通过阅读哲学著作,读者可以看到这两位哲学家思想的大致样貌。莱布尼茨的著作在当时只被翻译了一本,且并不是介绍其单子论思想的主要著作。对于这样一个集哲学家、数学家、物理学家、化学家等身份于一体的大师,中国人显然还没有做好接受其思想的准备。

这一时期的英国经验论哲学家的译著有:

[英]培根:《新工具》,沈因明译,辛垦书店,1932年。

[英]培根:《新工具》,关文运译,商务印书馆,1934年。

[英]培根:《新工具》,关文运译,商务印书馆,1938年。

[英]培根:《培根道德哲学论文集》,张荫桐译,中国文化出版社,1944年。

[英]洛克:《人类悟性论》(上下册),邓均吾译,辛垦书店,1934年。

[英]洛克:《人类理解论》(上下册),关文运译,商务印书馆,1938年。

[英]贝克莱:《柏克莱哲学对话三篇》,关文运译,商务印书馆,1934年。

[英]贝克莱:《视觉新论》,关文运译,商务印书馆,1935年。

---

① 张申府:《笛卡尔方法论》,《清华学报》,1936年第十一卷第1号。

[英]贝克莱:《人类知识原理》,关文运译,商务印书馆,1936年。

[英]休谟:《人之悟性论》,伍建光译,商务印书馆,1933年。

[英]休谟:《人类理解研究》,关文运译,商务印书馆,1938年。

英国经验论的哲学家显然在这个时期更加受到中国人的欢迎,究其原因:一方面,中国的传统思想本身就缺乏形而上学的维度,更多地体现为经世致用之道,而英国经验论在批判形而上学的同时又尊重经验的可靠性,这与中国传统思想可以实现嫁接;另一方面,鸦片战争后的西学传播本来就是先引进以经验主义为基础的科学论,那么沿着这条道路,在这个时期深入到英国经验论哲学也是顺理成章的事情。当然,并不是所有的英国经验论哲学家之著作都得到了翻译。例如,霍布斯这位哲学家对经验论的贡献不算巨大,因此其在这个时期的中国就受到了冷遇,而培根、洛克、贝克莱、休谟等大师沿着经验论的道路一直前进着,一个比一个思想透彻,他们的理论对于“求科学、要民主”的中国人来说更加实用一些。

这里还不得不提到一个中国学者——关其桐,笔名关文运。关先生1931年毕业于北京大学英语系,毕业后在中华教育基金会董事会编辑委员会、中德学会救济总署任职。虽然关先生并不是直接供职于大学这样的学术机构,但是他的工作还是与学术圈有关。二十世纪三十年代,他先后翻译了英国经验论哲学家与笛卡尔的大量著作,且译文质量颇高,获得了学术圈的高度评价。除了笛卡尔的著作是转译英译本之外,英国哲学家的著作全部都是直译。在那个年代,关先生对英国经验论与笛卡尔著作的翻译是无人能比拟的。

十七世纪至十八世纪,法国还产生了一个哲学流派——机械唯物主义,这一派的思想家在哲学史上的地位历来并不高。在论及机械唯物主义的时候,非常多的哲学史家都是一笔带过。在五四运动中,随着陈独秀、李大钊等先生对马克思主义思想的传播,马克思主义成为了全方位改造中国的重要思想源流。由于马克思主义者都秉持唯物主义,因此法国的机械唯物主义思想也在中国受到了重视,此时得到翻译的哲学家著作有：

[法]拉梅特里：《人—机器》，任白戈译，辛垦书店，1933 年。

[法]爱尔维修：《精神论》，杨伯恺译，辛垦书店，1933 年。

[法]霍尔巴赫：《自然之体系》，杨伯恺译，辛垦书店，1933 年。

[法]狄德罗：《哲学原理》，杨伯恺译，辛垦书店，1934 年。

[法]孔狄亚克：《认识起源论》，杨伯恺译，辛垦书店，1934 年。

不难看出，法国机械唯物主义思想的翻译与传播全部都以辛垦书店为阵地，且翻译者只有两位，即任白戈与杨伯恺。辛垦书店由任白戈、沙汀、葛乔等九人在上海创办，“辛垦”是英文“think”的英译，即要辛勤垦植之意。书店的第一批书目就包括列宁的《论帝国主义》、拉法格的《经济决定论》，以及《伊里奇的辩证法》《一九二九年的世界经济》等一批与马克思主义理论相关的书籍。任白戈在坚持办店方针与开展实际业务方面做了大量工作，上述五本法国机械唯物主义的著作就是在辛垦书店坚持传播马克思主义的方针之下才得以面世的。任白戈与杨伯恺先后加入中国共产党，而作为一名信仰马克思主义理论的学者，翻译与马克思主义思想相关的机械唯物主义者的著作当然也就合情合理了。

在近代哲学中，德国古典哲学是集古往今来之大成的哲学流派。可以毫不夸张地说，德国古典哲学重塑了古希腊哲学的辉煌。如果说古代哲学的中心是希腊，那么近代哲学的中心必然是德国。这么重要的哲学流派当然也是最受中国人追捧的了，这时得到翻译的德国古典哲学家的著作有：

[德]康德：《纯粹理性批判》，胡仁源译，商务印书馆，1935 年。

[德]康德：《实践理性批判》，张铭鼎译，商务印书馆，1936 年。

[德]康德：《道德形而上学探本》，唐钺译，商务印书馆，1939 年。

[德]康德：《优美感觉与崇高感觉》，关文运译，商务印书馆，1940 年。

[德]费希特：《菲希德对德意志国民演讲》，张君劢译，再生杂

志社，1932年。

[德]费希特：《知识学基础》，程始仁译，商务印书馆，1936年。

[德]费希特：《菲希德告德意志国民书摘译》，臧渤琼译，新中国文化出版社，1940年。

[德]费希特：《菲希德讲演全集》，臧渤琼译，文通书局，1942年。

[德]费希特：《人的天职》，樊南星等译，商务印书馆，1947年。

[德]黑格尔：《黑格尔历史哲学纲要》，王灵皋译，神州国光社，1932年。

[德]黑格尔：《逻辑学大纲》，周谷城译，正理报社，1934年。

[德]黑格尔：《论理学》，张铭鼎译，世界书局，1935年。

[德]黑格尔：《历史哲学》，王造时译，商务印书馆，1936年。

[德]费尔巴哈：《黑格尔哲学之批判》，柳若水译，辛垦书店，1935年。

[德]费尔巴哈：《将来哲学的根本问题》，柳若水译，辛垦书店，1936年。

[德]费尔巴哈：《未来哲学之根本原则》，林伊文译，辛垦书店，1936年。

由上面的译本可以看出，德国古典哲学的五位主要哲学家中的四位之著作都得到了翻译，但着重点还是不一样的。康德的思想在二十世纪初期就由梁启超撰文专门介绍过了，但是他的介绍实际是转译了日本学者的研究。对于康德的思想，如果没有科学知识的学习是断难领会的，王国维在阅读康德时遭遇的困难就源自于此。因此，只有在后天习得科学知识后再去研究康德，才能真正理解康德。这个时候，大量新式的学校建立起来，中国有着完整的从小学到大学的等级教育体系，科学知识的学习对于中国人来说已经不是什么外来的天书，而继续推进科学在中国的普及却尚有一段路要走。康德的《纯粹理性批判》一书本来就是为“自然立法”之作，其探索的是自然科学如何可能的问题，这与中国人在知识学上的深层次要求是相契合的。而在为

“自然立法”之后，康德的工作并没有完成，现象与物自体的划分在对纯粹理性的批判中只是解决了现象界的问题，物自体怎么办？康德认为，物自体是超越认识论的，其本来就不是认识的对象，而是实践的对象。因此，康德的《实践理性批判》系统地讨论了实践哲学的问题，解决了“我能做什么”的问题。[①]康德之后的黑格尔接着这样的问题继续讨论下去，以辩证逻辑作为思想中坚，试图应对自笛卡尔以来的主客对立之局面。因此，康德与黑格尔的哲学著作之翻译，都涉及了他们最重要的思想。这时的中国学者已经不再是目光闭塞之人，大量的中国学生留学国外，他们接触到了西方全部的知识学科。康德与黑格尔的哲学思想是最为纯粹的哲思，他们为中国人拓展出一片中国传统文化从未开辟过的领域，把德国哲学的精华输入进来，这对中西文化的交流及解决令中国人痛苦的现代化问题都具有深远的意义。

但是，对德国古典哲学中的费希特与费尔巴哈的著作之翻译却是基于不同的原因。费希特的哲学继承了康德哲学，他在此基础之上论述了“自我—非我”哲学思想。然而，在当时中国内忧外患的情况之下，费希特哲学被翻译得最多的，是强调德意志民族性的演讲。十八世纪末十九世纪初的德国也面临着与中国相似的局面，即受到邻国的侵略、经济发展落后、国内矛盾尖锐、在联邦内的各个国家四分五裂等，费希特的演讲对激发当时中国人的民族主义情绪有着重要的作用。费尔巴哈是马克思在哲学方面批判得最多的一个哲学家。上文在介绍机械唯物主义的时候，已经简述过辛垦书店在推介马克思主义思想方面的重要性，那么作为马克思相当敬仰的最后一位旧唯物主义者，费尔巴哈的著作之翻译也必然成为辛垦书店及左派学者的工作中心了。

相对于古希腊哲学而言，近代哲学家的译著在这个时期要更多一些，且思想的纯粹性也更强。这不仅体现了近代哲学对扫除中国封建糟粕思想的重要性，也体现出近代哲学所表现出的基础主义在当时的

① 康德的三大批判所解决的问题分别为“我能认识什么”“我能做什么”和“我能希望什么”。

强势地位与嫁接古代哲学与现代哲学的桥梁作用。正如学者在评价康德时所指出的，康德哲学是一座大水库，前人的思想流入这个水库中，后人的思想又从这个水库中流出。那么，费尔巴哈后的西方现代哲学在当时的中国又遭遇了怎么样的情况呢？下面我们将继续分析现代西方哲学。

（三）现代西方哲学家的翻译

按照国内的划分标准，费尔巴哈之后的哲学思想被称为现代西方哲学。受压迫性与功利性之影响，当时的中国人直接把欧美最前沿的哲学流派引入了国内，这让现代西方哲学也呈现出宏伟的景象，而这样的景象当然与时代的精神、需解决的问题、留学生们自身的选择等因素密切相关。

总的来说，现代西方哲学分为两大支，即科学主义与生命哲学。科学主义特指支撑科学研究的理论系统，主要是经由近代经验论而发展起来的实证主义、实用主义、语言分析学派与科学哲学的思想。这个时期，科学主义哲学家的译著有：

[英]穆勒：《穆勒自传》，郭大力译，商务印书馆，1935 年。

[英]穆勒：《穆勒自传》，周北骏译，商务印书馆，1935 年。

[英]穆勒：《实用主义》，唐钺译，商务印书馆，1936 年。

[英]斯宾塞：《斯宾塞尔哲学爻言原群》，饶孟任译，京华印书馆，1931 年。

[英]赫胥黎：《方法与结果》，谭辅之译，辛垦书店，1934 年。

[英]赫胥黎：《科学自由和和平》，任道远译，中华书局，1948 年。

[英]娇德：《心与物》，张君劢译，商务印书馆，1928 年。

[英]娇德：《物质生命与价值》，施友忠译，商务印书馆，1940 年。

[英]罗素：《工业文明之将来》，高佩琅译，商务印书馆，1927 年。

[英]罗素：《我的信仰》，伍道生译，商务印书馆，1927 年。

[英]罗素:《婚姻革命》,野庐译,世界学会,1930年。

[英]罗素:《怀疑论集》,严既澄译,商务印书馆,1932年。

[英]罗素:《快乐的心理》,于熙俭译,商务印书馆,1932年。

[英]罗素:《算理哲学》,张邦铭等译,商务印书馆,1933年。

[英]罗素:《婚姻与道德》,李惟远译,中华书局,1935年。

[英]罗素:《科学观》,王光煦等译,商务印书馆,1935年。

[英]罗素:《赞用》,柯硕亭译,商务印书馆,1937年。

[英]罗素:《我的人生观》,邱瑾璋译,正中书局,1936年。

[英]罗素:《哲学大纲》,高名凯译,正中书局,1937年。

[英]罗素:《婚姻与道德》,程希亮译,商务印书馆,1940年。

[英]罗素:《幸福之路》,傅雷译,南国出版社,1947年。

[英]罗素:《心的分析》,李季译,中华书局,1947年。

[美]卡尔纳普:《哲学与逻辑语法》,殷福生译,商务印书馆,1946年。

[美]罗伊斯:《忠之哲学》,谢幼伟译,商务印书馆,1943年。

[美]罗伊斯:《近代哲学的精神》,樊南星译,商务印书馆,1945年。

[美]詹姆士:《心理学简编》,伍况甫译,商务印书馆,1930年。

[美]詹姆士:《论人生理想》,唐擘黄译,商务印书馆,1936年。

[美]詹姆士:《论思想流》,唐钺译,商务印书馆,1945年。

[美]詹姆士:《论情绪》,唐钺译,商务印书馆,1945年。

[美]杜威:《哲学之改造》,许崇清译,商务印书馆,1933年。

[美]杜威:《哲学之改造》,胡适等译,商务印书馆,1934年。

[美]杜威:《道德学》,余家菊译,中华书局,1935年。

[美]杜威:《思想方法》,邱瑾璋译,世界书局,1935年。

[美]杜威:《思维与教学》,孟宪承等译,商务印书馆,1936年。

[美]杜威:《道德与辩证法》,李书勋译,亚东图书局,1939年。

[美]杜威:《思维术》,刘伯明译,中华书局,1945年。

[法]孔德:《实证主义概观》,肖赣译,商务印书馆,1938年。

[法]马利坦:《哲学概论》,戴明我译,商务印书馆,1947 年。

值得注意的是,这个时期的科学主义哲学译著在内容与思想深度方面参差不齐,既有当时在欧美流行的实证主义、实用主义、分析哲学、科学哲学等内容,也有罗素先生在成名之后所从事的社会哲学与杜威先生的实用主义思想。总的来说,由于罗素先生在上一时期来华访问与演讲、中国实用主义者的推动、科学的方兴未艾等因素之激励,中国的学者们开始注意到纯粹的科学主义哲学之应用,并大量翻译相关作品,有些著作还不只一部译著,可谓是你方唱罢我登场,竞相拓展科学主义的哲学思想。科学主义哲学著作的翻译在中国的其他领域(如科学、教育、道德、婚姻等)取得了实质效果。同时,纯粹的哲学思想翻译在中国也没有受到影响,学者们继承了上一时期严复先生所开启的科学主义,把科学的理论扩展到了哲学的深度,五四运动所倡导的赛先生在这一时期得到了很好的延续。

除了科学主义哲学著作的翻译之外,生命哲学在当时也深受中国学者的欢迎。当然,这样的欢迎还是与上一时期的译介有很大的关系。王国维先生在考察西学的时候虽然涉猎甚广,但是对由理性主义开启出来的科学理论还是无法理解,究其原因无非是当时中国还未建立起系统的知识学谱系。在没有这样的知识背景之情况下,盲目地闯入西方哲学的圣殿当然会一无所获。随着西学的逐渐普及,这一情况有所好转,近代哲学与科学主义哲学的翻译就受惠于此。但是,生命哲学中的叔本华与尼采的反知识、反理性之特征,却也可以和中国传统文化中的非主流思想衔接起来,并以此来批判中国主流的儒家文化。因此,上个时期的生命哲学译介在中国非常成功。这个时期,生命哲学家的译著有:

[法]柏格森:《时间与意志自由》,潘梓年译,商务印书馆,1927 年。

[德]叔本华:《悲观论集》,肖赣译,商务印书馆,1934 年。

[德]叔本华:《意志自由论》,张本权译,商务印书馆,1937 年。

[德]尼采:《查拉图司屈拉钞》,郭沫若译,创造社,1928 年。

[德]尼采:《尼采自传》,梵澄译,良友图书公司,1935年。

[德]尼采:《朝霞》,梵澄译,商务印书馆,1935年。

[德]尼采:《苏鲁支语录》,梵澄译,生活书店,1936年。

[德]尼采:《扎拉图土特拉如是说》,肖赣译,商务印书馆,1939年。

[德]尼采:《快乐的知识》,梵澄译,商务印书馆,1939年。

[德]尼采:《查拉杜斯屈拉如是说》,雷白伟译,中华书局,1940年。

[德]尼采:《教育家之叔本华》,杨伯苹译述,商务印书馆,1945年。

[德]尼采:《查拉杜斯屈拉如是说》,楚图南译,交通书局,1947年。

[德]尼采:《看哪这人》,刘恩文译,文化书店,1947年。

由上面的译著可以看出,中国人还是有选择性地在翻译西方现代哲学的著作。柏格森的著作只有一本《时间与意志自由》被翻译了进来,这与当时柏格森在欧洲的轰动有一定的关系。柏格森是为数不多在生前就获得巨大声誉的哲学家,他的哲学思想居然能够在巴黎的时尚流行界被谈论,并获诺贝尔文学奖,可见他在当时的成功。但随着他的逝世,他的哲学思想也沉寂了下来,这说明他的哲学思想在深度方面实际上并不够,再生力不够强。中国的学者显然也注意到了柏格森的哲学成功,于是顺应潮流翻译了他的《时间与意志自由》。

叔本华与尼采都是欧洲反理性主义哲学的代表人物。在他们的哲学思想中,由苏格拉底开创的理性主义传统遭受了猛烈的抨击。虽然西方文明的繁荣是在理性主义的指导下实现的,但理性主义在近代沦为了工具理性,人本身的问题在理性主义中缺失了,人不再是理性所研究的对象。人在自身的生活中是活生生的在场存在,而理性主义哲学却在不断错失着这一切,这是由理性主义本身的特点所决定的。因此,叔本华与尼采才会如此攻击理性主义传统。叔本华还算温和,毕竟在知识范围内,他还是承认理性的作用的;而尼采在诸如“上帝死了”“重估一切价值”“期待超人”等口号下，毫不留情地对理性进行批判。但是，中国人对生命哲学的关注点与西方人不同。中国的学者在翻译叔本华与尼采的著作时，只是盲目地崇拜他们对西方传统文化的批判，认为中国当时需要做的也如叔本华与尼采一样，即批判传统文化。可是，彼文化并非此文化。西方一直具有批判的传统，叔本华与尼采只不过是在这样的传统中做了作为一个西方哲学家应该做的事情，他们的思想其实还是扎根于西方文化的。但是，中国学者的盲目崇拜却是把中国传统文化——特别是儒家文化——一棍子打死，他们刨了中国文化的根，却未重新播下新的种子，这也就为中国带来了一种文化虚无主义的论调。那么，对生命哲学的追捧实际上还是为了解决中国的现代化问题，只不过中国学者在处理传统文化的态度上采取了一种“阉割”的心态。因此，生命哲学的热潮在那个时代不断地被掀起，却在中华人民共和国成立之后灰飞烟灭。直到改革开放后，生命哲学自身所包含的否定力量又再次被中国人利用，成为反击文化大革命的思想利器。

在尼采著作的翻译者中，我们不难发现一个重复出现的人名——梵澄。徐梵澄，笔名梵澄，他曾经先后就读于复旦大学西洋文学系与德国海德堡大学哲学系。1932 年，梵澄从德国回来后，在鲁迅先生的支持下，先后翻译了尼采的《尼采自传》《苏鲁支语录》《朝霞》与《快乐的知识》四部著作。在出版《苏鲁支语录》时，书名由鲁迅先生亲自拟定，郑振铎在序言中说道：“这部译文是梵澄先生从德文本译出的，他的译笔和尼采的作风是那样的相同，我们似不必再多加赞美。”①梵澄先生对尼采是倾注了心血的，他的译文文笔优美，是最具尼采文风的佳品。

总的来说，这个时期的中国哲学翻译界已经熟悉了西方哲学的主要流派与哲学家，并有意识地将他们的著作翻译进中国，以期望国人在这样的思想面前实现灵魂改造，使得中国能够尽快走上现代化道

① ［德］尼采：《苏鲁支语录》，徐梵澄译，商务印书馆，1992 年，第 2 页。

路。这样的中西文化交流态度是正确的，因此大量的哲学著作被翻译出来。但是，除了哲学家的作品外，西方学者的研究著作对全面理解西方哲学与主要的哲学流派及哲学家有着至关重要的作用。此时，对西方哲学的翻译抛弃了简单译介之做法，中国学者把原著翻译与研究翻译严格地区分开来，这本就是现代化的划界思想之体现。

二、中西融合下的中国新哲学思想的出现

随着哲学原著、专著、论文的大量出版和发表，西方哲学的思想已经完全进入了中国，各个流派的思想都或深或浅地得到了传播。在这样的大背景之下，中国学者在汲取西方哲学精华的同时，也开始思考中西思想的第二次融合。在第一次融合中，经由西域传来的佛教被中国化了，形成了独一无二的中国佛教思想，并且儒家思想中的宋明心学思想亦得到发展。我们现在来评价第一次融合下的中西得失也许为时过早，但回顾这一历程对于中西思想的交融而言有着特别的意义。

（一）以西会中的哲学体系的建立

在吸收西方哲学思想的时候，存在着以中会西与以西会中两种方式，这两种方式分别建立起了各自的哲学体系。我们现在先回顾一下以西方哲学思想改造中国传统文化的尝试。在这样的尝试中，以张东荪、金岳霖为主要代表的学者做出了自己的贡献。

首先，张东荪于1937年之前就在《新哲学论丛》《认识论》和《道德哲学》中构建了他的“新哲学体系”。通过这些著作，他以认识论为起点，提出和论证了“多元主义认识论”“架构主义”和“层创进化论”的宇宙观及“主智的”“创造的”人生观。这是中国近代最早的哲学体系之一，这个体系的各个部分都包含了一些值得肯定的地方。例如，在认识论中，他对认识主体进行了研究，认为认识过程是主体的选择过程，也是主体的一种解释和评价过程。但是，就整个体系而言，其只是吸收了现代西方哲学中的新实在论之主体思想和实用主义之真理观，主要部分来自于德国古典哲学家康德。因此，我们不能说这个体系是在

严格的中西融合之情况下被首创出来的，张东荪先生自己也认识到了这样的问题。1937年之后，他对自己的哲学体系进行了改造。

随着现代西方哲学研究的深化，哲学思想走向成熟，张东荪先生对西方现代哲学的理解也上了一个台阶。在逐步理解了曼海姆的知识社会学和马克思的唯物史观后，自1937年起，张东荪先生开始修正他自己的哲学体系，并先后出版了《知识与文化》《思想与社会》《理性与民主》等作品。虽然这些作品都是在1946年才正式出版的，但可以看出这个运思的过程是在艰难的抗日战争时期进行的。在这些作品中，张东荪从社会学的角度重新研究了认识论，他着重探讨知识的社会性和集合性，以此来说明知识的形成和性质。在奠定了这样的基础之后，张东荪开始把这些思想运用到社会政治文化领域。在《知识与文化》中，他探讨了知识与文化的关系，阐明了知识与文化的交互作用，目的是建立一种独立的知识论。在《思想与社会》中，除了继续之前的话题外，张东荪还阐述了思想与文化的关系在寻找中国文化的出路方面之意义。在《理性与民主》中，张东荪抛弃了前两部作品中的学术化写作方式，把他建立起来的文化主义思想延伸到社会领域，并通过中西文化比较来探索中国社会的出路和前途。张东荪特别强调，西方的民主主义是一种文化，它主要是由进步、人格、理性、自由等概念构成的。通过对这几个概念的比较和分析，张东荪论证了中国要构建自己的民主主义文化。

张东荪先生前期与后期的哲学思想都围绕着知识论而展开，但是细读之下还是能够发现在后期的哲学体系中，张东荪的视野明显扩大了。他不再用近代西方认识论的知识模式来简单地复制哲学体系，而是认为知识就是价值，知识从根本上说与生命、社会、文化、价值是一体的。同时，他将知识分为三大类，即常识、形而上学和科学。知识不在于认识，而是要积极地与社会、政治、文化进行有机融合，这样的有机融合才能构建一个完整的哲学体系。

金岳霖先生与张东荪先生的经历不同，张东荪先生是从未出国留学的中国学者，他全靠巨大的阅读量才保证了对西方哲学及文化的了解，而金岳霖先生是在留学美国获得政治学博士学位后才开始潜心研究逻辑学，他关于逻辑学的研究在国际范围内都很有影响。在这样的知识背景下，金先生通过中西比较，建立起自己的哲学体系。

早在1943年的英文版《中国哲学》中，金先生就已经开始对中西传统进行比较了，他认为古希腊开启的哲学与逻辑思想为后来西方的强大奠定了基础。中国思想无意于把观念安排成严密的系统，这是中国思想的弱点，也是近代科学不能在中国产生的原因。为了适应中国社会发展科学与走向现代化的需要，他提出必须使国人的逻辑和认识论意识发达起来。从这种认识出发，他不但系统地把西方的形式逻辑——特别是罗素的数理逻辑——介绍到中国来，而且在进行中西哲学研究的同时出版了《论道》《知识论》与《逻辑》三部著作，从而建立起自己的哲学体系。

在这个体系中，《论道》是本体论，是一个形式系统。其中，“道”是最高范畴，“能”与“式”（可能）是最基本的概念。该书正是从后面这两个概念生发出来，配合一系列基本定义与原理，运用逻辑方法演绎出整个“道”的世界之生成与变化。《知识论》是认识论，是整个体系中最有价值的部分，它“注重的是如何就官觉所供给的材料去产生知识”①。在这里，金先生既不完全赞同经验主义，也不完全反对理性主义，而是主张经验与理性并重。他认为人类借助抽象的工具，从所与中获得意念，反过来又以意念还治所与，便能得到知识。由此，他阐明了感性与理性及事与理的统一。《逻辑》是方法论。其实，许多在《知识论》中论述过的问题都反映在了《逻辑》一书中。金先生从经验与理性并重的原则出发，认为一个完整的科学研究过程，在方法论上是由归纳与演绎两个阶段或两个方面构成的。在《逻辑》一书中，金先生在系统阐释了逻辑基本规律的同时，还特别强调了思维一定要遵循逻辑规律。

这个哲学体系无疑是在中西交融的情况下诞生的，其中改造和吸

---

① 金岳霖：《知识论》，商务印书馆，1983年，第18页。

取西方哲学成果的痕迹非常明显，特别是在认识论领域。金先生认为，中国人长期沉醉于社会伦理道德修养而忽视了纯粹理性和经验的重要性，哲学长期远离事物、经验与自然科学。在近现代西方哲学中，知识论取得了举世瞩目的成就，因此金岳霖深入钻研西方哲学，从而在西方哲学的知识背景下建立了自己的哲学体系。同时，他还身体力行地使用自己的方法，推进了中国哲学和思想的进步。

（二）以中会西的哲学体系的建立

前文提到的张东荪与金岳霖都是在深入研究西方哲学的基础上，在西方哲学的理论中选取自己所需的养料，从而培育出了自己的哲学体系。总的来说，他们的思想是西方的，对中国传统思想资源的选用并不多。其实，这一时期，中国传统思想领域的学者们也采取了一种开放的态度来看待西方哲学思想，他们在充分理解西方哲学的基础上，构建了以中会西的哲学体系，如今的哲学史家们把这一派称为新儒家。

关于新儒家的代表性人物，首先要提到的就是熊十力先生。熊十力先生早年曾经参加革命。1920 年，他进金陵刻经处，师从欧阳竟无研究佛学。1922 年，他应蔡元培之邀任教北京大学，主讲唯识论。后来，他又开始研习西方哲学，并终于在 1937 年与 1944 年分别以文言文和白话文出版了《新唯识论》，建立了自己的唯识论哲学体系。这个体系是熊十力站在玄学立场上会通中西哲学的产物，它以“仁心”为本体，以“体用不二”“翕辟成变”“生生不息”“冥悟证会”为纲，融本体论、人生论、价值论、认识论、方法论为一体。同时，在这个哲学体系中，熊十力还努力挖掘中国传统思想所蕴含的民主意识，在儒学的躯壳中注入近代西方的“自由、平等、博爱”之思想。总之，这个体系是“陆王心学之精微化系统化最独创之集大成者”①，它渗透着救亡图存的爱国精神，主张舍故创新，反对守旧不变，是为改变现存社会制度，实现独立、自由、平等的社会理想服务的。

当时，能够在哲学上与熊十力并肩的新儒家就只有冯友兰了。冯

① 贺麟：《当代中国哲学》，胜利出版社，1945 年，第 12 页。

友兰在中国学习哲学之后，随即赴美留学。1924 年，在获得哲学学位后，他回国任教于清华大学、西南联大等学校，长期从事中国哲学的研究与教学。他曾经多次引用张载的“为天地立心，为生民立命，为往圣继绝学，为万世开太平”来激励自己。正是为了继往开来，冯友兰在系统地研究了中国哲学之后，写出了一套反思中国传统精神生活、确立一种新的理想人生哲学之大书，即“贞元六书”，从而建立了自己的新理学哲学体系。在这个体系中，《新理学》是“最哲学的哲学”，即人的形而上学，其通过对“理”“气”“道体”“大全”等基本概念的论述，阐明了人性本体论的基础。《新原人》是人的精神现象学，论述了理想人格及其实现的途径，为人类塑造了一种理想的人格。《新事论》阐述了文化社会问题，是人的社会学，阐释了由人构成的社会与人所创造的文化。《新世训》论述新的生活方式，是人的生活方法论，阐释了人类处世的一般原则。《新原道》是人的精神历史学，其为理想人格寻根问祖，由此确立了自身道统的新地位。《新知言》讲述了古今中外的哲学方法论，以此一方面为人类提高精神境界提供一种有关最佳途径的选择，另一方面也是作者从方法论上总结自己的哲学体系。由此可知，这个体系虽以真理为研究对象，但它没有停留在对“理”“气”“道体”“大全”等概念的解释之上。形而上学知识是整个《新理学》的基础，所以冯友兰还把形而上学运用到社会、人生等方面，在形而上学的基础上建立起历史观和人生哲学，以便能彰显“内圣外王之道”，从而达到济世安邦的目的。

最后要提到的就是贺麟先生。我们在前文中已经多次提到贺麟先生，但都是从哲学学者身份的意义上来谈论他的。贺麟先生不仅积极地引进西方哲学，而且在引进的同时也思考着中西哲学的交融问题。特别是在抗日战争爆发后，他更是把这种探索工作具体化为挖掘中国面临危机的病根和寻找复兴中国的精神条件。二十世纪四十年代，贺麟先生先后出版了《近代唯心论简释》《当代中国哲学》《文化与人生》等著作。

在谈到这些著作时，贺麟先生指出，“书中每一篇文字都是为中国当前迫切的文化问题、伦理问题和人生问题所引起，而根据个人读书思想体验所得去加以适当的解答”。[①]在解决这些问题时，他从各个方面，即从不同的问题出发，去呈现他所体察到的新人生观和新文化。因此，他认为，书中的每一篇文字都是他的思想和体验之自述。贺麟先生的“新心学”体系就体现在上述的著作中，其既是各种人生体验的总结，又是中国社会发展要求的反映。在这个体系中，他努力倡导理想主义的唯心论。在他看来，理想主义足以代表近代精神，因为近代人的主要生活目的是求得自由，而自由必须有个标准，理想就是自由的标准。所以，贺麟认为，“故欲求真正之自由，不能不悬一理想于前，以作自由之标准，而理想主义实足以代表近代争自由运动的根本精神”。[②]而且，在论述理想主义的意蕴之基础上，贺麟在这个体系中还阐明了“心理合一”的宇宙观、自然的“知行合一”学说及“理欲调和”的伦理思想。这个哲学体系显然是中西哲学融合的产物。在解决他面临的所有哲学问题时，贺麟既同情、理解和发扬中国文化的优点，又吸取西方人本主义哲学的成果，特别是德国古典哲学的内容。在构建这个体系时，正如他所说的，“虽说有我，但并非狂妄自大，前无古人”。[③]书中对各种问题的解答，从理论渊源来说有两个分支：一个是中国传统文化，特别是儒家思想；另一个是西方哲学，特别是西方的人本主义哲学思想。贺麟的“新心学”就是融合中西哲学的体现。

不管是以中会西还是以西会中，中西之间的哲学交流不可避免地发生了，这对于解答中国文化的出路问题及中国的现代化问题而言都是一个积极的尝试。虽然这个时期的中西融合还是那么粗浅、羸弱与摇摇欲坠，但这总是一个好的开始。可是，这样的交流在中华人民共和国成立之后，被政治化的学术活动给打断了，中西交流第二次中断了，这让我们在许多问题上走了弯路，但也促使我们在改革开放后重新反思这些问题，从而迎来了学术的大繁荣。

---

① 贺麟:《文化与人生》,商务印书馆,1988 年,第 21 页。

② 贺麟:《哲学与哲学史文集》,商务印书馆,1990 年,第 134 页。

③ 贺麟:《文化与人生》,商务印书馆,1988 年,第 2 页。

第五章　1949年至二十世纪八十年代前的西方哲学翻译和研究

二十世纪中期的中国，政治上发生了巨变，国民党的统治结束了，一个社会主义国家出现在世界的东方。中华人民共和国成立后，马克思主义成为国家意识形态，对马克思主义哲学的翻译成为哲学译介工作的主流，所有马克思主义哲学的外文著作都得到了系统、全面的翻译和研究。与此同时，西方哲学遭受到了拒斥和批判的命运，西方哲学的翻译与中西文化的交流遭遇到极大阻力。尽管如此，中国的学者仍然坚持着文化研究工作，使西方哲学在艰难曲折中缓慢发展。

第一节　马克思主义哲学的系统翻译

马克思主义哲学深刻地改变了二十世纪的中国，也深深地影响了西学东渐的发展轨迹。早在二十世纪前半叶，马克思主义哲学就已得到知识分子的很大关注，内忧外患的局面加速了社会寻求改革和革命的步伐，对马克思主义哲学的翻译研究得到长足的发展，马克思和恩格斯的几乎所有重要著作都得到翻译出版。正是在马克思主义的指导下，中国共产党一步步发展壮大，并最终推翻了国民党的统治，建立了中华人民共和国。中华人民共和国成立后，随着社会主义制度的确立，马克思主义哲学逐步巩固了主导地位，对它的翻译研究成为哲学研究的主流。

一、中华人民共和国成立后的社会文化环境

（一）中华人民共和国的成立与社会主义制度的确立

抗战胜利后，国民党与共产党之间的矛盾冲突再次浮出水面。1947 年初，第二次国共内战全面爆发。经过 1 年多的胶着后，形势逐渐明朗。1948 年秋，共产党领导下的中国人民解放军在东北、华东、华北三个方向发动战略决战并取得全部三场战役的胜利，国民党的军事力量已全面崩溃。1949 年 4 月，统治中国 22 年的国民党政权垮台。1949 年 10 月 1 日，毛泽东在北京天安门城楼宣告中华人民共和国中央人民政府成立。1951 年至 1956 年，中华人民共和国中央人民政府通过土地改革和对农业、手工业及资本主义工商业进行“三大改造”，建立了社会主义制度。

（二）马克思主义哲学主导地位的确立

马克思主义哲学是德国哲学家马克思（Karl Heinrich Marx，1818—1883 年）与恩格斯（Friedrich Von Engels，1820—1895 年）创立，并由后人发展的一个庞大哲学体系，主要包括辩证唯物主义和历史唯物主义。马克思主义哲学认为实践是考察精神和物质关系问题的基础，实现了唯物论和辩证法、唯物主义自然观和唯物主义历史观的统一。中华人民共和国成立后，马克思主义哲学得到广泛宣传，成为占统治地位的理论和意识形态。

在党的七届二中全会前，毛泽东就亲自审定了 12 本“干部必读”书目，包括《社会发展史》《政治经济学》《共产党宣言》等马克思主义哲学著作，作为全国干部的学习范本。中华人民共和国成立初期，全国开展自上而下的、有组织有系统的马克思主义哲学启蒙教育活动，普及马克思主义哲学基本知识，大力促进马克思主义哲学在工人和农民群体中的传播，全国各大城市掀起了学习马克思主义哲学的热潮。

1950 年 8 月，教育部颁布《中学暂行教学计划（草案）》，规定初中和高中每个学年都应开设政治课，每周 2 课时。1952 年 10 月，教育部发出《关于全国高等学校马克思列宁主义、毛泽东思想课程的指示》，

要求各不同类型的高校均设立政治理论课，学习马克思主义哲学基本理论。在此背景下，全国逐步建立起了学校的马克思主义理论课程体系。

1949 年 7 月，全国性的中国哲学学术团体“中国哲学会”成立，研究会的宗旨是团结全国哲学工作者，传播马克思列宁主义和毛泽东思想，在意识形态领域对各种非马克思主义思潮展开全面的斗争。1953 年 1 月，中共中央马恩列斯著作编译局成立，这个机构的任务就是有系统地、按计划地、高质量地翻译出版马恩列斯的全部著作。

为进一步清除非马克思主义哲学（即资产阶级唯心论）对广大知识分子的影响，使知识分子改变旧哲学观念，树立马克思主义哲学信仰，1950 年 6 月，毛泽东在党的七届三中全会上说：“对知识分子，要办各种训练班，办军政大学、革命大学，要使用他们，同时对他们进行教育和改造。要让他们学社会发展史、历史唯物论等几门课程。”①在此背景下，对知识分子进行思想改造的运动开始了。许多著名学者、哲学家（如费孝通、冯友兰、金岳霖、梁漱溟等）陆续在报刊上发表文章，反省自己旧有的哲学观念，表达自己向马克思主义转变的愿望和态度。通过种种政策和运动，马克思主义哲学基本上确立了在思想文化领域的指导地位。由于学术讨论被政治批判干扰，非马克思主义哲学和思想受到极大打击，马克思主义哲学本身也受到简单化和庸俗化倾向的影响，这严重影响了学术和思想文化的繁荣发展，特别是西学的传播与发展。

二、马克思主义哲学的翻译研究情况

二十世纪以来，马克思主义哲学在中国的传播有着深刻而复杂的背景。对外，十九世纪末二十世纪初的欧洲掀起了工人运动的浪潮，社会主义新思潮席卷整个欧洲，甚至影响到中国的近邻日本；此外，1917 年的俄国十月革命之胜利，更是使得马克思主义从众多社会主义

① 中共中央文献研究室：《毛泽东文集》（第六卷），人民出版社，1999 年，第 71 页。

学说中异军突起。对内,这个时候的中国恰逢社会重大变迁,清王朝在辛亥革命中走向灭亡,然而新的社会制度和与之相适应的文化还没有完全建立起来。军阀割据,社会混乱,摆脱了封建王朝统治的中国仍然积贫积弱,文化、经济、政治等各方面都落后于世界上的先进国家。面对如此局面,中国的知识分子继承了忧国忧民的文化传统,积极地放眼世界来寻求救国救民的真理学说。作为一种与社会改革或革命联系紧密的学说,马克思主义哲学自然逐渐被一心改革中国社会的知识分子——特别是青年——所接受和传播。①

(一) 中华人民共和国成立前马克思主义哲学翻译研究概况

早在清朝末年,马克思与恩格斯的思想就已夹杂在西学东渐的思潮中传入我国。1899年2月至5月,《万国公报》连载的《大同学》一文多次提及马克思与恩格斯,这是迄今所知的中文报刊对马克思与恩格斯及其言论之最早介绍。《大同学》译自英国本杰明·颉德的《社会的进化》一书,由英国来华传教士李提摩太意译、中国人蔡尔康撰文。自此之后,中国的报刊书籍上开始陆续有一些对马克思主义哲学的零碎的、片段的介绍。1917年的俄国十月革命之后,马克思主义哲学开始大量传入中国。从1919年直到1949年,中华人民共和国成立前发表在报纸期刊上的对马克思主义哲学进行研究之论文共计152篇。其中,探讨马克思与恩格斯著作及研究的论文最多(73篇),其次是探讨列宁与斯大林著作及研究的论文(57篇),再次是研究毛泽东著作的论文(49篇)。另有介绍马克思与恩格斯生平的论文15篇,介绍列宁与斯大林生平的论文36篇(以列宁为主),介绍毛泽东生平的论文9篇,

① 贺麟曾深刻地分析过马克思主义思潮在青年中兴起的原因,他说:"因为当时青年情志上需要一个信仰,以为精神的归宿,行为的指针。辩证唯物论便恰好提供了一个主义的信仰,不能从实用主义那里得到。不但这样,这新思潮既有实际的方案,又有俄国十月革命成功为其模范,国内又有严密坚固的政治组织,凡此都是不能从实用主义那里得到的。在理论方面,辩证唯物论也自成体系,有一整套的公式,以使人就范。同时辩证唯物论又有科学的基础,此即十九世纪最发达的历史科学、经济学和社会学。足见辩证唯物论之吸引青年绝不是偶然的。"参见贺麟:《五十年来的中国哲学》,辽宁教育出版社,1989年,第67—68页。

探讨马克思列宁主义的论文22篇。

据不完全统计，从二十世纪初到1949年，我国翻译出版的马克思主义哲学专著有40多种[①]，主要的基本理论著作都已经有了中译本。二十世纪初的马克思主义哲学译著有：

[德]马克思、[德]恩格斯：《共产党宣言》，陈望道译，上海社会主义研究社，1920年。

[德]恩格斯：《科学的社会主义》（即《社会主义从空想到科学的发展》第3节），郑次川译，群益书社、伊文思图书公司，1920年。

[德]马克思：《工钱劳动与资本》（即《雇佣劳动与资本》），袁让译，广州人民出版社，1921年。

[德]马克思：《价值价格与利润》（即《工资、价格和利润》），李季译，商务印书馆，1922年。

[德]马克思：《哥达纲领批判》，李春蕃译，解放丛书社，1925年。

作为标志性的马克思主义著作，《共产党宣言》受到极大关注并首先得到翻译。早在二十世纪初的报纸期刊上，《共产党宣言》等马克思主义经典著作的节译和摘译就已经崭露头角，但都不够准确和完整。1919年的五四运动爆发后，在日本留学四年攻读法科的陈望道回国后，积极投入到了新文化运动的浪潮之中。他受邀到杭州第一师范学校担任语文教员，对国文教育进行大胆的改革，后因指导学生创办的进步杂志《浙江新潮》发表了触怒当局的文章而被省教育局以“非孝、废孔”的罪名撤职查办。这场风波使陈望道对新文化运动和社会制度有了更深刻的反省和认识，他认为不能简单地以新旧来判别是非，“单讲‘新’是不够的，应该学习从制度上看问题”[②]。早在日本留学时，陈望道就已经接触到了马克思主义，所以马克思主义自然就成为了他“更高的判别准绳”。1920年春，陈望道根据戴季陶提供的日译本《共

① 同一篇文章即使有不同译文也仍计为一种。

② 陈望道：《党成立时期的一些情况》，《党史资料》，1980年第1辑。

产党宣言》和陈独秀通过李大钊从北京大学图书馆借出的英译本《共产党宣言》，对照翻译出了全译本的《共产党宣言》。这本书对整整一代人产生了极其深远的影响。

1921 年 7 月，中国共产党在上海正式成立。从此，对马克思主义哲学著作的翻译和传播走向了系统化和组织化。特别是在 1927 年国共统一战线破裂后，中国共产党转入地下斗争。中国共产党深刻反省失败的原因，认为之前在文化政策上对理论轻视了。于是，中国共产党在上海开展了一系列的文化建设和宣传活动，建立并领导了一大批进步书店和出版社，组织党内知识分子和社会进步人士翻译马克思主义哲学著作。中国共产党的实践使得马克思主义哲学著作的翻译在这一时期达到了一个高潮，数量和规模都大大超过之前。这一时期，上海成为研究和传播马克思主义哲学的中心，许多重要的马克思主义哲学著作相继出版，有的著作还出版了好几种译本，主要包括：

[德]马克思、[苏联]列宁：《马克思与列宁之农业政策》，刘书宝编译，太平洋书店，1928 年。

[德]恩格斯：《社会主义的发展》，朱镜我译，创造社出版部，1928 年。

[德]恩格斯：《农民问题》，陆一远译，远东图书公司，1928 年。

[德]恩格斯：《社会主义发展史纲》，黄思越译，泰东图书局，1928 年。

[德]恩格斯：《马克斯主义的人种由来说》，陆一远译，春潮书局，1928 年。

[德]马克思：《工资、价格及利润》(即《工资、价格和利润》)，朱应祺译，泰东图书局，1929 年。

[德]马克思：《工资劳动与资本》(即《雇佣劳动与资本》)，朱应祺、朱应会译，泰东图书局，1929 年。

[德]马克思等：《马克思主义的民族革命论》，佚名译，新青年出版社，1929 年。

[德]恩格斯：《家族、私有财产及国家之起源》，李膺扬译，新

生命书局,1929年。

[德]马克思:《哲学之贫困》,杜竹君译,水沫书店,1929年。

[德]恩格斯:《宗教·哲学·社会主义》,林超真译,沪滨书局,1929年。

[德]马克思等:《社会进化的铁则》,千香译,启智书局,1929年。

[德]恩格斯:《费尔巴哈论》,彭嘉生译,南强书局,1929年。

[德]马克思:《马克思论文选译》,李一氓译,上海社会科学研究会,1930年。

[德]马克思:《资本论》(第一卷第一分册),陈启修译,昆仑书店,1930年。

[德]马克思:《经济学批判》,佚名译,乐群书店,1930年。

[德]马克思、[德]恩格斯等:《辩证法经典》,程始仁编译,亚东图书局,1930年。

[德]恩格斯:《费尔巴哈与古典哲学底终末》,向省吾译,江南书店,1930年。

[德]马克思、[德]恩格斯:《马克思、恩格斯关于唯物论的片段》,江南书店,1930年。

[德]恩格斯:《马克斯国家发展过程》,朱应祺、朱应会译,泰东图书局,1930年。

[德]马克思:《拿破仑第三政变记》,陈仲涛译,南强书店,1930年。

[德]恩格斯:《革命与反革命》,刘镜圆译,新生命书局,1930年。

[德]马克思:《自由贸易问题》,邹忠隐译,上海联合书店,1930年。

[德]恩格斯:《从猿到人》,成嵩译,泰东图书局,1930年。

[德]恩格斯:《反杜林论》,吴黎萍译,江南书店,1930年。

[德]恩格斯:《反杜林论》,钱铁如译,昆仑书店,1930年。

[德]马克思、[德]恩格斯:《宣言》,华岗译,上海中外社会科学研究社,1930 年。

[德]马克思:《政治经济学批判》,郭沫若译,神州国光社,1931 年。

[德]恩格斯:《费尔巴哈论》,杨东莼、宁敦伍译,昆仑书店,1932 年。

[德]马克思:《哲学之贫乏》,许德珩译,东亚书局,1932 年。

[德]马克思:《资本论》(第一卷第二分册),潘东舟译,东亚书局,1932 年。

[德]恩格斯:《自然辩证法》,杜畏之译,神州国光社,1932 年。

[德]马克思:《资本论》(第一卷上册),王慎明、侯外庐译,北京国际学社,1932 年。

[德]恩格斯:《德国农民战争》,钱亦石译,神州国光社,1932 年。

[德]马克思:《资本论》(第一卷第三分册),潘东舟译,东亚书局,1933 年。

[德]马克思:《资本论》(第一卷第一分册),吴半农译,商务印书馆,1934 年。

[德]马克思:《黑格尔哲学批判》,柳若水译,辛垦书店,1935 年。

[德]马克思:《资本论》(第一卷中册),玉枢、右铭译,世界名著译社,1935 年。

[德]马克思:《资本论》(第一卷下册),右铭、玉枢译,世界名著译社,1935 年。

[德]恩格斯:《作家论》,陈北欧译,东京质文社,1937 年。

[德]恩格斯:《费尔巴哈论》,张仲实译,生活书店,1937 年。

这一时期,许多译著都是由中国共产党党内的文化工作领导者所完成的。例如,最早翻译马克思的《哥达纲领批判》《哲学之贫困》等作品的李一氓就是在上海从事党的一部分文化领导工作,翻译《反杜林论》的吴黎平曾在中央宣传部工作并负责中央文委的领导工作，翻译《家庭私有制和国家的起源》的杨贤江（即李膺扬）也参加了党领导的中央文委的工作。可以说，中国共产党对马克思主义哲学翻译的推动和促进，是这些著作得以面世的一个重要原因。然而，更重要的原因在于，马克思主义哲学通过早前的传播，已经与中国革命产生紧密的联系。面对革命的低潮，有识之士都希望能够通过传播马克思主义来助推革命的发展。

1937年，日本对上海大举进攻。上海沦陷之后，大批翻译研究马克思主义哲学的知识分子逐渐由上海转往作为陕北抗日根据地中心的延安。1938年，毛泽东在《中国共产党在民族战争中的地位》一文中向全党提出“普遍地深入地研究马克思列宁主义的理论的任务”。在这种思想的引导下，根据地掀起了翻译和研究马克思主义哲学著作的热潮。1938年5月，延安成立马列学院，下设专门的编译部，专门负责马列主义著作的编辑和翻译工作。这一时期出版的马克思主义哲学译著主要有：

[德]马克思、[德]恩格斯：《马克思恩格思论中国》，方乃宜译，武汉中国出版社，1938年。

[德]恩格斯：《社会主义从空想到科学的发展》，吴黎平译，解放社，1938年。

[德]马克思、[德]恩格斯：《共产党宣言》，成仿吾、徐冰译，解放社，1938年。

[德]马克思：《资本论》（第一、二、三卷），郭大力、王亚南译，读书生活出版社，1938年。

[德]马克思、[德]恩格斯：《德意志意识形态》，郭沫若译，亚东图书局，1938年。

[德]马克思：《法兰西内战》，吴黎平、刘云译，解放社，1938年。

[德]马克思：《论犹太人问题》，郭和译，亚东图书局，1939年。

[德]马克思、[德]恩格斯：《政治经济学论丛》，王学文等译，

解放社,1939年。

[德]恩格斯:《德国的革命与反革命》,王石巍等译,解放社,1939年。

[德]马克思:《资本论通信集》,郭大力译,读书生活出版社,1939年。

[德]马克思:《法兰西内战》,郭和译,海潮社,1939年。

[德]马克思、[德]恩格斯:《马恩通信选集》,柯柏年等译,解放社,1939年。

[德]恩格斯:《资本论提纲》,何锡麟译,解放社,1939年。

[德]马克思:《哥达纲领批判》,何思敬译,解放社,1939年。

[德]恩格斯:《恩格斯军事论文选集》,焦敏之译,八路军军政杂志社,1939年。

[德]马克思等:《马克思恩格斯列宁论艺术》,曹葆华、天蓝译,鲁迅艺术文学院,1940年。

[德]马克思、[德]恩格斯等:《卡尔·马克思——人、思想家、革命家》,何封等译,读书生活出版社,1940年。

[德]马克思:《拿破仑第三政变记》,柯柏年译,解放社,1940年。

[德]恩格斯:《家族私有财产及国家的起源》,张仲实译,学术出版社,1941年。

[德]恩格斯:《1870—1871普法战争》,曹汀译,八路军军政杂志社,1941年。

[德]马克思:《法兰西阶级斗争》,柯柏年译,解放社,1942年。

[德]马克思、[德]恩格斯:《共产党宣言》,博古译,解放社,1943年。

[德]恩格斯:《社会主义从空想到科学的发展》,博古译,解放社,1943年。

[德]马克思:《马克思致顾格曼的信》,林超真译,亚东图书局,1947年。

[德]马克思:《致顾格曼博士书信集》,天蓝译,东北书店牡丹江分店,1948 年。

[德]恩格斯:《从猿到人》,于光远、曹葆华译,解放社,1948 年。

[德]恩格斯等:《卡尔·马克思》,何封等译,苏南新华书店,1949 年。

[德]恩格斯:《共产主义原理》,林若译,民间出版社,1949 年。

[德]马克思:《哲学底贫困》,何思敬译,解放社,1949 年。

由于条件方面的种种限制,延安几乎没有任何马克思主义哲学的新译本出版,只有何思敬完成了《哲学底贫困》一书的翻译工作。这一时期,更多的努力是对许多之前的译本进行了重译和修订,使译文更加准确。

此时,沦陷的上海却诞生了中国第一个《资本论》全译本。1928 年,郭大力在开始翻译《资本论》时,才刚从上海大夏大学毕业不久,他回顾说:“我译这本书,并不是因为我已经很理解它,也不是因为我已经有了翻译的能力。一九二八年,国民党全面背叛了革命,红色政权已在江西建立。当时我只觉得一点:有革命的需要。”1938 年,在共产党的支持和帮助下,郭大力、王亚南合译的《资本论》全译本由共产党所领导的读书生活出版社出版,这是《资本论》的第一个中文全译本。在此之前,国内虽然也出版了几种版本,但都是不完整的。由于译文的完整、准确和严谨,在中央编译局成立以前的三十年里,郭大力、王亚南合译的《资本论》是唯一的一部全译本,对中国革命产生了极大的影响。

不难看出,中华人民共和国成立前,对马克思主义哲学的翻译和研究工作是全面而且深入的。马克思主义哲学的主要经典著作,如《共产党宣言》《资本论》《德意志意识形态》《关于费尔巴哈的提纲》《哥达纲领批判》等,基本都有全译本问世。对马克思和恩格斯著作的翻译,在数量方面几乎相当,列宁与斯大林的著作也有涉及。1949 年以前翻译出版的马克思主义哲学著作不仅对传播革命理论、启迪人民思想起到了重要作用，而且为中华人民共和国成立后的马克思主义哲学翻译研究奠定了良好的基础。

（二）中华人民共和国成立后对马克思主义哲学的系统翻译整理

中华人民共和国成立以后，对马克思主义哲学著作的翻译研究呈现出一个完全崭新的局面。据《全国总书目》的资料，1949年至1955年，马克思主义哲学的翻译著作占整个哲学翻译著作的74%，可以说占据了完全主导的地位。这一阶段，针对马克思主义哲学的研究性论文共有1 135篇。其中，有关马克思主义哲学整体性研究的论文50篇，有关马克思、恩格斯学说研究的论文266篇，有关列宁研究的论文189篇，有关斯大林研究的论文53篇，有关毛泽东研究的论文215篇。与中华人民共和国成立前相比，论文在总体数量上有了很大的增长，对列宁和毛泽东的马克思主义哲学研究有了长足的发展。

1950年12月，人民出版社成立，它的主要任务之一就是出版马列著作。1953年1月，中共中央成立马克思、恩格斯、列宁、斯大林著作编译局，自此马克思主义哲学的全部著作开始有系统、有计划地翻译出版。中央编译局和人民出版社从1953年开始翻译并出版《斯大林全集》共11卷，1955年开始翻译出版《列宁全集》共39卷，1956年开始出版《马克思恩格斯全集》共50卷。《马克思恩格斯全集》依照苏联的俄文第二版进行翻译，共收入马克思和恩格斯作品一千五百多篇，书信四千多封，经过十八年才全部出齐。中央编译局和人民出版社于1960年又开始出版《列宁选集》共4卷，1961年出版《马克思恩格斯文选》共2卷。这些著作的系统出版，是对二十世纪以来马克思主义哲学翻译的一个大总结，为深入研究和宣传马克思主义哲学创造了条件。

除此之外，也有一些新译的马克思主义哲学单行本面世，主要包括：

[德]马克思：《黑格尔法律哲学批判导言》，费青译，人民出版

社,1955 年。

[德]马克思:《黑格尔辩证法和哲学的一般批判》,贺麟译,人民出版社,1955 年。

[德]马克思:《德谟克利特的自然哲学和伊壁鸠鲁的自然哲学的差别》(马克思博士论文),贺麟译,人民出版社,1961 年。

[德]马克思:《经济学—哲学手稿》,何思敬译,人民出版社,1956 年。

[德]马克思:《1844 年经济学哲学手稿》,刘丕坤译,人民出版社,1979 年。

值得注意的是,《1844 年经济学哲学手稿》是马克思早期一部未完成的著作,包含丰富而深刻的哲学思想,早在 1932 年第一次以德文原文发表时就引起西方学术界的广泛关注,进而导致了西方马克思研究的转向,但我国却一直到二十世纪五十年代才对它有所关注。最早翻译这本著作的是贺麟,他独具慧眼地看到手稿中的哲学部分具有相对独立性。1954 年 11 月,贺麟将手稿最后一章以《黑格尔辩证法和哲学的批判》为题翻译发表在《新建设》1954 年 11 月版上。一年后,人民出版社出版了贺麟翻译的《黑格尔辩证法和哲学的一般批判》,内容包括了手稿的序言和最后一章。与此同时,何思敬也将手稿的部分内容以《疏远化了的劳动》为题翻译出版在《新建设》1955 年 11 期上。1956 年 9 月,《1844 年经济学哲学手稿》的全译本终于由人民出版社出版,书名为《经济学—哲学手稿》,由何思敬译,宗白华校。1979 年 6 月,刘丕重译了手稿,并以《1844 年经济学—哲学手稿》为名,由人民出版社出版。直到二十世纪八十年代以后,我国才真正展开对这一文本的关注和研究。

总之,中华人民共和国成立后,由于马克思主义哲学作为意识形态占据了理论研究的主导地位,因此对它的翻译和研究是系统的、全面的、主流的。这个时期,马克思主义哲学著作都有了中文译本,许多重要著作还被译成了多种民族文字。与之相比,西方哲学的翻译和研究呈现出在夹缝中艰难生存的样态。

第二节　中华人民共和国成立初期西方哲学的翻译和研究

中华人民共和国成立后，基于“一边倒”的外交政策，有关西方哲学的对外学术交流基本上完全停止了。随着社会主义制度的建立，马克思主义哲学逐渐巩固了其主流意识形态地位，西方哲学的翻译研究工作必须在马克思主义的指导下进行。由于受到苏联在西方哲学方面的“教条主义”和国内“左倾”政治路线的影响，西方哲学被扣上了“资产阶级唯心论”“帝国主义反动学说”等帽子，大部分西方哲学著作受到猛烈的政治批判，西方哲学的翻译研究工作只能在曲折中缓慢前进。

一、西方哲学翻译的学术环境

中华人民共和国成立后，西方哲学的翻译与之前相比出现很大变化。

1938年9月，斯大林的《辩证唯物主义和历史唯物主义》一文发表，这标志着现行马克思主义哲学体系的正式形成，该文之后被当成绝对真理广泛转载和传播。1947年6月，苏共中央主管意识形态的政治局委员、中央书记日丹诺夫（Андре́й Алекса́ндрович Жда́нов，1896—1948年）在关于亚历山大著《西欧哲学史》一书的讨论会上，严厉地批判了亚历山大无视哲学“党性”的自由化倾向，将哲学史定义为唯物主义和唯心主义斗争的历史，要求哲学研究必须以辩证唯物主义和历史唯物主义的当代成就为基础，必须与当前的政治任务直接联系，以便说明这些任务。[①]在这篇讲话中，日丹诺夫还特别强调，对于那些“早已击溃和早已埋葬了的哲学观点和哲学思想用不着多去注意

① 参见张亮：《政治的逻辑与哲学史——重读日丹诺夫1947年6月24日的讲话》，《学术界》，2006年第3期。

它；反之，对于那些为马克思主义敌人所利用而风行一时的、哪怕是显然反动的哲学体系和哲学思想都应当特别尖锐地加以批评”。①1948年，李立三将日丹诺夫的这篇讲话翻译为中文出版。中华人民共和国成立后，这篇讲话和《联共（布）党史简明教程》都是知识分子（包括哲学家）思想改造的必读书目。日丹诺夫的讲话片面地强调哲学为政治服务，号召对以西方哲学为核心的西方意识形态进行“无情的批判和斗争”，这不仅损害了苏联的哲学研究，而且对中国的西方哲学翻译研究事业产生了极其恶劣的影响。

受到苏联的影响，中共中央发出《关于在干部和知识分子中宣传唯物主义思想批判资产阶级思想的讲演的通知》和《关于宣传唯物主义思想批判资产阶级唯心主义思想的批示》两个重要文件，西方哲学被视为“资产阶级唯心主义的哲学”和“帝国主义反动势力的哲学”而受到了大量批判，这种政治化的学术环境使得西方哲学的翻译研究工作遭遇重创。据《全国总书目》的统计，二十世纪五十年代前期，马克思主义哲学的译著有405种，而西方哲学的译著只有141种，其中包括俄文的哲学译著（除马克思主义哲学外）126种，英文等语种的哲学译著仅有15种。可见，当时马克思主义哲学著作的翻译确实占据着主导地位。

1956年，在“补课论”的影响下，人民出版社主持拟定了《外国名著选译20年规划总目录》，决定加大对西方哲学的翻译力度，尤其是作为马克思主义哲学的三个理论来源的德国古典哲学、英国古典政治经济学和法国空想社会主义。在规划的指导下，西方哲学的翻译研究工作恢复了短暂的繁荣，共翻译西方哲学原著129种。

二、古希腊哲学的翻译

古希腊哲学曾在二十世纪三四十年代“强势登陆”中国，而在中华

① ［苏联］日丹诺夫：《在关于亚历山大洛夫著〈西欧哲学史〉一书讨论会上的发言》，李立三译，人民出版社，1954年，第29—30页。

人民共和国成立后,古希腊哲学家著作的译介工作弱化了很多。1952年,为了把民国时代的现代高等院校系统改造成"苏联模式"的高等教育体系,中央人民政府大规模地调整了全国高等学校的院系设置,将全国各大学原有的哲学系集中到北京大学,并成立外国哲学史教研室,第一任主任是洪谦,成员有郑昕、贺麟、任华、宗白华、齐良骥、苗力田、陈修斋、张世英、王太庆、杨祖陶。当时,外国哲学史教研室的主要工作是西方哲学经典著作的翻译。在洪谦先生的主持下,北京大学外国哲学史教研室编译出版了一整套《西方古典哲学原著选辑》,分为六卷,即《古希腊罗马哲学》《欧洲中世纪与文艺复兴时代哲学》《十六世纪至十八世纪西欧各国哲学》《十八世纪法国哲学》《十八世纪末十九世纪初德国哲学》《十九世纪俄国革命民主主义者的哲学》。其中,《古希腊罗马哲学》于1957年由生活·读书·新知三联书店出版。《古希腊罗马哲学》一书选录了许多古希腊罗马哲学重要派别的原著,特别是米利都学派(Miletus,公元前624—公元前527年)、阿那克萨戈拉(anaksagoras,约公元前460—公元前410年)、恩培多克勒(Empedocles,公元前490—公元前430年)、卢克莱修(Titus Lucretius Carus,约公元前99—公元前55年)等的译著,填补了之前的空白。该书对亚里士多德(Aristotélēs,公元前384—公元前322年)的著作和柏拉图(Plato,约公元前427—公元前347年)对话中的许多重要论点与篇章也有摘译。这本书一度成为那个年代的大学生以中文接触原著的主要窗口。这一时期,新出版的古希腊哲学译著有:

[古希腊]柏拉图:《泰阿泰德 智术之师》,严群译,商务印书馆,1963年。

[古希腊]柏拉图:《柏拉图文艺对话集》,朱光潜,人民文学出版社,1963年。

[古希腊]亚里士多德:《形而上学》,吴寿彭译,商务印书馆,1959年。

[古希腊]亚里士多德:《政治学》,吴寿彭译,商务印书馆,1965年。

[古希腊]亚里士多德:《范畴篇解释篇》,方书春译,商务印书馆,1959 年。

[古希腊]亚里士多德:《雅典政制》,日知、力野译,商务印书馆,1959 年。

[古罗马]卢克莱修:《物性论》,方书春译,商务印书馆,1959 年。

[古罗马]奥古斯丁:《忏悔录》,周士良译,商务印书馆,1963 年。

这一时期,对古希腊哲学原著的翻译主要还是集中在柏拉图和亚里士多德身上。柏拉图的著作仅有两种新译,一是朱光潜的《柏拉图文艺对话集》,主要包括《伊安篇》、《理想国》第 2—3 卷和第 10 卷,以及《斐德若篇》《大希庇阿斯篇》《会饮篇》《斐利布斯篇》和《法律篇》中与文艺有关的章节。译文的最后附有题解和译后记,对每篇对话中的美学思想进行梳理。朱光潜认为,柏拉图的哲学思想对西方产生的影响是深远的,“过去进步的人类,曾不断地发见柏拉图的美学思想中有足资借鉴的地方”①。另一部柏拉图译著就是严群的《泰阿泰德 智术之师》。严群乃严复后裔,师从张东荪,对古希腊哲学——尤其是柏拉图——的兴趣由来已久,他认为柏拉图的哲学“集希腊以往学说之大成”②,开西方哲学之先河,尤其注意研究“柏氏思想的来源,及其对于西洋文明的影响与贡献”③。1935 年,严群获洛克菲勒基金会奖学金,赴美国哥伦比亚大学研究院和耶鲁大学研究院深造,学习古希腊文和拉丁文、梵文等多种文字。在此期间,他先后翻译了柏拉图的著作二十余部,并萌发了从古希腊文翻译著作的想法。严群认为,只有从古希腊文直接翻译,才能更准确地把握柏拉图思想的精髓。归国后,由于战乱,严群的学术研究处于低潮,但是他“平生素抱尽译柏氏全书之

---

① [古希腊]柏拉图:《柏拉图文艺对话集》,朱光潜译,人民文学出版社,1963 年,第 363 页。
② 严群编著:《柏拉图》,世界书局,1934 年,第 31 页。
③ 同上,第 2 页。

志”①。1962年，在贺麟的推动下，严群重新译校润色搁置多年的柏拉图著作旧稿，并于1963年由商务印书馆出版了《泰阿泰德 智术之师》，这是柏拉图中后期哲学思想的两篇重要对话录《泰阿泰德篇》和《智术之师》（今译《智者篇》）的译本。前一篇讨论认识论与知识论问题，后一篇则是对本体论问题的讨论，提出了“通种论”思想。严群用的是较简明的文言体，译文以娄卜经典丛书《柏拉图文集》的希腊原文为基准，并参考各种权威的英文译本，还将周厄提（B. Jowett）英译版《柏拉图对话集》中的分析转译为“提要”，置于每篇之前。严群的译著学术严谨，文字优美，耐人寻味。

亚里士多德的《政治学》在这时已经出现了第二个译本，《工具论》中的《范畴篇》和《解释篇》及《雅典政制》也首次得到翻译出版。更为重要的是，亚里士多德的《形而上学》终于开始受到中国学者的重视。亚里士多德的《形而上学》是西方哲学的奠基性经典著作，它全面、深入、详尽地探讨了哲学中的各种根本性问题。1959年，吴寿彭翻译出版了亚里士多德《形而上学》。吴寿彭指出，亚里士多德哲学在西方千年传承如“荒谷遗珍”，“其中蕴蓄有珍重的创意、深严的批判与‘理智的乾光’……亚氏许多名词、术语、观念已深入到西方各门学术与人生和宇宙思想之中……亚氏崇尚理想而又切务实物，这种精神原可能对中国传统文化早作一番针砭。明清间人倘读得这些书籍，这比我们现代中国人应更有实益”。②可见，亚里士多德哲学在西方哲学史上的重要性此时已经为中国的学者所初步认识并肯定。在本书的译后记中，吴寿彭还对亚里士多德著作中涉及的古希腊其他哲学流派的思想和著作进行了简单的介绍和梳理。

三、近代西方哲学的翻译

相比二十世纪三四十年代，中国学者对十六世纪至十八世纪的大

① ［古希腊］柏拉图：《泰阿泰德 智术之师》，严群译，商务印书馆，1963年，第iii页。

② ［古希腊］亚里士多德：《形而上学》，吴寿彭译，商务印书馆，1959年，第363—366页。

陆唯理论和英国经验论哲学的翻译明显减少了。这一时期的大陆唯理论哲学家的译著只有三种：

[荷]斯宾诺莎:《伦理学》,贺麟译,商务印书馆,1958年。

[荷]斯宾诺莎:《知性改进论:并论最足以指导人达到对事物的真知识的途径》,贺麟译,商务印书馆,1960年。

[荷]斯宾诺莎:《神学政治论》,温锡增译,商务印书馆,1963年。

这个时期,只有斯宾诺莎(Baruch de Spinoza, 1632—1677年)的三本著作得到了翻译,且贺麟的《知性改进论》还只是对《致知篇》一书的修订,可见西方哲学翻译工作的举步维艰。值得一提的是贺麟对斯宾诺莎哲学的译介工作。在二十世纪六十年代之前,贺麟至少写过三篇关于斯宾诺莎的论文:第一篇是二十世纪二十年代在美国留学期间写的《斯宾诺莎哲学的宗教方面》;第二篇是二十世纪四十年代写的用作译著《致知篇》导言的《斯宾诺莎的生平及其学说大旨》;第三篇是1957年为纪念斯宾诺莎逝世二百八十周年发表在《哲学研究》第1期上的《斯宾诺莎哲学简述》。1958年,商务印书馆出版了贺麟重译的《伦理学》一书,伍建光于1933年曾翻译过这本书。1960年,贺麟又重新修订出版了斯宾诺莎的《知性改进论》一书,可见他对斯宾诺莎著作的重视和关注。斯宾诺莎对贺麟的吸引是多方面的,贺麟一生追求思想自由与学术自由,在他看来,“斯宾诺莎的哲学工作是始终与争取思想自由和政治民主的斗争密切联系着的”①,这亦是贺麟翻译斯宾诺莎著作的原因之一。从历史背景来看,当时的中国大地上正发生着一系列争取政治自由的民主斗争,中国共产党对国民党政府“一党治国”“统制思想、钳制言论”的专制政策进行了持续的批判。这种追求民主、自由的时代精神与斯宾诺莎哲学的契合,是中国知识分子关注斯宾诺莎的深刻原因。

与大陆唯理论哲学家的命运相似,这一时期的英国经验论哲学家

① 贺麟:《斯宾诺莎哲学简述》,载《哲学与哲学史论文集》,商务印书馆,1990年,第634页。

的译著也屈指可数：

[英]培根：《培根论说文集》，水天同译，商务印书馆，1950年。

[英]培根：《新大西岛》，何新译，商务印书馆，1959年。

[英]休谟：《自然宗教对话录》，陈修斋、曹棉之译，商务印书馆，1962年。

水天同的《培根论说文集》译稿完成于1939年，至1950年始刊行。[①]总体上看，这一阶段对英国经验论哲学家的译介是很少的，可以说与二十世纪三四十年代的热烈景象形成鲜明反差。《新大西岛》是培根(Francis Bacon，1561—1626年)的最后一部著作，它的体裁更接近于小说而不是哲学著作。该书描写了太平洋一个虚构岛屿上的乌托邦国家，在这个国家里，科学主宰一切，此即培根毕生所倡导的"科学的伟大复兴"。1938年，关其桐(即关文运)曾翻译该书，当时是附在《崇学论》一书后由商务印书馆出版，这个版本文笔清新流畅，翻译水准较高。中华人民共和国建立后，培根被视为近代英国唯物主义的始祖，《新大西岛》也被看成早期的乌托邦作品而占有特殊的地位。由于该书对"研究社会主义思想的发展和科学共产主义理论有重要的参考价值"[②]，因此其于1959年得到了重译并单行出版。

实际上，真正具有学术性的哲学译著只有陈修斋与曹棉之翻译的休谟(David Hume，1711—1776年)之《自然宗教对话录》。《自然宗教对话录》是休谟晚年的重要代表性著作，完成后被搁置了丨五年，直到休谟死后才得以出版。全书共十二篇，以对话体的模式对当时流行的宗教论证——宇宙设计论进行了深入而彻底的批判。宇宙设计论在十八世纪被普遍认为是对宗教的充分和权威论证，"设计论者根据类比的规律肯定上帝的存在，认为自然作品既然与人工作品相似，那么创造自然作品的因，一定便和创造人工作品的因(就是人)相似，因此就证明了一个和人的理智相似的上帝的存在"。[③]休谟从后天论证

① 参见[英]培根：《培根论说文集》，水天同译，商务印书馆，1983年，第1页。

② [英]培根：《新大西岛》，何新译，商务印书馆，1959年，前言。

③ [英]休谟：《自然宗教对话录》，陈修斋、曹棉之译，商务印书馆，1962年，第6页。

(经验)、先天论证、道德论证等方面对宇宙设计论进行了驳斥。在休谟看来,将上帝视为"必然的存在"来证明其存在的先天论证是荒谬和没有意义的,因为"我们设想其为存在的事物,也就能够设想其为不存在的。所以'存在'的不存在并不蕴涵矛盾……用先天论证来证明上帝的不存在是不可能的"①。休谟反对只是将宗教作为知识和经验对象来看待,他对宗教的批判并非是无神论,而是其不可知论的贯彻。这一点深深地影响了其身后的一大批哲学家,将康德从"独断的迷梦中惊醒",对近代思潮影响很大。中国学者早在二十世纪二十年代就给予休谟很高的评价和很大的关注。1928 年,为纪念成立一周年,《哲学研究》决定出版一期纪念专号(第二卷第 1 号),当时的中国学者将专号的主人公选择为休谟。专号刊载了 7 篇翻译研究休谟的论文,从金岳霖的《休谟知识论的批评》到瞿菊农翻译的《赫胥黎论休谟哲学》,可谓蔚为壮观。其中,张东荪所写的《休谟哲学与近代思潮》一文指出,"哲学评论第一提出休谟来或许即有见于此,认为哲学的入门当以拨开常识为着手。……所以不能不提出休谟示中国人于初学西洋哲学以正当门径"。②张东荪认为,哲学不过是一种追根问底的精神,而在精神中,有建设的也有破坏的,康德属于前者,休谟属于后者。"虽一建设一破坏,在哲学潮流的全体上是始终相待相成与相辅相合,而不可分散的,然而就这种追根究底的精神来看,却是破坏方面比较表现得更明显些。所以为示例的便利计,先拿休谟比拿康德来得好些。"③可见,当时的中国知识分子对认识论投注了相当大的热情,将科学和知识视为中国现代化最迫切的需求。与此同时,对西方哲学的学理性研究也开始加强,中国学者更加注重学说自身的学术价值和精神价值。陈斋修与曹棉之翻译的《自然宗教对话录》也是对此的遥远回应。

中华人民共和国成立后,法国机械唯物主义思想仍然受到重视,

---

① [英]休谟:《自然宗教对话录》,陈修斋、曹棉之译,商务印书馆,1962 年,第 7 页。

②③ 张东荪:《休谟哲学与近代思潮》,《哲学评论》,1928 年第二卷第 1 号。

这与其无神论和唯物主义及社会主义立场密切相关。这个时期，得到翻译的哲学家著作有：

[法]拉梅特里：《人是机器》，顾寿观译，生活·读书·新知三联书店，1956年。

[法]狄德罗：《狄德罗哲学选集》，陈修斋、江天骥、王太庆等译，生活·读书·新知三联书店，1957年。

[法]霍尔巴赫：《自然的体系》(上册)，管士滨译，商务印书馆，1964年。

[法]霍尔巴赫：《健全的思想》，王荫庭译，商务印书馆，1966年。

作为一个地位不高的学术流派，法国机械唯物主义却得到了较多的翻译，这与其无神论和唯物主义立场密切相关。作为十八世纪的法国机械唯物主义之早期重要代表性著作，拉梅特里(Julien Offroy De La Mettrie，1709—1751年)的《人是机器》再次由顾寿观重新翻译出一个新的版本。在这本书里，拉梅特里对“精神对物质的依赖关系”进行了论证，公开表明了其唯物主义和无神论的立场，驳斥了心灵为独立的精神实体之唯心主义观点。拉梅特里的唯物主义被德国男爵霍尔巴赫(Henri Holbach，1723—1789年)在他的《自然体系》中发展为广博的形而上学体系。他认为一切事物，包括人的意志，都是必然规律的产物，物质和运动可以解释一切而不必假借其他概念，灵魂和上帝都是不存在的，思维也不过是脑髓的机能，唯有物质不灭。《自然体系》是法国机械唯物主义最重要、最有系统的著作，被誉为十八世纪“唯物主义的圣经”，因此霍尔巴赫的著作也成为译介的重点。总之，由于法国机械唯物主义被视为马克思主义以前的唯物主义哲学之高峰和法国革命之理论旗帜，因此对其开展的翻译和研究工作是充分的、一如既往的。

作为近代西方哲学的最高潮，德国古典哲学在中华人民共和国成立前就受到中国人的热捧，并且在中华人民共和国成立后仍然是近代西方哲学译介工作的重中之重。这个时期，得到翻译的德国古典哲学家的著作有：

[德]黑格尔：《小逻辑》，贺麟译，生活·读书·新知三联书店，1950年。

[德]黑格尔：《精神现象学》(上)，贺麟、王玖兴译，商务印书馆，1962年。

[德]黑格尔：《逻辑学》(上)，杨一之译，商务印书馆，1966年。

[德]黑格尔：《法哲学原理》，范扬、张企泰译，商务印书馆，1961年。

[德]黑格尔：《历史哲学》，王造时译，生活·读书·新知三联书店，1956年。

[德]黑格尔：《哲学史讲演录》(第一、二卷)，贺麟、王太庆译，生活·读书·新知三联书店，1956年。

[德]黑格尔：《哲学史讲演录》(三卷)，贺麟、王太庆译，商务印书馆，1959年。

[德]黑格尔：《美学》(第一卷)，朱光潜译，人民文学出版社，1958年。

[德]黑格尔：《康德哲学论述》，贺麟译，商务印书馆，1962年。

[德]费尔巴哈：《未来哲学原理》，洪谦译，生活·读书·新知三联书店，1955年。

[德]费尔巴哈：《宗教的本质》，王太庆译，生活·读书·新知三联书店，1953年。

[德]费尔巴哈：《费尔巴哈哲学著作选集》(上下卷)，王荫庭等译，生活·读书·新知三联书店，1959年。

[德]康德：《纯粹理性批判》，蓝公武译，生活·读书·新知三联书店，1957年。

[德]康德：《实践理性批判》，关文运译，商务印书馆，1960年。

[德]康德：《判断力批判》，宗白华、韦卓民译，商务印书馆，1964年。

[德]康德：《道德形而上学探本》，唐钺译，商务印书馆，

1957年。

[德]康德:《康德哲学著作选读》,韦卓民译,商务印书馆,1963年。

可以看到,除了费希特(Johann Gottlieb Fichte, 1762—1814年)和谢林(Friedrich Wilhelm Joseph von Schelling, 1775—1854年)外,德国古典哲学的三位巨匠之著作都得到了翻译,其中最受重视的无疑是黑格尔(Georg Wilhelm Friedrich Hegel, 1770—1831年)。十九世纪的德国古典哲学——尤其是黑格尔哲学体系中的辩证法和费尔巴哈的唯物主义——被视为马克思主义的三大思想来源之一[①],这在一定程度上保护了对德国古典哲学的翻译和研究工作,但发挥更重要作用的是中国学者在艰苦环境下的不懈努力。对黑格尔哲学原著的翻译,除了王造时所译的《历史哲学》一书为1936年版的修订版外,其他均为新译,其中将近一半的著作为贺麟直接翻译或参与翻译,包括《小逻辑》、《精神现象学》(上)、《哲学史讲演录》(三卷)和《康德哲学论述》。早在二十世纪三十年代,贺麟就开始了对黑格尔著作和思想的译介工作,他之所以研究黑格尔哲学,不仅仅是个人的兴趣,更多的是"时代的兴趣",他认为当时中国之时代与黑格尔之时代都是"政治方面,正当强邻压境,国内四分五裂,人心涣散的时代;学术方面,正当启蒙运动之后;文艺方面,正当浪漫文艺运动之后——因此很有些相同,黑格尔的学说于解答时代问题,实有足资我们借鉴的地方。而黑格尔之有内容、有生命、有历史感的逻辑——分析矛盾,调解矛盾,征服冲突的逻辑,及其重民族历史文化,重有求超越有限的精神生活的思想,实足振聋起顽,唤醒对于民族精神的自觉与鼓舞,对于民族性与民族文化的发展,使吾人既不舍己骛外,亦不固步自封,但知依一定之理

① 列宁在《马克思主义的三个来源和三个组成部分》一文中明确指出,十九世纪的德国古典哲学、英国古典政治经济学和法国空想社会主义的优秀成果是马克思主义的三个理论来源,这一观点对马克思主义学说体系的建立和完善影响深远,见中共中央马克思恩格斯列宁斯大林著作编译局:《列宁短篇哲学著作》,人民出版社,1993年,第263页。

则，则自求超拔，自求发展，而臻于理想之域”①。贺麟尤其重视《精神现象学》和《小逻辑》这两本著作的翻译，他认为《逻辑学》（包括《大逻辑》与《小逻辑》）则深造谨严，代表了黑格尔中期的专门艰深之纯哲学系统，是全系统的中坚；而《精神现象学》在黑格尔哲学体系里具有独特地位，是黑格尔的逻辑学和全部哲学体系的导言，它活泼创新，代表了黑格尔早年自由创进的精神，是黑格尔全部著作中最有独创性的。

杨一之对黑格尔《大逻辑学》的翻译也贡献很大。中华人民共和国成立以后，杨一之就开始着手翻译黑格尔的《大逻辑学》，但由于种种原因，直到 1961 年以后，他才“始能全力从事，终于 1966 年 5 月出了上卷第一版”②，历时七年，不可谓不艰辛。杨一之的译本主要以拉松本为依据，同时参考了格罗克纳本。为了高质量地把这部出了名的艰深晦涩之著作翻译好，他为自己立下了几条规矩：“一是一名一译，保持一贯，不图行文方便而改动译名，避免读者误解。二是凡黑格尔所引证他人的文句，除少数过时的数学书无法找到外，都曾取原本对勘，因此校正了黑格尔引用康德的误文。三是不增损原文，纯采直译，但力求使耐心读者可以读通。”③凭借着这种严格、严谨的翻译态度，杨一之的译著改正了法译本与英译本中的不少重大缺点，出版后受到了学术界的热烈欢迎和广泛肯定。

除了黑格尔，费尔巴哈（Ludwig Andreas Feuerbach，1804—1872 年）的著作也得到了一定程度的翻译与介绍。相比中华人民共和国成立前的左派学者用辩证唯物主义哲学去解读费尔巴哈哲学，这一时期对费尔巴哈的关注仍然主要还是以恩格斯的《费尔巴哈哲学论》为基调。总体来说，对费尔巴哈的译介是不充分的。

康德（Immanuel Kant，1724—1804 年）著作的翻译情况也不容乐

---

① ［美］鲁一士：《黑格尔学述》，贺麟译，商务印书馆，1945 年，后序。

② 杨一之：《自述》，见《理性的追求——杨一之著述选粹》，社会科学文献出版社，2000 年，第 2 页。

③ 同上，第 3 页。

观。其中，蓝公武自1933年就开始了《纯粹理性批判》的翻译工作，1935年全部译完，但该书当时并未出版，至1957年才由生活·读书·新知三联书店出版；至于唐钺翻译的《道德形而上学探本》(即《道德形而上学》)，乃为1939年版之重印。值得关注的是宗白华和韦卓民对康德的《判断力批判》之翻译。这部《判断力批判》分上下两卷：上卷是"审美的判断力批判"，由宗白华翻译；下卷是"目的论的判断力批判"，考察目的论的自然观及道德问题，由韦卓民翻译。至此，康德的"三大批判"终于全部有了中译本。另外，韦卓民还翻译完成了康德的《纯粹理性批判》和《自然科学形而上学初步》与黑格尔的《精神哲学》。这三部书稿当时已送至商务印书馆，却因"文革"的开展而被迫长期搁置，由此可见政治环境对学术研究的影响。不可否认的是，韦卓民先生为西方哲学著作的翻译研究付出了极大的努力，不仅数量上是突出的，而且翻译质量也较高，"重在忠实、严谨和对哲学思想本身的理解"①。韦卓民的译著对学术研究产生了较大的影响。

四、现代西方哲学的翻译

[英]怀特海：《科学与近代世界》，何钦译，商务印书馆，1959年。

[意]克罗齐：《美学原理》，朱光潜译，作家出版社，1958年。

[法]柏格森：《时间与自由意志》，吴士栋译，商务印书馆，1958年。

[法]柏格森：《形而上学导言》，刘放桐译，商务印书馆，1963年

[英]罗素：《哲学问题》，何明译，商务印书馆，1959年。

[英]罗素：《心的分析》，李季译，中华书局，1958年。

[英]罗素：《西方哲学史：及其与从古代到现代的政治、社会

① 邓晓芒：《读韦卓民先生西方哲学译著的文化断想》，见马敏、周洪宇、方燕主编：《跨越中西文化的巨人——韦卓民学术思想国际研讨会论文集》，华中师范大学出版社，1995年，第40页。

情况的联系》(上卷),何兆武译,商务印书馆,1963 年。

[美]杜威:《哲学的改造》,许崇清译,商务印书馆,1958 年。

[美]杜威:《经验与自然》,傅统先译,商务印书馆,1960 年。

[美]杜威:《自由与文化》,傅统先译,商务印书馆,1964 年。(内部读物)

[美]杜威:《人的问题》,傅统先、邱椿译,上海人民出版社,1965 年。(内部读物)

[美]杜威:《确定性的寻求》,傅统先译,上海人民出版社,1966 年。(内部读物)

[法]萨特:《辩证理性批判》(第一卷:关于实践的集合体的理论),徐懋庸译,商务印书馆,1963 年。

[美]拉蒙特:《作为哲学的人道主义》,吉洪译,商务印书馆,1963 年。

[美]怀特编著:《分析的时代(二十世纪的哲学家)》,杜任之等译,商务印书馆,1964 年。

中国科学院哲学所西方哲学史组编:《现代外国资产阶级哲学资料选辑》,商务印书馆,1963 年。

洪谦主编:《现代西方资产阶级哲学论著选辑》,商务印书馆,1964 年。

周辅成主编:《从文艺复兴到十九世纪西方资产阶级哲学家、政治思想家有关人道主义、人性论言论选辑》,商务印书馆,1966 年。

中华人民共和国成立后,对现代西方哲学的译介是较少的。在新翻译出版的现代西方哲学著作中,杜威(John Dewey, 1859—1952 年)的作品最多,共有五种,包括《哲学的改造》《经验与自然》《自由与文化》《人的问题》和《确定性的寻求》。其中,《哲学的改造》一书为许崇清对 1933 年译本的修订再版。这一时期,傅统先为杜威哲学的翻译付出了很大的努力。在《傅统先自述》中,他谈到"为了帮助大家批判实用主义哲学,我曾接受当时中央的指示,先后翻译了杜威的《经验与自然》《确定性的追求》《人的问题》《自由与文化》等书,一部分由商务印书馆出版，公开发行；一部分由上海人民出版社内部发行”。[①]可见，当时翻译杜威的著作主要是为了批判杜威提供材料。《人的问题》和《确定性的寻求》分别在《资产阶级哲学资料选辑》的第八辑和第九辑上内部发行，《自由与文化》也由于涉及美国的民主文化而成为内部读物。内部读物是这一时期许多西方哲学书籍的特色，其是不公开出版、传播，仅供部分特定读者阅读的出版物。这部分特定读者一般是党的高级干部，党中央为了让他们了解世界形势，防修反修，所以内部发行一些西方哲学著作。当时，普通民众基本不能买到和看到这些内部读物。

除此之外，中国科学院哲学所西方哲学史组编写了《现代外国资产阶级哲学资料选辑》两本，即《存在主义哲学》和《现代美国哲学》。前者收有海德格尔(Martin Heidegger，1889—1976年)、雅斯贝尔斯(Karl Jaspers，1883—1969年)、萨特(Jean Paul Sartre，1905—1980年)与梅洛·庞蒂(Maurice Merleau-Ponty，1908—1961年)四位哲学家的原著12篇。洪谦主编的《现代西方资产阶级哲学论著选辑》选收了意志主义、实证主义、新康德主义、新黑格尔主义、直觉主义、实用主义、逻辑实证论、存在主义、新托马斯主义等哲学流派的原著。

第三节　西方哲学翻译和研究遭遇困境

一、政治运动对西方哲学翻译的影响

中华人民共和国成立后的西方哲学翻译与研究工作一直受到政治运动的影响。1951年至1956年，中国的思想界掀起了一场轰轰烈烈的思想改造运动。在思想改造运动中，教育界和文艺界受到了一系列批判，如对电影《武训传》、胡适思想、胡风思想的集中批判等。当

① 傅统先:《傅统先自述》，见高增德、丁东编:《世纪学人自述》，北京十月文艺出版社，2000年，第431—432页。

时，许多坚持独立思想和人格的知识分子被勒令自我检查或停职反省。哲学家张东荪成了当时知识界的“反面标兵”，被扣上了“反革命分子”的帽子并遭到软禁。

1956 年 1 月，思想改造运动基本结束，学术思想界迎来了短暂的平静。在中共中央政治局扩大会议和最高国务会议第七次会议上，中共中央和毛泽东同志正式提出了“百花齐放，百家争鸣”的方针，这一方针在包括文学艺术领域在内的社会科学界掀起了一阵自由活泼的浪潮。1957 年 5 月 15 日，毛泽东发表了《事情正在起变化》，这篇文章标志着整风运动的政策方向发生了重大变化，运动开始转为反击右派。这场反右运动使得中国的学术——包括西方哲学的翻译与研究工作——偏离了正常轨道。中国社会科学院哲学研究所有 13 名学者被划为右派，20 多名学者被送到河北省赞皇县参与劳动。北京大学哲学系以王太庆为首的 13 名教师和 24 名学生被划为右派①，哲学系一锅端地被下放到农村劳动改造一年多，王太庆又被遣送至宁夏劳动改造，直到二十世纪七十年代末才回到北大继续从事哲学教育研究工作。反右运动给我国的西方哲学翻译与研究工作造成了无法挽回的损失，大批的研究者和学生被下放劳动或者被迫从事体力劳动，这造成了翻译研究人才的大量流失。彼时，哲学翻译工作遭遇到了极大的困难。

现在看来，文化大革命是二十世纪五十年代后期的“左”倾政治路线发展的必然结果。毛泽东从阶级斗争的高度认为，文化大革命是无产阶级推翻资产阶级的一场大革命。在这种思想路线的指导下，阶级斗争成了一切社会活动的目的。从二十世纪六十年代中期开始，直到二十世纪七十年代末结束，文化大革命持续了十年时间。

在“文革”中，正常的学术研究被政治斗争与阶级斗争取代，哲学研究被形式主义、教条主义与政治化批判代替，而西方哲学的传播也长期处于停滞的状态。在“文革”中，西方哲学经历了一个从被视为文

① 王宗燿：《苦乐年华》，北京大学出版社，2004 年，第 107 页。

化专政对象到被当成政治利用与政治斗争工具的过程，正常的传播与研究不复存在。在“文革”爆发后的一段时间内，西方哲学在中国被简单地定义为“资产阶级腐朽落后的思想”，其被排斥出整个文化研究领域。在文化专政的政策形势下，从事西方哲学研究的学者也遭到了精神和肉体上的迫害，有的人在政治上被打成资产阶级的反动学术权威，有的人被赶到“五七干校”或者农村接受工农兵再教育。彼时，有关传播与研究西方哲学的所有杂志被停刊，有关翻译与研究西方哲学的书籍被销毁，西方哲学的翻译研究工作遭受到了一场史无前例的灾难。半个多世纪以来，几代学者在艰苦探索下积累起来的学术成果毁于一旦，中西哲学的交流完全停止了。这种局面一直持续到 1971 年秋。林彪反革命集团覆灭后，毛泽东号召广大干部应当继续学习马克思主义的哲学著作，并且还要读几本哲学史的著作，包括西方哲学史著作。自此之后，西方哲学史的研究工作之地位在表面上得到提高，受到了“四人帮”的重视，但其实质上是沦为政治斗争的工具，完全丧失了任何学术价值。1973 年，上海人民出版社出版《学点哲学史》一书，对西方哲学家的思想歪曲地、牵强附会地进行批判，如指责康德的学说“大肆鼓吹反动的‘英雄史观’，胡说什么‘天才就是那天赋的才能’，‘天生的心灵禀赋’。他把那些骑在人民头上的刽子手和吸血鬼描绘成主宰乾坤、创造历史的‘英雄’，无所不知的‘先知’，人类理性的‘立法者’，国家的创造者和维持者。至于真正创造历史的劳动人民，则被康德丑化为只会‘单纯被动和消极地去处世和应付环境’，‘仅指望着国家首脑的善良和慈悲’的‘群氓’”①。这些对康德哲学的批判显然并不符合康德的哲学思想，可见当时对西方哲学的研究沦落到何种水平和程度。

1966 年至 1974 年，西方哲学著作的翻译基本是颗粒无收，一共只有 6 种西方哲学的译著出版：

[德]康德：《宇宙发展史概论》，上海外国自然科学哲学著作

① 解放日报社编：《学点哲学史》，上海人民出版社，1973 年，第 59 页。

编译组译,上海人民出版社,1972 年。

[意]伽利略:《关于托勒密和哥白尼两大世界体系的对话》,上海外国自然科学哲学著作编译组译,上海人民出版社,1974 年。

[美]H.S.塞耶编:《牛顿自然哲学著作选》,上海外国自然科学哲学著作编译组译,上海人民出版社,1974 年。

[德]恩斯特·海克尔:《宇宙之谜》,上海外国自然科学哲学著作编译组译,上海人民出版社,1974 年。

[英]赫胥黎:《进化论与伦理学》,《进化论与伦理学》翻译组译,科学出版社,1971 年。

[英]赫胥黎:《人类在自然界的位置》,《人类在自然界的位置》翻译组译,科学出版社,1971 年。

另外,中国学者的西方哲学研究工作也基本上全部停滞了,只有三本哲学史著作被编写出来:

汪子嵩等编著:《欧洲哲学史简编》,商务印书馆,1972 年。

安徽劳动大学编写组编著:《西欧近代哲学史》,商务印书馆,1974 年。

北京大学编写组编著:《欧洲哲学史》,商务印书馆,1977 年。

面对恶劣的政治环境和学术环境,中国的学者们仍然坚守着对真理的追求,“潜心于从容地收集资料、推敲论点、构思布局、反复修改,持久地积蓄着力量”①,他们将精力转向西方自然哲学的著述。由于与政治的关系较为间接,因此西方自然哲学在当时是唯一被允许翻译与研究的西方哲学。中国的学者认为,通过对自然哲学的探索与研究,也能从一个侧面揭示西方哲学的发展规律,而且这也是过去西方哲学东渐过程中的一个薄弱环节。因此,这段时间内,得到翻译的西方哲学译著均为宇宙自然科学论著。这些著作篇幅不大,都是小册子,而且论述的内容也多是一般科学常识。可是,在介绍和概括自然科学原理的基础上,作者都着力于对这些原理的哲学意义之揭示,并

---

① 宋祖良:《三十五年来的西方哲学史研究》,《学习与思考》,1984 年第 10 期,第 33 页。

从理论思维的角度来总结经验和教训，以此阐明坚持唯物论和辩证法思想路线的重要性。尽管这些著作也不免程度不同地染上《学点哲学史》的痕迹，但它们也确实反映了一部分学者对哲学沦为政治的婢女之不满，这种科学精神表达了他们坚持科学地传播西方哲学之努力。

二、西方哲学翻译和研究陷入停滞

在暴风骤雨般的政治运动中，国家对西方哲学采取了拒斥的态度，因此这一时期的中西方哲学之融合是不成功的。这首先表现在哲学研究的独立性被完全取消，哲学完全沦为政治的婢女，西方哲学研究没有取得应有的成果，整个进程陷入停滞。

作为一门科学，哲学有自己不同于政治的产生、存在和发展之规律。在存在和发展的过程中，哲学除了要立足于对时代提出的课题独立地做出回答并接受实践的检验外，还要继承与吸收人类的一切优秀思想成果。因此，西方哲学在哲学研究领域中的独立性绝不应该被取消。

然而，二十世纪五十年代至七十年代，西方哲学研究完全遭到排斥，变成了政治斗争的工具和附庸，彻底丧失了独立性和科学性。这一时期，包括西方哲学研究在内的一切哲学课题，要由当时的政治任务来提出，研究的成果要由当时的政治目标来裁定，研究的方法要由当时的政治手段来规定，致使西方哲学的输入和学术研究工作完全受到政治之支配。在这种背景下，西方哲学命途多舛，西方哲学的东渐举步维艰，西方哲学的学术研究陷入停滞。

此外，这一时期，哲学未取得应有的地位，未能发挥在社会转型时期对政治的指导功能。哲学为政治服务，应该建立在哲学研究和思想独立发展的基础之上，否则这种服务就会沦为政治工具和宣传工具，哲学也会丧失它的独特价值。而且，更重要的是，哲学为政治服务应表现为它对政治的指导作用。长久以来，我们根本否定了哲学对政治的指导作用，将哲学变为对现行政策的诠释，这种根深蒂固的狭隘观念“把为当前的政治服务，为现行政策做论证，当作哲学的主要的，甚至唯一的任务，结果是对现实问题的哲学探讨与现行政策的宣传提出同样的要求”①。

在这种观念的影响下，哲学只能沦为政治的附庸，在政治面前亦步亦趋、唯命是从。为了牢固建立社会主义思想阵线，西方哲学被简单粗暴地进行批判，正常的西方哲学研究工作被打断，因此在二十世纪后半叶，西方哲学在中国的处境之艰难、命运之坎坷，世所罕见，这为我们后来解放思想、全面理解西方哲学留下了宝贵而深刻的经验教训。

① 《哲学研究》编辑部：《反思有益于前进——复刊十二年来的回顾和展望》，《哲学研究》，1990年第1期，第11页。

第六章　二十世纪八十年代后西方哲学在中国的翻译和研究

在经历了磨难之后，西方哲学的翻译终于在改革开放的新时期焕发出了新的光芒，各个阶段的哲学家著作得到了广泛的翻译。这一阶段，西方哲学译丛竞相出版，西方哲学史接连问世，主要哲学家的全集汉译本之译介工作也在有条不紊地进行着，中国学者们也潜下心来研究哲学问题。可是，中西哲学的交流却在这样的时代背景下停滞不前，学术代替了思想，只有学术而无思想。这也许在中西哲学的交流中是一个必经的阶段，但我们不能只是停留在这一阶段，我们期待在中西哲学交流碰撞中形成和发展出具有时代指导意义的思想理论成果。

第一节　西方哲学翻译和研究的恢复

西方哲学在中华人民共和国成立后的三十多年里几乎没有得到翻译，这和学术与政治活动挂钩不无关系。“文革”结束后，中国展开了对真理标准问题的大讨论，西方哲学研究领域也进行着拨乱反正的工作。1978 年 10 月，安徽芜湖召开了“全国西方哲学史讨论会”，来自全国的 200 余位专家学者参加了讨论会。这次会议在中国西方哲学研究史上具有里程碑式的意义，它标志着中国西哲界解放思想，打破教条主义束缚，摆脱日丹诺夫的哲学模式，走上了健康发展的道路。[①]自二十世纪八十年代

① 谢地坤:《西方哲学研究 30 年(1978—2008)的反思》,《安徽师范大学学报(人文社科版)》,2008 年第 4 期。

起，中国的西方哲学研究恢复了其应有的地位，哲学作为一门独立的学科得到思想界的尊重和重视。人们不再用唯心主义和唯物主义、辩证法和形而上学来简单地划分哲学流派，而是用开放的心态对待历史上的西方哲学之各种流派和学说，承认各种哲学流派以自己的创造性认识把握了世界的一个方面，是人类认识过程的一个环节。此时，近现代的非马克思主义哲学不再被贴上反动腐朽的标签，中国人开始以严肃的态度来研究西方哲学的新流派和新思想。在研究方法上，中国学者不再是单纯地介绍和评析某个哲学思想，而是吸取西方哲学中的概念判断、逻辑分析、本质还原等方法，并继承中国文化中原有的形象思维、义理结合等传统，力图开创中国人特有的新理路、新方法。二十世纪八十年代至九十年代，我国出现了西方哲学翻译的繁荣局面。这一时期，各类西方哲学译著和研究著作竞相出版。二十世纪七十年代至九十年代，中国内地（大陆）出版了十几部西方哲学史著作，包括：

朱德生等编：《简明欧洲哲学史》，人民出版社，1979 年。

高清海等编：《欧洲哲学史纲》，吉林人民出版社，1979 年。

李志逵等：《欧洲哲学史》，中国人民大学出版社，1981 年。

[英]罗素：《西方哲学史》（上下册），何兆武、李约瑟、马元德译，商务印书馆，1981 年。

陈修斋、杨祖陶：《欧洲哲学史稿》，湖北人民出版社，1983 年。

全增嘏等编：《西方哲学史》（上下册），上海人民出版社，1985 年。

13 所师范院校：《西欧哲学史稿》，河北人民出版社，1984 年。

文秉模等：《欧洲哲学发展史》，重庆出版社，1984 年。

冒从虎等：《欧洲哲学史》（上下册），南开大学出版社，1985 年。

[苏联]特拉赫坦贝尔：《西欧中世纪哲学史纲》，于汤山译，中国对外翻译公司，1985 年。

[德]文德尔班：《哲学史教程》（上下册），罗达仁译，商务印书馆，1997 年。

郜庭台等：《欧洲西方哲学史》，天津人民出版社，1987 年。

李志逵等：《欧洲哲学史再编》，湖南人民出版社，1987 年。

钱广华等:《欧洲哲学发展史》,安徽人民出版社,1988年。

[苏联]亚力山大洛夫:《西欧哲学史》,王永江等译,商务印书馆,1989年。

苗力田等:《西方哲学史新编》,人民出版社,1990年。

[美]梯利:《西方哲学史(增补修订版)》,葛力译,商务印书馆,1995年。

由此可见,二十世纪八十年代以后,中国的西方哲学研究在经历了近三十年的停滞之后,得到了全面的恢复。

第二节　改革开放后西方哲学的翻译和研究

改革开放的成果不仅仅体现为物质方面的巨大改善,我们的研究专题——西方哲学翻译——也得到了极大的推动。可以毫不夸张地说,这是中国哲学界翻译西方哲学著作的黄金时期。下面我们将分阶段地介绍各个哲学流派和哲学家的译介情况。

一、古希腊哲学的翻译和研究

(一)柏拉图与亚里士多德的翻译

作为西方哲学的基础组成部分,古希腊与古罗马哲学的研究自改革开放以来取得了瞩目的成就。北京大学和中国人民大学先后出版了《古希腊罗马哲学》。以柏拉图的《理想国》为例,从二十世纪八十年代至今,已陆续出现了十三种不同的译本,而且这里面还不包括某些译者对自己译本进行修订再版的情况。这十三种译本包括:

[古希腊]柏拉图:《理想国》,郭斌和、张竹明译,商务印书馆,1986年。

[古希腊]柏拉图:《理想国》,张楚译,延边人民出版社,2001年。

[古希腊]柏拉图:《理想国》,解东辞译,京华出版社,2002年。

[古希腊]柏拉图:《理想国》,侯雯译,人民日报出版社,2005年。

[古希腊]柏拉图:《理想国》,张子菁译,光明日报出版社,2006年。

[古希腊]柏拉图:《理想国》,侯皓元、程岚译,陕西人民出版社,2007年。

[古希腊]柏拉图:《理想国》,庞爔春译,九州出版社,2007年。

[古希腊]柏拉图:《理想国》,谢祖钧译,陕西人民出版社,2009年。

[古希腊]柏拉图:《理想国》,袁岳译,中国长安出版社,2010年。

[古希腊]柏拉图:《理想国》,张造勋译,北京大学出版社,2010年。

[古希腊]柏拉图:《理想国》,顾寿观译,吴天岳校注岳麓书社,2010年。

[古希腊]柏拉图:《理想国》,杨林、宋淼译,湖南文艺出版社,2011年。

[古希腊]柏拉图:《理想国》,李美静译,武汉大学出版社,2011年。

柏拉图的《理想国》最早由吴献书先生翻译,吴先生的译本于1929年由商务印书馆出版发行,历经几十载,"素为学人称道,但语近古奥,不为青年读者所喜爱"[①]。基于此,郭斌和与张竹明先生的译本应运而生。郭先生与张先生的译本于1986年经由商务印书馆出版,至今也几近三十载,已成为几乎所有接触古希腊哲学经典的读者不可绕过的经典译本。该译本所依据的是Loeb古典丛书本希腊原文和牛津版Jowett&Campbel版本,同时还对Jowett、Davies and Vaughan、Lindsay、Shorey、Cornford、Lee、Rouse等新旧英译本做了详尽的参考。可以说,郭先生与张先生不仅译出了原书的内容,并且译出了原书的神韵。事实证明,只有这样的译本才能广为流传。

接下来,再以亚里士多德的《政治学》为例(总计九种):

---

① [古希腊]柏拉图:《理想国》,郭斌和、张竹明译,商务印书馆,1986年,第Ⅴ页。

[古希腊]亚里士多德:《政治学》,吴寿彭译,商务印书馆,1981年。

[古希腊]亚里士多德:《政治学》,吴寿彭译,商务印书馆,1993年。

[古希腊]亚里士多德:《政治学》,牛军世译,内蒙古人民出版社,1998年。

[古希腊]亚里士多德:《亚里士多德选集·政治学卷》,颜一、秦典华译,中国人民大学出版社,1999年。

[古希腊]亚里士多德:《政治学》,周广宇译,延边人民出版社,1999年。

[古希腊]亚里士多德:《政治学》,徐大同选编,吴寿彭译,商务印书馆,2006年。

[古希腊]亚里士多德:《政治学》,姚仁权译,北京出版社,2007年。

[古希腊]亚里士多德:《政治学》,高书文译,九州出版社,2007年。

[古希腊]亚里士多德:《政治学》,袁岳编译,中国长安出版社,2010年。

[古希腊]亚里士多德:《政治学》,张杨、胡树仁译,湖南文艺出版社,2011年。

其中,商务印书馆出版的吴寿彭翻译的《政治学》是对《政治学》(全译本,商务印书馆1965年第1版)的重印,该书由吴寿彭直接译自希腊原文,且该书每页底部都有详尽的注释,并有"章节摘要"、"本书的题名"、"参考书目"和"专名"、"题旨"四个特别完备的附录,具有很高的学术价值。

我们再列举出亚里士多德诗学方面的作品被"反复磨砺、修订"的译本,以窥见和凸显这一时期的古希腊罗马哲学的翻译与拓展方面之繁荣局面(总计七种):

[古希腊]亚里士多德:《诗选》,陈中梅译,商务印书馆,

1996 年。

[古希腊]亚里士多德:《诗学》,刘晟译,中国社会出版社,1999 年。

[古希腊]亚里士多德:《诗学》,达宁译,延边人民出版社,1999 年。

[古希腊]亚里士多德:《论诗》,崔延强译,中国人民大学出版社,2003 年。

[古希腊]亚里士多德:《诗学》,罗念生译,上海人民出版社,2006 年。

[古希腊]亚里士多德:《诗学》,郝久新译,九州出版社,2007 年。

[古希腊]亚里士多德:《诗学》,刘效鹏译,五南图书出版公司,2008 年。

当然,要说这一时期的古希腊哲学译介取得重大进展的标志性成果,那非《亚里士多德全集》和《柏拉图全集》莫属了。

其中,《亚里士多德全集》由苗力田先生主持编译。在苗先生的学术成就中,《亚里士多德全集》的翻译与出版无疑是最重要的。在西方,编译出版亚里士多德的全集,被视为体现一个国家学术水平的标志。在中国,虽然亚里士多德是输入最早的西方哲学家,但是他的全集却迟迟没能问世。为了改变这种状况,苗力田先生率领他的众弟子开始了翻译工作,历经十年,于 1997 年全部定稿付梓。这是我国西方哲学东渐史上的首部西方哲学全集译本。鉴于亚里士多德在西方哲学史上的重要地位,仅就将他的著作全集译成中文出版这份贡献而言,苗力田先生“在我国研究西方哲学的发展史上应该是永垂史册的”①。

① 汪子嵩:《陈康、苗力田与亚里士多德哲学研究——兼论西方哲学的研究方法和翻译方法》,《中国人民大学学报》,2001 年第 4 期,第 41 页。

在翻译过程中，苗先生对译文提出的要求是“确切、简洁、清通可读”①，这和严复提出的翻译标准（信、达、雅）十分相似，但苗先生的重点在前面。为此，苗先生还曾提出要使现代汉语的译文忠实地传达亚里士多德著作的意愿，甚至要求能传达亚里士多德当时从日常生活用语中选取哲学术语的意愿。他在文风上要求现代汉语的译文严格保持希腊语的言简意赅之特点，不要将一个词变成一串词，一句话变成一行话。

新世纪之初，王晓朝先生翻译的《柏拉图全集》出版。事实上，在我国，柏拉图的对话早在二十世纪二十年代便有人开始进行翻译了，但直到二十世纪末，柏拉图的著作尚有一半的篇幅未能译出。“而且过去的译本，多半集中在他的早、中期对话，他后期对话中的思想很少被提及和重视。但是，他的后期思想在希腊思想的发展史上，甚至在整个西方思想的发展史上都起过重要的作用。”②因此，这次《柏拉图全集》的翻译和出版，是“十分必要的、及时的”③。王晓朝在谈到这个中译本时，说他的工作“不是老译文加新译文，而是由译者全部重译并编辑的一个全集本”④。之所以这样做，原因在于，“汉语和中国的教育制度在二十世纪中发生了巨大的变化，现在的中青年读者若无文言文功底，对出自老一辈翻译家之手的柏拉图对话已经读不懂了”⑤。同时，“已有译本出自多人之手，专有名词和重要哲学术语的译名很不统一”。⑥因此，为适应时代发展和读者需要，即使已有译本，王晓朝先生还是决定将柏拉图的著作全部重新翻译。

（二）《西塞罗全集》中译本的出版

这一时期，尽管对像柏拉图、亚里士多德这样的古希腊哲学传统大家在关注度及著作的翻译精细程度上都有了很大的突破，取得了骄

① ［古希腊］亚里士多德：《亚里士多德全集》（第一卷），苗力田主编，中国人民大学出版社，1990年，第13页。

② 同上，第305页。

③ ［古希腊］柏拉图：《柏拉图全集》（第一卷），王晓朝译，人民出版社，2002年，第1页。

④⑤⑥ 同上，第36页。

人的成绩[①]，但对晚期希腊与罗马哲学的译介仍然显得十分薄弱。同时，我们注意到，这一时期出现了二十世纪七十年代末以前不曾出现过的古希腊罗马哲学家的哲学原著译本，新时期的学术界在整个西方哲学译介领域出现了“大繁荣”的皓魄景象。[②]

其中，王晓朝先生翻译的《西塞罗全集》是我们介绍的重点。西塞罗本人在他的作品中这样说：

> 我的观点是这样的：所有技艺的体系和指导方法都受制于智慧的学习，而学习智慧以哲学的名义进行着，通过用拉丁文撰写哲学以推进这种研究是我义不容辞的责任；这样做不是因为向希腊作家和教师学习哲学是不可能的，而是因为我坚信，我们的同胞在每一个方面，独立发现和改进从希腊人那里接受的东西，都比希腊人显得更有智慧，至少他们都认为在这些方面值得努力。
>
> 哲学现在受到冷遇，因为拉丁文学没有给它带来光明。我们必须照亮它，给它活力。如果说我在过去繁忙的时候也在为我的同胞们服务，那么我在闲暇之时也同样能为他们服务。我必须竭尽全力，因为现在已经有一些拉丁文的书写了出来，但很粗糙，这些作家的资质还不够当此重任。一位作家可能具有正确的观点，但他不一定能够用精练的风格表达。但是，承认有思想但不能清楚地叙述和表达，或不能用文采吸引读者，这就表明作者犯了不可原谅的错误，说明他误用了他的闲暇和笔。结果就是，这些作家写出来的书只供他们自己阅读，只在他们自己的小圈子里读，而不能使公众了解它，而这本来是这些作品应该做到的。由于这个原因，我将以巨大的热情去研究哲学，我以往的努力也是使我的作品产生的源泉，在过去，由于我的勤奋，我已经为我的同胞赢得了演讲方面的名声。[③]

① 关于柏拉图与亚里士多德的著作在新时期的译介情况，请参见书后附录。

② 关于晚期希腊与古罗马早期哲学家的著作在新时期的译介情况，请参见书后附录。

③ [古罗马]西塞罗：《图斯库兰讨论集》(第一卷第一节)，转引自《西塞罗全集·修辞学卷》，王晓朝译，人民出版社，2007年，第22—23页。

从这段话中，我们完全能读出一种对自己民族文化的自信和反思。这样一位以弘扬民族文化为己任的思想家，自然会受到来自另一个有着同样民族自豪感和责任感的民族之青睐，这一点通过一本出版于1934年的《西塞罗文录》[①]便可明了。尽管该译本的译者已无从考证，然而从译介的角度来说，西塞罗的确由于某种人格和思想的魅力，以及与我们中华民族的民族性格之深度贴合，而远远早于其他中晚期的古希腊罗马思想家，便远渡重洋与中国的读者相遇了。

王晓朝先生的这套《西塞罗全集》译本采用娄卜丛书（Loeb Classical Library）中的西塞罗著作（共29本），以拉英对照本为蓝本。所有译文皆由王晓朝先生本人译出，各篇正文前的内容提要由译者参考英译者的介绍与提要撰写，所有注释都由译者根据实际需要，参考娄卜丛书英译者的注释、其他中外译本的注释及各种辞书综合取舍添加，全集中的著作顺序依循娄卜丛书中的西塞罗著作之原有顺序。考虑到西塞罗著作的内容与篇幅，中文版《西塞罗全集》共分六卷（至今出版发行了第一、二、三卷，且均由人民出版社出版），每卷约60万—70万字，各卷名目如下：第一卷 修辞学；第二卷 演说词（上）；第三卷 演说词（下）；第四卷 哲学著作；第五卷 书信（上）；第六卷 书信（下）。为增强全集的学术功能和方便读者使用，译者根据各卷的不同情况分别编制了译名对照和索引。西塞罗的著述形式各异、长短不一，有单本的著作，也有论文，还有演说词和书信。在拉丁文本中，较长的著作分为若干卷，卷下分为若干节，但这个“节”并不一定按内容划分；而英译本在每卷之下按内容划分为若干章（用拉丁数字表示）。由于拉丁文本中的“节”与英译本中的“章”并不对应，容易引起误解，因此中译本的正文采用“卷”与“章”（用〔 〕表示）两个层次。也就是说，中译本的“章”相当于英译本中的“章”，而不同于拉丁文本中的“节”，请读者切勿混淆。应该说，这是王晓朝先生继《柏拉图全集》后，为我国学界做出的又一次重大学术贡献。

---

① ［古罗马］《西塞罗全集·修辞学卷》，王晓朝译，人民出版社，2007年，第22—23页。

(三) 塞涅卡著作的翻译和研究

塞涅卡是古希腊哲学晚期的斯多葛学派①的代表人物。斯多葛学派的思想是自然法的起源。作为造诣颇深的修辞学家和悲剧家,塞涅卡十分注意哲学治疗的方式。他不是用抽象的一般理论,而是采取与朋友或者亲人进行一对一交谈的形式展开他的写作,即作为"普遍治疗"的哲学"药"之创作。他著名的124封道德书信是写给朋友的,他的其他哲学文体之"道德文章"其实也是如此。这集中体现在吴欲波先生翻译的《哲学的治疗》一书中,该文集选取的3封告慰信都是写给某位具体的友人和亲人的,选取的3篇文章《论生命的短暂》《论心灵的宁静》和《论闲暇》,在西文中也属于"塞涅卡对话录"(dialogues)。尽管这些文章并不是以两人对话交谈的方式展开的,但是整个文章的态势是与友人的娓娓而谈和耐心解答困惑。在这些治疗文字中,塞涅卡使用了各种各样的方式,包括动之以情、晓以大义、故事与榜样、格言与反讽,甚至是哄骗奉承。作为一代大思想家,塞涅卡在道德和政治领域也不乏真知灼见。2010年,北京大学出版社出版了《道德和政治论文集》,该书包含了4篇关于道德和政治的论文,即《论愤怒》《论仁慈》《论个人生活》和《论恩惠》。这些论文的内容展现了塞涅卡作为一位处于罗马帝国权力中枢的斯多葛学派思想家之社会观与道德观。该书的出版填补了古希腊罗马哲学译著的空白。该书的编者以严谨的治学态度,从众多的文本中进行筛选,并最终确定了以英美学界流行的由库珀和普罗科佩合作编译的英译本为翻译蓝本,附上内容丰富、研究精深的导读,为学习者提供了极大的方便和富有价值的

---

① 斯多葛学派存在的时间很长,一般分为三个时期:早期斯多葛学派(公元前308年—公元前2世纪中叶),代表人物有芝诺、克雷安德和克吕西波,它的特点是在自然哲学和认识论中有较多的唯物主义因素;中期斯多葛学派(公元前2世纪中叶—公元1世纪末),代表人物有巴内修斯和波塞唐纽斯,它的特点是抛弃了早期斯多葛学派的唯物主义成分,引进了相当多的柏拉图主义的理论;晚期斯多葛学派(公元1世纪—公元2世纪),代表人物有塞涅卡、爱比克泰德和奥勒留,它的特点是着重发展了宿命论和禁欲主义的伦理学。在这三个时期中,影响比较大的是早期和晚期的斯多葛学派,中期的斯多葛学派影响不大。

指引。

二、中世纪哲学的翻译和研究

中世纪哲学是中国的西方哲学研究最薄弱的一个环节。虽然基督教哲学是明末清初的西方哲学早期东传之主要内容，但是由于基督教哲学在传入过程中伴随着帝国主义的侵略扩张，因此带着爱国情绪的中国人将其视为帝国主义的侵略工具。1949 年后，中世纪哲学被当作精神鸦片而受到批判。从西学东传开始到二十世纪八十年代，对中世纪哲学原著的翻译几乎是空白，也很少有专题性的研究。即使在一般的哲学史中，对中世纪哲学也只有寥寥数语的简单介绍，这是不符合它在西方哲学史上的真实面貌的。实际上，基督教在西方历史中存在了 2 000 多年，是西方文化的重要组成部分。基督教哲学的时间跨度有 1 500 多年，是连接古希腊罗马哲学和近代西方哲学的桥梁。改革开放以后，中国哲学界开始重视中世纪哲学的研究，先后派学者到国外西方哲学的研究重镇研修中世纪哲学。在这些学者中，赵敦华、傅乐安、吴天岳等人回国后都致力于中世纪哲学的翻译和研究。赵敦华著述的《基督教哲学 1500 年》（人民出版社，1994 年）弥补了中国的中世纪哲学研究之空白；赵敦华与傅乐安主编的《西方古典哲学原著选辑·中世纪哲学》（商务印书馆，2013 年）凝聚了我国哲学界几代学者的心血，成为研究西方哲学的重要参考书；吴天岳与徐向东主编的《托马斯·阿奎那读本》（北京大学出版社，2011 年）集中了八位西方研究阿奎那的大家之重要文章，是目前理解阿奎那思想的重要文集。此外，中国人民大学出版社于 2017 年出版的由约翰·马仁邦（John Marenbon）主编，孙毅、查常平、戴远方等译的《劳特利奇哲学史（第 3 卷）：中世纪哲学》专门论述中世纪哲学，该套书在论述中关注了阿拉伯、犹太和拉丁哲学的丰富传统，被详细讨论的哲学家有阿维森纳、阿威洛伊、迈蒙尼德、爱留根纳、安瑟尔谟、阿伯拉尔、格罗塞特斯特、阿奎那、根特的亨利、邓斯·司各脱、彼得·奥瑞欧里、奥卡姆的威廉、威克里夫、苏阿雷斯等。

二十世纪八十年代后,除了以上对中世纪哲学原著和研究论文的翻译,中世纪哲学的研究在中国也全面起步。据统计,党的十一届三中全会召开后的10年,有383篇论文(不含译文)发表,出版的著作无论在数量上还是质量上也都取得可喜进展,下面是一部分的著作篇目:①

杨真:《基督教史纲》,生活·读书·新知三联书店,1979年。

蔡咏春:《〈新约〉导读》,今日中国出版社,1979年。

车铭洲:《西欧中世纪哲学概论》,天津人民出版社,1982年。

张尚仁:《西欧封建社会哲学史》,四川人民出版社,1983年。

李平华:《人的发现——马丁·路德与宗教改革》,四川人民出版社,1983年。

汤侠生:《布鲁诺及其哲学》,上海人民出版社,1985年。

张绥:《中世纪"上帝"的文化——中世纪基督教会史》,浙江人民出版社,1987年。

尹大怡:《基督教哲学》,四川人民出版社,1988年。

傅乐安:《托马斯·阿奎那基督教哲学》,中国社会科学出版社,1990年。

赵敦华:《基督教哲学1500年》,人民出版社,1994年。

傅乐安:《托马斯·阿奎那传》,河北人民出版社,1996年。

王晓朝:《基督教与帝国文化》,东方出版社,1997年。

江解舟:《经院哲学的集大成者:阿奎那》,安徽人民出版社,2001年。

王晓朝编著:《信仰与理性:早期基督教教父思想家评传》,东方出版社,2001年。

陈村富主编:《宗教与文化:早期基督教与教父哲学研究》,东方出版社,2001年。

王敬之:《圣经与中国古代经典:神学与国学对话录》,宗教文化出版社,2001年。

① 黄见德:《西方哲学东渐史(下)》,人民出版社,2005年。

在以上著作中，综合性的研究较多，专题性的研究较少，这说明中世纪西方哲学的研究在中国仍然处于全面起步阶段。

在综合性的研究中，特别值得关注的是四部基督教史的出版：首先是杨真的《基督教史纲(上)》，该书阐述了基督教与它赖以生存的物质条件之间的关系，为进一步开展对基督教的研究奠定了坚实的资料基础；其次是徐怀启的《古代基督教史》，该书全面阐述了基督教的诞生、发展及其经典要义，对了解基督教及其发展和西方哲学研究具有重要的参考价值；再次是车铭洲的《西欧中世纪哲学概论》，该书将中世纪哲学分为三个时期，即西欧封建制度的确立时期、繁荣时期和解体时期，这种哲学体系的建构及其论述填补了中世纪哲学研究在中国的空白；最后是赵敦华的《基督教哲学 1500 年》，该书将中世纪哲学阐释为“以基督教为背景的哲学”，时间为公元 2 世纪至 16 世纪(基督教哲学的诞生、发展、分化和衰落)。《基督教哲学 1500 年》是该时期的中国学者研究中世纪哲学的一部力作，它“内容充实，资料翔实，脉络清楚，填补了我国中世纪哲学研究的不少空白；对奥古斯丁、安瑟尔姆、阿伯拉尔、托马斯、司各脱、奥康等重要哲学家的研究尤其显出独到之处”①。

值得一提的，还有从事专题性研究的两位学者。第一位学者是中国社会科学院哲学研究所研究员傅乐安，他不但发表了《教父哲学概论》(《外国哲学史研究集刊》(第七辑)，上海人民出版社，1985 年)，还出版了专著《托马斯·阿奎那基督教哲学》和《托马斯·阿奎那传》。傅乐安在《托马斯·阿奎那基督教哲学》中全面论述了托马斯·阿奎那的哲学体系之建立及其具体内容。在论述托马斯·阿奎那的理论体系之建立时，傅乐安分析了阿奎那对亚里士多德学说的吸收和改造，突出了其宗教改革的性质，并且他对阿奎那理论的每个部分都发表了颇有见地的论述。例如，书中写道：“就基督教哲学本身来说，托马斯变革了早期经院哲学的理论体系，在绝对信仰的原则中注入了一

① 吴伦生：《广博巡视长学识，细微分析见功底——赵敦华教授的西方哲学研究》，《北京大学学报》，1994 年第 6 期，第 110 页。

定成分的理性思维和自我意识的因素，并使之协调一致。这就是说，托马斯在坚持上帝启示的先天知识之前提下，又加进人类自身获得的后天知识，并认为它们不是互相排斥，而是互为补充的，从而调和了宗教信仰与人类理性之间的矛盾，为基督教建立了一个新的哲学理论体系。”①

第二位学者是清华大学哲学系教授王晓朝。他的《基督教与帝国文化》由他在英国出版的博士论文翻译而来，该书论述的主题是“基督教与民族文化之间的冲突和相互影响，以及主张调和的知识分子在基督教传教过程中的作用”②。王晓朝写道：“文化交流的不断增长是我们这个时代最令人注目的现象之一。这种文化交流迫使世界各国前所未有的贴近，并正在把全人类织入新的文化范型。”③在西方哲学研究领域，还不曾有人以这种方式进行过比较，这对于促进中西文化交流和哲学交流而言具有指导意义。该书获得了香港2000年的首届“徐光启学术著作奖”。

三、近代西方哲学的翻译和研究

近代西方哲学，尤其是唯理论与经验论哲学，在经历了一段“夹缝中生存的”④尴尬际遇之后，终于迎来了自己的春天。以休谟为例，其作品的译本除了分别出版于1930年和1936年的《人之悟性论》和《人类理解研究》，以及改革开放之前唯一的“真正具有学术性的哲学译著”⑤《自然宗教对话录》外，其余全是改革开放之后出现的。至于比例有多少，我们可以从改革开放后至今所能见到的中国内地(大陆)之休谟译本中得出非常直观的判断。⑥

(一) 休谟

在休谟的著作中，有一部作品占据着特殊的位置，这就是《人类理

① 傅乐安：《托马斯·阿奎那基督教哲学》，上海人民出版社，1990年，第40页。
② 王晓朝：《基督教与帝国文化》，东方出版社，1997年，第9页。
③ 同上，第12页。
④⑤ 参见本书第五章第二部分。
⑥ 关于休谟的著作在新时期的译介情况，请参见书后附录。

智研究》(*An Enquiry Concerning Human Understanding*)。这本书是休谟对其主要作品《人性论》(第一卷)进行改写的产物,1748年初版时名为《人类理智哲学论》(*Philosophical Essays Concerning Human Understanding*),1758年再版时才更改为我们今天看到的《人类理智研究》一名。之所以言其特殊,是因为此书将原来《人性论》中截下未发表的"论奇迹"一节重新收入。然而,这并非简简单单意味着《人类理智研究》比《人性论》多出一块内容,抑或前者比后者更为完整,以至于让《人类理智研究》显得很特殊。真正有价值的地方乃在于这样一个问题,即休谟关于"奇迹"(Miracles)的论述如何与其经验论的基本哲学观点相关联?或许,当我们最后发现休谟的"奇迹论"恰恰是他其他广为人知的流行观点之不可剥离的隐秘一环的时候,我们才能回过头来对那些"广为人知的流行观点"有更为深刻的洞见。此外,《人类理智研究》之特殊性对于我们汉语读者而言应该有更多的意味,即出版于1999年,由吕大吉先生翻译的这一版《人类理智研究》是中华人民共和国成立以后此书的唯一译本。中华人民共和国成立以前,关文运先生翻译的那一个版本名为《人类理解研究》,我们从书名便可直观意识到哪一个版本更适合今天的阅读和理解习惯。当然,这仅是从习惯来说,就休谟原著本身的语言表述及其思想传达而言,关文运先生的译本仍是经典范例。

另外,我们可以发现,《人性论》一书的译介最为活跃。究其原因,我们认为从马克思主义理论的基本原理"社会存在决定社会意识"之观点出发,这一学术现象必然与我们当下的社会现实有着紧密的联系。当下,"我们正经历由传统农耕文明社会向起源于西方的现代工商文明社会转型之际。这一转型是一个彻底的从生产方式到生活方式、从各种制度到文化观念的转变。为了实现这种转型,我们曾经花费很长时间做准备,包括自十九世纪末以来,通过翻译介绍西方圣哲们的经典著作所做的文化精神准备。但是,在我们近三十年来正式进入社会转型的轨道时,我们发现在法律政治领域,这种精神文化准备远远不足。由于中国建基于农耕文明生产生活方式上的传统法律政治文化力量极为强大，以至现实中持有传统农耕文明法律政治文化观念的人们的行为总是与那些为促进合作、发展生产、调节交换而引进的体现着现代工商文明的法律制度相冲突”。[①]这些探讨在很大程度上契合了我们当下社会建设在理论反思层面的需要。

(二) 培根

由于“知识就是力量”这一警句的影响，中国的读者对弗朗西斯·培根的名字并不陌生。对培根作品的译介，正如本书第四章所提到的，在上个世纪中期，培根的著作就已经被“大量翻译到中国”[②]，然而其真正的繁荣时期还是在改革开放以后。[③]

在这一时期之前，得到翻译的培根之著作只有《新工具》《新大西岛》及道德方面的论文集，具体情况读者可参见本书第四章和第五章的相关内容，此处不再赘言。这里重点要介绍的，是刘运同先生翻译的《学术的进展》。这本书之所以重要，理由同我们之前对柏拉图和休谟的译本进行介绍时所说的是一致的，即那些出现在某个思想家成熟作品(当然，这类作品必然也是被广为流传的，定然存世有大量的译家译本)之前的，抑或是在成熟作品中基于诸种原因而未被收录的文字(当然，这些文字亦是被后人译介得最少的)，其理论意义往往不可估量。《学术的进展》就属于后者。就作者本人为撰写本书而搜集的资料来看(如果暂且排除因能力所限而造成的可能的孤陋与寡闻)，刘运同先生的这个译本是自汉译西方哲学原著以来，唯一可供我们今天的读者广泛习读的汉译本。[④]相较而言，像《论人生》《新工具》这类作品，如今存世且仍可供习读的版本则要多得多。培根的这部现取名为《学术的进展》的作品，是他全面改革知识的庞大计划《伟大的复兴》之第

---

① 潘志华:《休谟与〈人性论〉》，人民出版社，2010 年，“前言”。

② 参见本书第四章的“西方近代哲学家的翻译”部分。

③ 关于培根的著作在新时期的翻译情况，请参见书后附录。

④ 据刘运同先生介绍，培根的这部著作曾有过几个译名，如《广学论》《崇学论》等。由此表明，曾经的确出现过一些不同的译本，然而从译名便可得知，其遣词用语相当古奥，不适合我们今天广泛传习。其中，《崇学论》由关其桐翻译，商务印书馆于 1938 年出版。详情参见[英]培根:《学术的进展》，刘运同译，上海人民出版社，2007 年，第 211 页。

一部分，成书于1605年。培根的名作《新工具》则是《伟大的复兴》这一皇皇巨著的主要部分，完成于1620年。作为《伟大的复兴》第一部分之内容，《学术的进展》曾先后有过两个单行本，即1605年初版的用英文撰写的两卷本和1623年出版的拉丁文译本。商务印书馆于1938年曾出版过由关其桐翻译的名为《崇学论》的译本，此版本就译自英文单行本。刘运同先生的译本所依据的，是1866年英国J.M. Dent & Sons Ltd出版的英文本。其中，注释部分除采用1866年英文版的注释外，还部分参考了迈克尔·吉南（Michael Kiernan）的注释（牛津大学出版社，纽约，2000年）和关其桐先生的注释。另外，译者刘运同先生根据汉译本阅读的需要，增补了一部分注释，以"译者注"标明。需要特别指出的是，该译本的注释中所提到的其他相关著作之出处，是指国外比较通行的版本，并非指国内译本的页码。据刘运同先生介绍，"这是因为有些著作国内尚未翻译，有些著作缺乏通行或权威的翻译版本，不便查找"。①由此，我们完全可以相信，相较于半个多世纪前的关其桐先生之译本，刘运同先生的这一译本无论在可读性上，还是作为学术研习的一手资料来说，都是不可绕过的翻译佳作。

（三）洛克

作为近代经验主义思想家的代表，洛克在我国内地（大陆）学界的命运同培根一样，其绝大部分的作品都是在二十世纪后半叶才陆续如雨后春笋般涌现出来的。②可以看出，新时期的洛克著作之翻译比较倾向于其政治和教育方面的学说，而其形而上学作品的译介则相对弱一些。这同前文讲到的休谟《人性论》一书之译介情况有类似的地方，其主要反映了我们当今社会快速发展的迫切需要在文化思想层面的一种体现。事实上，单就纯粹哲学领域而言，洛克的哲学思想不应被忽略。关于具体的研究方法，洛克说他所采取的是一种"历史的、浅显的方法"。洛克制定的这个基本的方法原则为他以后的贝克莱、休谟

---

① ［英］培根：《学术的进展》，刘运同译，上海人民出版社，2007年，第211页。

② 关于洛克的著作在新时期的译介情况，请参见书后附录。

等人所接受，并得到丰富和发展，成为英国古典经验主义的一个显著特点。由此不难看出，洛克的哲学思想在西方哲学传承史上具有相当的重要性。所以，就学术本身的纯粹性而言，我们要关注当下的社会需要，但也不能以此为理由而对那些在人类思想史上真正恒久闪烁光辉的珍宝视而不见。倘若学界能在这方面有所认识，相信在新时期，我国学界对洛克思想的研究定会取得更为丰硕的成果。

（四）霍布斯

霍布斯是英国经验论者中最关心政治问题的，这自然也就决定了他花费最多的精力去思考的问题是政治问题，而非单纯的形而上学问题。尽管于后者，霍布斯也有过相当的思考。例如，对于什么是物体，他进行过如下的说明："物体是有广延的；它不依赖于我们的思想而自己存在；它是在我们之外存在着的；它处于空间之中，从属于空间，可以被我们的感觉所觉察，也可以被我们的理性所理解。"①霍布斯同当时的大多数自然科学家一样，对物体的存在抱有朴素而明确的信念，即物体的存在是不容怀疑的，客观世界是物体的世界。

霍布斯最重要、影响最大的一部著作叫《利维坦》。这部作品的汉译本在我国内地（大陆）最早出现于 1998 年，由张明翻译，内蒙古人民出版社出版。此后，《利维坦》又先后出现了三个不同的译本，它们分别是：刘胜军、胡婷婷译，中国社会科学出版社于 2007 年出版的译本；黎思复、黎延弼译，商务印书馆于 2008 年出版的译本；朱敏章译，吉林出版集团有限责任公司于 2010 年出版的译本。另外，上海三联书店于 2006 年出版了姚中秋翻译的《哲学家与英格兰法律家的对话》，上海人民出版社于 2006 年出版了毛晓秋翻译的《一位哲学家与英格兰普通法学者的对话》，华夏出版社于 2008 年出版了赵雪纲翻译的《〈利维坦〉附录》。由此不难看出，我国学界投入精力最多的还是《利维坦》及其相关作品。利维坦是《圣经》中提到的一种威力巨大的海兽，霍布斯用它来象征强大的专制国家。在书中，霍布斯详尽地论述了他的政

① 周晓亮主编：《西方哲学史（学术版）》（第四卷），凤凰出版社，2004 年，第 279 页。

治社会观点。对这样一本政治建构理论的著作之译介，从一个侧面反映出我国政治环境的愈加宽松，这与我国当下的自由和民主氛围愈加浓厚也有着密不可分的关系。另外，对《利维坦》的译介也反映出，今天的社会大众为着建设好我们的国家，实现中华民族的伟大复兴，正在努力开动脑筋、集思广益。因此，我们的学术界与思想界也要更加活跃起来，以更加敏锐的触觉来发掘世界文明的优秀成果，“取其精华，去其糟粕”，进而为我所用。总的来说，我们今天所处的时代是学术思想与民族复兴并进的时代，而对于学术工作者而言，这更是一个令人振奋和鼓舞的时代。

以上是对新时期近代经验主义哲学家著作的译介情况之介绍。为西方近代哲学做出巨大贡献的另一组伟大的哲学家，他们的思想在学界有个共通的称呼——唯理主义，其代表人物有笛卡尔、斯宾诺莎、莱布尼茨等。

（五）笛卡尔

作为西方近代哲学的“鼻祖”式哲学家，笛卡尔的哲学著作自二十世纪三十年代起就为学界知识分子所译介，不过当时的译本都是夹杂着文言的白话文，而且大多转译自英文本。当然，这是由当时的历史条件所决定的，而如今的译者可资参阅的资料则要全面、详尽得多。下面我们将笛卡尔著作的译本尽数罗列出来：

[法]笛卡尔：《第一哲学沉思集》，庞景仁译，商务印书馆，1986年。

[法]笛卡尔：《探求真理的指导原则》，管震湖译，商务印书馆，1991年。

[法]笛卡尔：《几何》，袁向东译，武汉出版社，1992年。

[法]笛卡尔：《谈谈方法》，王太庆译，商务印书馆，2000年。

[法]笛卡尔：《沉思录》，黎惟东译，志文出版社，2004年。

[法]笛卡尔：《笛卡尔思辨哲学》，尚新建等译，九州出版社，2004年。

[法]笛卡尔：《第一哲学沉思集》，徐陶译，九州出版社，2007年。

[法]笛卡尔:《笛卡尔的智慧》,王劲玉、刘烨译,中国电影出版社,2007 年。

[法]笛卡尔:《第一哲学沉思集》,宫维明译,北京出版社,2008 年。

[法]笛卡尔:《笛卡尔几何》,袁向东译,北京大学出版社,2008 年。

[法]笛卡尔:《笛卡尔的人类哲学》,刘烨编译,内蒙古文化出版社,2008 年。

[法]笛卡尔:《笛卡尔谈人生哲学》,丹明子编译,中国工人出版社,2011 年。

可以看出,相较于二十世纪三十年代至七十年代,这一时期的笛卡尔译著之显著特点就是全面。这种全面并非仅就笛卡尔最具代表性的作品而言,而是涵盖了那些表面上看起来处于“外围”的小众作品。全面性往往是衡量某一学术团体对某一思想家的研究层次所不可忽视之外在参照。例如,《探求真理的指导原则》直到二十世纪最后十年才有了汉译本,而对于理解笛卡尔甚至整个近代西方哲学而言,这本只有一百页的小册子之价值却是不可低估的。另外一本重要的译著是《哲人咖啡厅:笛卡尔思辨哲学》,其属于笛卡尔原著代表作的精选译本,翻译和研究相结合。该书的附录选入了几位学者的论述,尤其是附录二包含了尚新建先生翻译的笛卡尔晚期作品《灵魂的激情》,这部分内容至今鲜有人知。这种现象很大程度上是源于对笛卡尔思想的一种浅显的认识,学界“一直有一个无形的框子束缚着人们的观察视野。即当我们把笛卡尔哲学归结为理性主义的时候,往往忽视了获得理性的或清楚明白观念的途径(也可以称作方法)其实是直觉和想象,所谓普遍怀疑只是笛卡尔直觉想象中的一个环节。换句话说,笛卡尔的哲学方法中最重要的是理性直觉或理性想象,而不是演绎推理”。“笛卡尔的反思过程是一个技巧高超的思想历险或游戏”①,而这样的

① 周晓亮主编:《西方哲学史(学术版)》(第四卷),凤凰出版社,2004 年,第 86 页。

“历险或游戏”所不可或缺的，自然是“激情”。所以，也许我们应该承认，在追随笛卡尔的“怀疑之路”时，我们因为有了某些不该有的“鲜为人知”而所知太少，甚至于所知太偏而误入歧途。

（六）斯宾诺莎

斯宾诺莎的主要著作在二十世纪的前七十年里基本都得到了翻译，而新时期的译本情况如下：

［荷兰］斯宾诺莎：《笛卡尔哲学原理》，王荫庭、洪汉鼎译，商务印书馆，1980年。

［荷兰］斯宾诺莎：《神、人及其幸福简论》，洪汉鼎、孙祖培译，商务印书馆，1987年。

［荷兰］斯宾诺莎：《斯宾诺莎书信集》，洪汉鼎译，商务印书馆，1993年。

［荷兰］斯宾诺莎：《伦理学》，刘晟译，中国社会出版社，1999年。

［荷兰］斯宾诺莎：《简论上帝、人及其心灵健康》，顾寿观译，商务印书馆，1999年。

［荷兰］斯宾诺莎：《政治论》，冯炳昆译，商务印书馆，1999年。

［荷兰］斯宾诺莎：《伦理学》，李健编译，陕西人民出版社，2007年。

［荷兰］斯宾诺莎：《简论上帝、人及其心灵健康》，顾寿观译，商务印书馆，2010年。

［荷兰］斯宾诺莎：《伦理学》，陈丽霞译，光明日报出版社，2010年。

在此，我们要重点介绍《斯宾诺莎书信集》这本译作。洪汉鼎先生的这一译本是斯宾诺莎书信作品汉译本的第一个版本。之所以在此重点介绍该译本，并非是因为其是“第一”或“唯一”译本，而是因为哲学家书信本身对理解哲学家思想具有相当的重要性。对于斯宾诺莎而言，书信在其哲学体系中所占据的特殊地位就更是不容忽视。在正式介绍此译本之前，我们有必要对为这本具有特殊思想地位的译本付出心血的译者洪汉鼎先生做一番简要的介绍，一方面是给读者提供更为全面的与译本相关的背景知识，另一方面也是向这样一位独具慧眼、兢兢业业的学界前辈致敬。作为后学的我们，尤其是对斯宾诺莎哲学感兴趣的人，谨需虔心倾听和跟随这样一位学界泰斗，于自己定是大有裨益的。例如，在谈到"斯宾诺莎的书信对于理解他（斯宾诺莎）的哲学思想，相对来说可能更为重要"①时，洪汉鼎先生分析了以下几条原因："（1）斯宾诺莎自己的哲学代表作《伦理学》是用几何学方式陈述的，虽然这种方式在他看来是最明白清楚的，但对我们现代读者来说，却不免晦涩，因此要正确全面理解他的真正思想，我们还得借助于他的书信；（2）在十七世纪，学者们之间的通信与后来的生活通信不同，大多是进行学术的讨论，我们可以说当时的书信实际上就是一篇篇学术论文，所以斯宾诺莎的书信就等于斯宾诺莎在其他正式著作之外又给我们提供了另一些宝贵的学术论著；（3）由于斯宾诺莎的书信大部分是针对友人或论敌对他学术思想提出的疑问进行回答，因而对于深入透彻地了解他的思想无疑有很重要的意义，我们可以毫不夸大地说，如果不读斯宾诺莎的书信，要了解他的真正哲学思想可能是非常困难的；（4）在哲学史上，斯宾诺莎是强调认识论和伦理学、世界观和人生观、求真和至善统一的伟大哲学家之一，专门的著作可能是从理论上阐明这种统一，而书信则可能具体而生动地表现这种统一，《斯宾诺莎书信集》特别提供了这位伟大哲学家如何把哲学理论和生活实践结合起来的宝贵材料；（5）斯宾诺莎的书信展现了一幅十七世纪有关社会政治事件、科学研究和发现，以及人们精神面貌的画面，我们从中既可以了解到斯宾诺莎个人生活、性格和著述的具体情况，又可以得知当时的时代背景、社会状况和人们普遍的思想倾向。"②

（七）莱布尼茨

对于近代西方哲学唯理论的另一位代表人物莱布尼茨而言，其著

---

① ［荷兰］斯宾诺莎：《斯宾诺莎书信集》，洪汉鼎译，商务印书馆，1993年，第iii页。

② 同上，第iii—iv页。

作在我国内地(大陆)得到译介的“春天”也始于二十世纪八十年代,即改革开放以后。下面是莱布尼茨著作的具体译本之罗列:

[德]莱布尼茨:《人类理智新论》,陈修斋译,商务印书馆,1982年。

[德]莱布尼茨:《莱布尼茨与克拉克论战书信集》,陈修斋译,武汉大学出版社,1983年。

[德]莱布尼茨:《莱布尼茨自然哲学著作选》,祖庆年译,中国社会科学出版社,1985年。

[德]莱布尼茨:《人类理智新论》,杨恺译,中国社会出版社,1999年。

[德]莱布尼茨:《新系统及其说明》,陈修斋译,商务印书馆,1999年。

[德]莱布尼茨:《神义论》,朱雁冰译,生活·读书·新知三联书店,2007年。

相较于之前近半个多世纪只有一本译本(即《形而上学序论》,陈德荣译,商务印书馆,1937年),这个时期的莱布尼茨著作之译介确实称得上“繁荣”了。尤其是其“哲学史上具有里程碑价值的……反映了近代欧洲理性主义哲学与经验主义哲学的一次全面交锋”之重要文献①——《人类理智新论》先后出现了两种译本,这在很大程度上体现了我们今天中国内地(大陆)学界对莱布尼茨的研究水准。

作为世界莱布尼茨学会之会员的陈修斋先生是我们介绍的重点。陈修斋生于1921年,卒于1993年,浙江东阳人。1945年,陈修斋自中央政治学校外交系毕业后,应贺麟先生的邀请赴昆明西洋哲学名著编译会工作,从此踏上了研究西方哲学的道路。他先后任教于北京大学与武汉大学。在教学之余,陈修斋长期辛勤地耕耘在经验论与理性论园地里。进入新时期后,他除了译出《人类理智新论》《莱布尼茨与克拉克论战书信集》与《关于实体的本性和交通的新系统及

① 周晓亮主编:《西方哲学史(学术版)》(第四卷),凤凰出版社,2004年,第158页。

其说明》及发表了大量论文外，还出版了《欧洲哲学史的经验主义和理性主义》《莱布尼茨》等著作。《欧洲哲学史的经验主义和理性主义》是由陈先生主编，其弟子段德智、邓晓芒、陈嘉琪参与编写的一部研究经验论与理性论的断代史。《莱布尼茨》则是陈修斋先生于病中与段德智合著的一本专著。在这本书中，他提出和阐述了一系列关于莱布尼茨哲学的学术观点，是国内莱布尼茨研究领域不可多得的经典。陈先生在莱布尼茨著作的译介领域得到了学界的高度评价，并公认他为“当代国内的权威学者”①，称赞他的译介成果“达到了国外同类研究所未能达到的水平”②，夸奖“他的莱布尼茨哲学翻译和研究在国际学术界享有盛誉”③，学界还表彰“他为推动中西哲学交流做出了突出贡献”④。

(八) 机械唯物主义思想

十七世纪至十八世纪，法国还诞生了一个哲学流派——机械唯物主义，这一流派的代表人物有孔狄亚克、霍尔巴赫、狄德罗等。在改革开放之后，机械唯物主义哲学由于马克思主义哲学的热潮而得到了一定的翻译。⑤

在译著中，除了其本身空前的丰富性让我们震惊并为之振奋外，这些十八世纪伟大思想家的作品中那股挡不住的，向我们心灵深处袭来的力量——启蒙，也令我们敬佩。因此，这一时期，那些成为人类精神的勇毅“拓荒者”之启蒙思想家，就不可能是按部就班地追问所谓“终极问题”的人，他们是“一些多才多艺的文人”⑥。他们以对话体形式写成的作品表达了荒唐而大胆的唯物论，其断定物质的纤维也有感觉。机械唯物主义哲学家说：“我们说的话始终不是落在感觉的后面，

---

① 段德智选辑：《陈修斋哲学与哲学史论文集》，武汉大学出版社，1995 年，第 2 页。

② 同上，第 7 页。

③④ 段德智：《陈修斋的哲学生涯与理论贡献刍议》，载《陈修斋先生纪念文集》，武汉大学出版社，1997 年，第 198 页。

⑤ 关于法国机械唯物主义哲学家的著作在新时期的译介情况，请参见书后附录。

⑥ 尚杰主编：《西方哲学史(学术版)》(第五卷)，凤凰出版社，2004 年，第 5 页。

就是落在感觉以外。”[①]作为“那个时代最标准的法国哲学家”[②]，孔狄亚克在著名的《人类知识起源论》中论述得最多的，却是人的记忆、想象和热情。所有这些，均明显区别于洛克单纯感觉的经验主义的“白板”理论。由此看来，十八世纪的法国启蒙思想及作为其重要代表流派的机械唯物主义，本身就是很难被简单归入“唯物”或者“唯心”一边的。对于这些开拓性的、不拘一格的启蒙思想家，我们要做的是努力从名目繁多的哲学理论之“洞穴”中挣脱出来，成为“自由的拓荒者”，在思想上越挫越勇。

应该说，思想启蒙工作自“五四”以来一直是我国学界的努力方向，甚至在改革开放进程加速向前的今天，“启蒙”对我们的意义更加突显。然而，这却并非意味着有关“启蒙”的所有思想都充分地（抑或无选择地）得到了吸纳和发挥。在新时期里，机械唯物主义就是这样的特例。

（九）德国古典主义哲学

就十八世纪至十九世纪的西方哲学东渐历程而言，主要的译介对象是十八世纪至十九世纪初的德国古典哲学（康德和黑格尔，同时也包括费希特、谢林及费尔巴哈）。

1. 康德

贺麟先生曾说：“康德、黑格尔哲学在中国的传播一般可分为三个时期。前期即从变法运动到五四时期，这是一个启蒙介绍时期，……中期即从五四运动到中华人民共和国成立之前，这是一个融汇传播和草创时期……后期即中华人民共和国成立之后到现在，这是开始试图运用辩证唯物主义观点来系统研究康德、黑格尔哲学时期。”[③]贺麟先生的划分是有道理的。不过，我们不能教条式地认为，中华人民共和国成立后直到现在的整个历史时期都理所应当地被统归为“后期”。我们应该看到，中华人民共和国成立以后，康德黑格尔哲学（当然，也

---

① 北京大学哲学系外国哲学史教研室编译：《十八世纪法国哲学》，商务印书馆，1979 年，第 411 页。

② 尚杰主编：《西方哲学史（学术版）》（第五卷），凤凰出版社，2004 年，第 5 页。

③ 贺麟：《五十年来的中国哲学》，辽宁教育出版社，1989 年，第 78 页。

包括费希特哲学与费尔巴哈哲学)在中国的翻译经历了若干不同的阶段。无论在广度上还是深度上,中华人民共和国成立以后的康德黑格尔哲学译介工作之发展都超过了过去的时期,特别是二十世纪八十年代以后更是如此。这样的发展与繁荣局面的出现,自然同“文革”结束与思想解放运动密不可分。

确切地说,西方哲学的翻译研究新局面始于1978年10月在安徽芜湖召开的规模空前的“西方哲学讨论会”,这是中国的西方哲学研究史上一次重要的拨乱反正大会。在这次会议上,经过冷静的思考和热烈的讨论,与会学者对日丹诺夫关于哲学史的定义做了深刻的批判,指出其不仅抹杀了唯心主义在哲学中的应有地位与价值,而且忽略了哲学发展中的丰富内容和复杂过程。更为重要的是,对日丹诺夫关于哲学史的定义之批判,以及由此对唯心主义哲学的历史地位之重新认识,很大程度上就是对德国古典哲学——特别是以康德黑格尔哲学为代表的西方古典哲学——的重新认识。所以,这次会议之后,关于西方古典哲学的研究首先在西方哲学研究领域形成了高潮,并得到持续而深入的发展。在这样的学术背景与氛围之下,这些作品的译本才得以相继问世。①

《康德著作全集》《费希特著作选集》及《费尔巴哈哲学著作选集》的问世,标志着德国古典主义哲学研究的新进展。与此同时,1981年,我国就已经成立了《黑格尔全集》的编译委员会。可以说,这些译本为本时期的德国古典哲学之学术研究成果的取得,奠定了扎实的原著基础。

首先,《康德著作全集》的翻译出版工作是苗力田先生倡议和启动的。然而,苗力田先生在第一卷还没译完时就去世了。为了填补康德全集译本在汉语领域的空白,李秋零教授历经数十载,于2010年最终出版完成所有九卷。对于这样一套里程碑式的译本,我们有必要逐一简要介绍一下各卷的主要内容,这一方面是对该全集译本所涵盖到的康德理论范围的一种展示,另一方面也是对翻译这些作品的工作量和

① 关于康德与黑格尔的著作在新时期的译介情况,请参见书后附录。

译介难度的一种展现，进而借此向苗力田先生与李秋零教授致以最崇高的敬意。

《第 1 卷:前批判时期著作Ⅰ(1747—1756)》

本卷为康德前批判时期著作的第一部分，即写于 1747 年到 1756 年的全部著作。这一时期，康德的学术兴趣在自然科学方面，本卷体现了康德有关“活力测定”“地球自转”，以及“地震”“火”“风”等内容的研究成果。康德于 1755 年发表的著名的《一般自然史与天体理论》也被收入本卷中。

《第 2 卷:前批判时期著作Ⅱ(1757—1777)》

本卷为康德前批判时期著作的第二部分，即写于 1757 年到 1777 年的全部著作，包括《自然地理学课程》(1757 年)、《运动与静止的新学术概念》(1758 年)、《试对乐观主义作若干考察》(1759 年)、《约翰・弗里德里希・冯・丰克先生的夭亡》(1760 年)、《四个三段论格的错误繁琐》(1762 年)、《证明上帝存在的唯一可能的证据》(1763 年)、《关于美感和崇高感的考察》(1764 年)、《试论大脑的疾病》(1764 年)、《西尔伯施拉格〈1762 年 7 月 23 日出现的火流星的理论〉一书评述》(1764 年)、《关于自然神学与道德的原则之明晰性的研究》(1764 年)、《1765—1766 年冬季学期课程安排的通告》(1765 年)、《一位视灵者的梦》(1766 年)、《论空间中方位区分的最初根据》(1768 年)、《论可感世界与理知世界的形式及其原则》(1770 年)、《莫斯卡蒂〈论动物与人之间身体上的本质区别〉一文评述》(1771 年)、《论人的不同种族》(1775 年)、《有关博爱学院的文章》(1776—1777 年)等。

《第 3 卷:纯粹理性批判(第 2 版)》

《纯粹理性批判》第 1 版于 1781 年问世。《康德全集》科学院版的编者把第 2 版单独编为第 3 卷，而把第 1 版中修订较多的部分与其他著作编为第 4 卷。

《第 4 卷:纯粹理性批判(第 1 版)等》

本卷包括《纯粹理性批判(第 1 版)》(1781 年)、《未来形而上学导论》(1783 年)、《道德形而上学的奠基》(1785 年)和《自然科学的形而上学初始根据》(1786 年)。

《第 5 卷:实践理性批判、判断力批判》

本卷包括《实践理性批判》(1788 年)和《判断力批判》(1790 年)。1790 年的《判断力批判》之发表,标志着康德的"批判哲学"思想体系之最终建成,"第三批判"通过对"审美判断力"和"目的论判断力"的讨论,将前两个"批判中"分裂存在的"现象界"和"本体界"沟通了起来。

《第 6 卷:纯然理性界限内的宗教等》

本卷包括《纯然理性界限内的宗教》(1794 年)和《道德形而上学》(1797 年)。《纯然理性界限内的宗教》包含四个部分,分别为"论恶的原则与善的原则的共居或论人性中的根本恶""论善的原则与恶的原则围绕对人类的统治权所进行斗争""善的原则对恶的原则的胜利与上帝的国在地上的建立"和"论善的原则统治下的事奉和伪事奉,或论宗教与教权制"。该书曾一度遭到普鲁士当局和宗教势力的反对,但最终得以出版。《道德形而上学》分为"法权论的道德形而上学初始根据"和"德性论的形而上学初始根据"两个部分。

《第 7 卷:学科之争、实用人类学》

本卷包括《学科之争》(1798 年)和《实用人类学》(1798 年)。与前面几卷晦涩的文字相比,本卷的大部分内容直接来源于康德对人生的观察和思考。

《第 8 卷:1781 年之后的论文》

本卷包括《〈兰贝特书信往来〉通告》(1782 年)、《给医生们的报道》(1782 年)、《舒尔茨的〈不分宗教适用于所有人的道德学说的一种指南尝试〉第一部书评》(1783 年)、《关于一种世界公民观点的普遍历史的理念》(1784 年)、《回答这个问题:什么是启蒙?》(1784 年)、《约·戈·赫尔德的〈人类历史哲学的理念〉第一部、第二部书评》(1785 年)、《论月球上的火山》(1785 年)、《论书籍翻印的不合法性》(1785 年)、《人的种族的概念规定》(1785 年)等著作和论文。

《第 9 卷:逻辑学、自然地理学、教育学》

本卷包括《逻辑学》(戈特劳布·本亚明·耶舍编)、《自然地理学》

(弗里德里希·特奥多尔·林克博士编)与《教育学》(弗里德里希·特奥多尔·林克博士编)。本卷的三部分内容分别由两位学者根据康德论文的内容分类编辑而成。

在康德著作的译介领域,还有两位重要人物必须在此着重提及,即杨祖陶和邓晓芒。杨祖陶长期从事西方哲学的教学与研究工作,专攻德国古典哲学,特别是康德黑格尔哲学。在这一领域中,杨祖陶取得了具有重要学术价值的成果。例如,改革开放以来,他译出了黑格尔的《精神哲学》,校订了邓晓芒译出的康德"三大批判"与《康德三大批判精粹》。杨祖陶先生对我国的德国古典哲学研究之贡献是不可估量的。邓晓芒在德国古典哲学领域的成就也尤为突出,他除译有康德的《实用人类学》与《自然科学的形而上学基础》外,还同杨祖陶先生共同译出了康德的《纯粹理性批判》《实践理性批判》《判断力批判》与《康德三大批判精粹》,成为新时期的康德哲学之主要翻译家。

2. 黑格尔

1982年至1999年,黑格尔的著作受到了中国学界的冷落。这一时期黑格尔著作只有四本[①]:

[德]黑格尔:《宗教哲学讲座·导论》,长河译,山东大学出版社,1988年。

[德]黑格尔:《黑格尔早期神学著作》,贺麟译,商务印书馆,1988年。

[德]黑格尔:《黑格尔早期著作集(上卷)》,贺麟译,商务印书馆,1997年。

[德]黑格尔:《宗教哲学》,魏庆征译,中国社会科学出版社,1999年。

从2000年至今,黑格尔著作的译介有了新的突破。[②]这个时期的译著不再受到政治的干扰,译者因为学术的需要而主动完成翻译。这

① 1976年至1981年,黑格尔著作的翻译是译者们接续因数次政治运动而被迫中断的工作,笔者因此把这一补续的工作划入上一个时期。

② 关于黑格尔的著作在新时期的译介情况,请参见书后附录。

些译著具有查缺补漏的性质，补齐了上一时期遗漏的黑格尔之主要作品，如《哲学全书》《宗教哲学讲演录》等。这一时期，译者们也贡献出了黑格尔重要著作的多个译本，为黑格尔的研究打下了坚实的基础。然而，《黑格尔全集》却一直未得到翻译，这对于我国的黑格尔研究工作来说是一种莫大的遗憾和不小的打击。目前，由张世英先生主持翻译的《黑格尔著作集》(二十卷)和梁志学先生牵头翻译的《黑格尔全集》正在编辑出版过程中。可以想象，《黑格尔全集》的出版必将推动和深化我国的黑格尔哲学研究。

3. 费尔巴哈

路德维希·费尔巴哈的名字及其著作的中译本，在我国乃是随着恩格斯的《路德维希·费尔巴哈和德国古典哲学的终结》(二十世纪二十年代末至三十年代初)、列宁的《唯物主义和经验批判主义》(1930)与普列汉诺夫著作中译本的出版，以及马克思主义哲学在中国的传播，才开始流行和出版的。我国于 1934 年和 1936 年出版了《未来哲学原理》的两个译本，于 1935 年出版了《黑格尔哲学批判》，于 1937 年出版了《宗教本质讲演录》。中华人民共和国成立后，包括费尔巴哈哲学在内的西方哲学研究进入了新的阶段。之后，以 1978 年 10 月在芜湖召开的“西方哲学讨论会”为界，我国的西方哲学研究分为两个时期。二十世纪五十年代至六十年代，我国相继出版了洪谦先生与王太庆先生据德文翻译的费尔巴哈著作之单行本及据俄文编译的《费尔巴哈哲学著作选集》(上下卷)。1962 年是费尔巴哈逝世 90 周年，《人民日报》发表了汝信先生的纪念性文章。1963 年，《中国青年》第 3—4 期发表了张世英先生讲述费尔巴哈唯物主义的文章。“但当时对费尔巴哈哲学的评价是以恩格斯的观点为基调的。”①1971 年，毛泽东同志提出要读马列著作，《费尔巴哈论》是必读的一本书。为了辅导读书，一些学者做辅导报告，参与辅导读物的写作，这对人们了解费尔巴哈的

① 李毓章:《20 世纪中国的费尔巴哈研究》,《厦门大学学报》(哲学社会科学版),2003 年第 4 期,第 78 页。

哲学是有益的。1978 年以后，国内的费尔巴哈研究进入了蓬勃发展阶段，因为随着思想解放，精神枷锁逐渐被打破了。1978 年到 1984 年，我国陆续出版了《费尔巴哈哲学史著作选》(三卷)，商务印书馆的“汉译世界学术名著丛书”有两本费尔巴哈的书，“宗教文化丛书”也有他的著作，《费尔巴哈哲学著作选集》也由商务印书馆再版。

费尔巴哈哲学是随着马克思主义在中国的传播而东渐到中国的。可以说，“中华人民共和国成立前，从西方留学回国的老一代学者对他似乎没有什么兴趣，只是一些从事马克思主义哲学的学者用辩证唯物主义哲学去解读费尔巴哈哲学。费尔巴哈哲学在中国的传播，既没有发生过用中国传统哲学解读的情况(相反地，费尔巴哈本人在解释自己的观点时，却不时地引用我们的《诗经》《礼记》等古籍的思想)，也较少受西方学者观点的影响。这可能也是西方哲学东渐中的少有现象(至少前 80 年是这样)。中华人民共和国成立后，马克思主义是我们的指导思想，马克思主义哲学构成了我们理解费尔巴哈哲学的处境(视域)的一个必须坚持的传统或‘前理解’，是我们理解视域的主要部分，更何况马克思恩格斯列宁对费尔巴哈作了很多直接的论述”。①然而，问题是，我们不该仅仅被束缚在这个“前理解”里，从而固步自封。当然，迈出实质性的一步并非一件轻而易举的事。在费尔巴哈著作的翻译方面，我们也存在一定的问题。“全集和新译单篇著作暂且不谈，现有的《哲学选集》的一些译文似应修改，特别是一些据俄文翻译的译文，它译错了，中译文也跟着错。《基督教的本质》有漏译。此外，《哲学选集》也许要补充他的重要著作。”②这些都是我们学界需要直面的问题。只要我们与时俱进，在解读方式上不断融入新知，注意借鉴国外学者的成果，就会有新的收获。展望新时期的费尔巴哈哲学研究，我们应该充满信心。

4. 费希特

1990 年以前，“在德国古典哲学研究中，费希特研究比较薄弱”。③

①② 李毓章：《20 世纪中国的费尔巴哈研究》，《厦门大学学报》(哲学社会科学版)，2003 年第 4 期，第 81—83 页。

③ 黄见德：《西方哲学的传入与研究》，福建人民出版社，2007 年，第 365 页。

在改变这一状况方面，梁志学先生的功绩不可磨灭。

首先，在译出有关单篇的基础上，他主持了《费希特著作选集》五卷本的翻译和出版工作。这部选集收录了费希特的三十八部（篇）论著，占其亲自发表作品的五分之四，约260万字，均依据《费希特全集》巴伐利亚科学院德文版译出。从1986年3月开始，到2002年全部出齐，《费希特著作选集》的翻译出版工作历时十五载。《费希特著作选集》是费希特著作具有学术水准的相当系统之翻译，这些著作在中国的问世，“改变了人们长期以来形成的对费希特过分简单粗糙的评价，展现了他的思想的丰富性和创造性，揭示了知识学从以自我为最高原理到以理念为最高原理的发展演化的全貌。除了在哲学史上独树一帜的知识学外，人们还会在伦理、法理、政治、社会、经济、历史、宗教等学说领域发现费希特思想的独特魅力和不朽价值”①。因此，《费希特著作选集》在出版后就得到了哲学界的充分肯定，认为这标志着我国的“费希特研究进入了一个新阶段”②。

《全部知识学的基础》一书，是费希特最具代表性的著作。1986年出版的，由王玖兴先生翻译的译本是中国内地（大陆）至今能见到的《全部知识学的基础》之唯一单行译本。费希特的这部著作在其生前有三个版本，即1794年的莱比锡版及1802年的图宾根版和莱比锡版。在费希特去世后，此书又有三个版本：一是费希特之子J.H. Ficht编的全集本；二是梅迪库斯的选集本；三是劳特编的全集本。王玖兴先生的这一译本是根据梅迪库斯于1912年编辑出版的《费希特著作六卷本选集》译出。尽管自全书译完后过去了很长时间，王玖兴先生才收到R. Lauth（劳特）寄赠的由他考校的1968年研究版的最新版本，但是王先生依然秉着严谨治学、对读者负责的态度，依据该最新版本对自己的中译本从头到尾校改了一遍。王先生的这种行为，既是学术操守的体现，更是人生境界的彰显。同时，王玖兴先生在翻译过程

①② 郭大为：《重估费希特的价值——〈费希特著作选集〉编译告成》，《哲学动态》，2000年第10期，第27页。

中遭遇的这一轶事，本身就从一个侧面反映出，在改革开放的大环境下，我国的对外学术交流十分活跃，学术研究欣欣向荣，出现了我们今天所谓的“西方哲学译介的大繁荣”。

5. 谢林

谢林是德国古典哲学家中最另类的一位。这种另类不仅仅体现在其作品的译介数量同其在哲学史上的地位不相符，也体现在学术界对其思想本身的评价差异上。下面是至今在我国内地（大陆）所能接触到的谢林著作之译本：

[德]谢林：《先验唯心论体系》，梁志学、石泉译，商务印书馆，1976年。

[德]谢林：《布鲁诺对话：论事物的神性原理和本性原理》，邓安庆译，商务印书馆，2008年。

[德]谢林：《对人类自由的本质及其相关对象的哲学研究》，邓安庆译，商务印书馆，2008年。

应该说，“对于谢林哲学，人们曾经或者至今仍有不少误读，至少可以说是不准确的解读”。①那么，这些问题是如何出现的呢？或许我们可以从以下三点得到某些启示：第一，在《哲学史讲演录》里，黑格尔断定，谢林的初期著作“完全是费希特的气味”②。有鉴于此，“人们往往过于强调谢林哲学与费希特哲学的承继关系，甚至认为在谢林的自然哲学之前存在一个‘费希特时期’”。③第二，谢林的哲学著作“从来没有一个贯穿到底的完全的整体，或者说，谢林总是不断地寻找新的形式，总以不同的形式和术语另起炉灶”。④因此，人们据此认为谢林哲学自始至终都未能形成一个完整的体系，并索性将其“自然哲学、先验哲学、同一哲学、艺术哲学、自由哲学和历史哲学、神话哲学和启示

---

① 俞吾金、汪行福、王凤才、林晖、徐英瑾：《德国古典哲学》，人民出版社，2009年，第389页。

② [德]黑格尔：《哲学史讲演录》（第四卷），贺麟译，王太庆校，商务印书馆，1997年，第341—342页。

③④ 俞吾金、汪行福、王凤才、林晖、徐英瑾：《德国古典哲学》，人民出版社，2009年，第390页。

哲学，视为几个互不相关或关系不大的演变时期"①。第三，"人们往往将谢林哲学仅仅理解为客观唯心主义体系，并将它视为从康德、费希特主观唯心主义向黑格尔客观唯心主义转化过程中的一个环节。这样，谢林哲学就只是德国古典哲学理性主义发展过程中的一个中继站。但是，由于过分强化谢林哲学的理性主义性质，而忽视其浪漫主义因素，从而既不能深刻领悟谢林哲学在德国古典哲学中的独特性，也不能充分认识谢林哲学在德国古典哲学中的重要地位"。②或许以上三条分析尚不足以完全回答为什么谢林哲学在我国的译介如此萧条，但这毕竟只是一个开始，对这一问题的深入思索和解答本身就必然要求我们进一步去译介谢林的著作，其不是一个可以回避的问题。

四、现代西方哲学的翻译和研究

新时期，相较于近代西方哲学，就西方哲学原著的翻译与出版方面之成就及突破而言，更为深刻与明显的变化还是出现在现代西方哲学领域。

现代西方哲学是以费尔巴哈哲学为主的德国古典哲学终结后所浮现的各种哲学流派，这些流派的哲学思想可以说全部都是以背叛德国古典哲学为基础的。由于分析哲学注重逻辑推演，而以现象学（哲学解释学、存在主义等流派可以看成是现象学的分支）为首的欧洲大陆哲学注重人生关怀，因此在改革开放时期，现代西方哲学著作的翻译数量是最多的。③但是，中国大众甚至中国学界对西方现代哲学的了解都很缺乏。这一时期，翻译研究西方现代哲学的主要是青年学者。由于有关现代西方哲学的论文与著作数量繁多，因此本书正文主要分析各流派的翻译研究概况和特征，不对作品一一列举。本书附录

---

① 俞吾金、汪行福、王凤才、林晖、徐英瑾：《德国古典哲学》，人民出版社，2009 年，第 390 页。

② 同上，第 390—391 页。

③ 由于现代西方哲学著作的翻译数量庞大，哲学家的译著众多，因此只要是译著过多的哲学家之作品，我们都列入了书后的附录，详情可以参见本书附录。

里收录了各哲学流派的译作，读者阅读时可参考佐证。本节选择了在西学东渐中对中国社会影响较大或影响时间较长的现代西方哲学流派和哲学家进行考察，没有包括所有现代西方哲学流派和哲学家，因为本书主要是从哲学翻译的角度来考察西方哲学著作的翻译与研究及中西文化交流，不对哲学理论进行深入探讨。在西方哲学理论的论述和分析方面，本书难免有偏颇之处，希望得到哲学界专家的批评指正。

（一）实证学

“实证”一词源于拉丁文 *positivus*，意思是肯定、明确、确切。实证论的基本观点包括：“第一，认为超出主观经验的知识是不可靠的，也是不可知的，因为没有感觉就没有世界。实证论者在本体论和认识论两个层面都特别强调感觉的重要性。第二，认为超出经验的本体论问题应当取消，主张用科学取代哲学，而科学的使命就是发现经验世界中的规律。这样一门科学实证味道浓厚的学说对中国的影响始于十九世纪下半叶，其主要原因是先进的中国人意识到：‘中国要想改变积贫积弱的现状，必须掌握近代发展起来的实证科学；而要掌握实证科学，必须认真研究实证方法。’这种认识甚至在更早期的‘洋务运动’时就在某些目光敏锐的思想家头脑中产生了：他们发现‘坚船利炮’不过是西方近代文化的表层，‘声、光、电、化’等实证科学知识才是西方文化的根底。出于这样的认识，他们大力倡导学习实证科学。从此，中国人走上了科学探索和发展科学的道路。正是出于对实证科学的尊重，中国先进的思想家才开始接受西方实证哲学的影响。”①正因为如此，“实证哲学在中国，首先是作为改造社会的武器，其次才是以哲学的面目出现的，因而带有明显的社会功利性。中国没有严格的实证哲学传统，它之所以能够在中国获得发展的空间，同它抓住当时中国社会变革的契机有密切的关系”。②因此，尽管与之前的时期相比，新时

① 俞吾金、汪行福、王凤才、林晖、徐英瑾：《德国古典哲学》，人民出版社，2009 年，第 12 页。
② 同上，第 208 页。

期的实证主义学说之译介工作在整个繁荣的大环境之带动下有所推进，但是仍显单薄。

（二）生命哲学

在现代西方哲学的各流派中，生命哲学是一支重要的力量，其重要性体现在对西方哲学思想流变本身的贡献。尤其是“随着近代哲学的完成，建立在分析、推演、实证基础上的近代自然科学也获得了巨大的成功”。①正如罗素所说的，“在那个时候占统治地位的是一种科学的乐观主义。它使人相信，天国可能会出现在地球上，科学和技术所达到的巨大进步似乎使所有问题的即将解决成为可能”。②可以说，在西方近代思想家那里，理性不仅仅是一面旗帜，还是一种力量。通过理性，人们可以摆脱愚昧，走出思想受奴役的境地。但是，随着西方各国于十九世纪进入帝国主义时代，人们在面对价值危机和意义危机的情况下，对理性主义进行了反思。作为非理性主义思潮的重要代表，生命哲学正是在这样一种社会背景和文化氛围下产生并逐渐发展壮大的。作为一个哲学流派，生命哲学于十九世纪六七十年代问世，代表人物包括狄尔泰、齐美尔、柏格森等。

尽管狄尔泰与齐美尔都属于生命哲学思潮的重要代表，但“他们的理论往往仅限于某一方面或某一领域，影响所及比较有限。生命哲学思潮中最有代表性、影响也最大的，要数法国思想家柏格森的哲学”。③从历史上来看，“中国人最早介绍柏格森哲学的文字，出自文化保守主义者钱智修的笔下。1913 年的《东方杂志》第十卷第 1 号发表了钱氏所撰的《现今两大哲学家学说概略》，初步介绍了‘布格逊（即柏格森——引者）’之进步哲学”。④自此以后，柏格森的生命哲学“开始在中国知识界流行”。然而，从国内介绍柏格森哲学的论文和各部译著的出版时间中不难看出，柏格森哲学研究的鼎盛期在“五四”以后至

① 董德福：《生命哲学在中国》，广东人民出版社，2001 年，第 15 页。

② ［英］罗素：《西方的智慧》，殷晓蓉等译，上海人民出版社，1992 年，第 393 页。

③ 董德福：《生命哲学在中国》，广东人民出版社，2001 年，第 25—26 页。

④ 同上，第 5 页。

1927年之前及改革开放以后这两段时期。“1927年以后，辩证唯物主义思潮席卷全国，无论是科学主义思潮，还是以柏格森为代表的生命哲学，均在历史洪流的冲刷下被边缘化了。”①到了新时期，尽管整个大环境对生命哲学的译介工作起到了很大的推动作用，但是真正深入全面的研究工作尚处于起步阶段，我国学界仍有很多的工作要做。

(三) 叔本华

自十九世纪起，西方思想界出现了针对十八世纪的“资产阶级反封建斗争”而发起的“一场资产阶级思想文化运动——‘启蒙运动’”。随着该运动的深入发展，德国文坛形成了“一场声势浩大的全国性文学运动，史称‘狂飙突进运动’”②。在此种背景下，一个具有非理性色彩的另类思潮——唯意志论映入人们的眼帘，其代表人物是两位德国人，即叔本华和尼采。

叔本华的哲学是反理性的，他从反理性出发，进而反对人文的理想和理智的展望，“也即否定人类理想文明的可能性”③。启蒙主义者相信一个繁荣昌盛、人人幸福的乐园终将出现，而叔本华对人对事却表现出一种悲观主义者的绝望，其“建构起来的唯意志论哲学，是欧洲近代哲学史上第一个非理性主义的哲学体系，并开创了现代非理性主义的先河”。“叔本华的出现，预示了后世反理性主义浪潮的开始”，其哲学“也是世界哲学发展之链上的一个重要环节，对现代哲学的发展有着不可忽视的影响”。④对于这样一位在西方思想史上占据显赫地位的思想家，我国学界对其作品的译介所取得之成绩是不容否认的，“但是人们习惯性的政治眼光和阶级立场在学术分析的过程中仍不知不觉在发生作用”。应该说，“叔本华颇遭人非议的理论和一生不仅在中国哲学，即便是西方哲学史有时也评价不高”。⑤也许，今天已经到了我们来直面这一问题的时候了，正如我国叔本华研究专家姜建强先

---

① 董德福:《生命哲学在中国》，广东人民出版社，2001年，第85页。

② 成海鹰、成芳:《唯意志论哲学在中国》，首都师范大学出版社，2002年，第33页。

③④ 同上，第34页。

⑤ 同上，第49页。

生在其作品《叔本华：一个再思考》中评论的那样，我国对叔本华的研究是很不够的。

（四）尼采

另一位唯意志论哲学家是中国人所熟悉的尼采。尼采的著作在我国的译介有过三次繁荣期。第一次所谓的"尼采热"与五四运动一道兴起。[①]最先是傅斯年在《新潮》第一卷第5号上发表的《随感录》中大声疾呼："我们须提着灯笼沿街寻超人，拿着棍子沿街打魔鬼。"这里，我们分明看到尼采笔下的那个打着灯笼在街上向人们宣布"上帝死了"的疯子之影子。继而，大学者郭沫若在1919年末写的新诗《匪徒颂》把包括马克思在内的"古今中外的真正匪徒们"都大大赞美了一番。他把"'倡导超人哲学的疯癫，欺神灭象的尼采'和'倡导太阳系统的妖魔，离经叛道的哥白尼'与'倡导人猿同祖的畜生，毁宗谤祖的达尔文'一起，称作'学术革命的匪徒'，并为之三呼'万岁'"。这无疑是此次"尼采热"中的最高呼声了。第二次"尼采热"与抗日战争一道兴起。[②]这不难理解，在那个救亡图存、战火连天的年月里，尼采那充满了意志力量的作品定然能成为众多仁人志士的精神食粮。关于以上两次"尼采热"时期的著作译介之详情，读者可以参见本书第四章的相关内容，此处不再赘述。我们重点要谈及的，是第三次"尼采热"的相关情况。

事实上，第三次"尼采热"的出现，可谓来之不易。回首往昔，1949年后，在将近三十年的时间内，中国内地（大陆）所翻译的尼采著作仅限于洪谦主编的《西方现代资产阶级哲学论著选辑》中王复摘译的尼采《权力意志》一书中的26条格言。在杨烈与伍蠡甫的《西方文论选》（下卷）[③]中有《悲剧的诞生》的部分译文，而美学家缪郎山早在1965年就翻译了《悲剧的诞生》全本，但直到1980年才在《文学论集》第三、四

---

① 成海鹰、成芳：《唯意志论哲学在中国》，首都师范大学出版社，2002年，第七章"第一次'尼采热'前后"。

② 同上，第八章"第二次'尼采热'前后"。

③ 杨烈、伍蠡甫：《西方文论选》（下），上海译文出版社，1979年。

辑上发表出来，这些在当时可能都没有引起人们太多的关注。1986年，随着在改革开放中兴起的第三次“尼采热”之到来，《悲剧的诞生》几乎同时有三种译本在中国内地（大陆）出现：一个是李长俊的译本，由湖南人民出版社出版；一个是刘崎的译本，由作家出版社出版；一个是周国平的译本，由生活·读书·新知三联书店出版。在以上三个译本中，周国平的译本之学术价值是最高的。就学术严谨性而言，直接从原著翻译应该是更为可取的。同时，像哲学类作品的翻译，本身就是一个不断突破和改进的过程，并且这一过程本身又不可避免地要求译者对原著（包括其他学者关于原著的相关研究成果）进行深入的研读。因此，随着时间的推移，译者手中所掌握的第一手资料越丰富，对原著本身的理解越深入，其译本的质量对于我们读者来说应该就更有保证。周国平的译作《悲剧的诞生——尼采美学文选》除了有《悲剧的诞生》全本外，还收录了尼采其他一些有关美学的著作之全译或节译，“确是一本高水准的读物”，甚至“可以说1949年后中国内地（大陆）尼采著作的翻译出版是从这里正式开始的”。①

值得着重提及的，是近来的两个尼采全集之翻译情况：一个是孙周兴翻译的《尼采著作全集》，由商务印书馆于2010年出版；另一个是杨恒达翻译的《尼采全集》（共二十六卷），由中国人民大学出版社于2011年出版。前一个译本如今出了三卷，分别为《1887—1889年遗稿》（第十三卷）、《1885—1887年遗稿》（第十二卷）及《查拉图斯特拉如是说》（第四卷）。其中，第十二卷和第十三卷就是所谓的《权力意志》的上卷与下卷。不过，由于孙周兴先生依据的是“目前学界公认最权威的由意大利学者乔尔乔·科利（Giorgio Colli）和马志诺·蒙提那里（Mazzino Montinari）编辑出版的十五卷本考订研究版《尼采全集》（简称‘科利版’）第十二卷和第十三卷。（‘考订研究版’[KSA]依据于‘考订全集版’[KGW]，科利/蒙提那里编辑，柏林/纽约，1967年始出

① 成海鹰、成芳：《唯意志论哲学在中国》，首都师范大学出版社，2002年，第352页。

版)”①,所以“在内容上已经包括,甚至超出了此前以《权力意志》为书名的尼采遗稿诸版本”②。后一个译本已出了两卷,分别为《人性的,太人性的》(第二卷)与《查拉图斯特拉如是说》(第四卷)。

(五) 现象学

在改革开放以前的若干年里,对现代西方哲学家著作的引进,除了基于某些政治目的而将特定哲学家著作以反面教材的形式提及外,社会大众(包括学术界)对现代西方哲学的了解是十分缺乏的。到了改革开放以后,一些学者——特别是年轻学者——才踊跃投身到这个领域,成为第一批把汗水洒在现代西方哲学原著上的人。这一时期,真正称得上突破的,应该属现象学思潮及在现象学影响下的所谓存在主义和哲学解释学思潮在我国之形成与兴盛。这一论断倒并非基于数量上的考虑(毕竟这一时期对现象学著作的翻译,不论是所涉及的西方哲学家的人数还是所译原著的全面性,都是突破性的),而是源自于对其学术价值和影响力的衡量。下面我们就通过对现象学、存在主义与解释学这三种思想流派最具代表性的哲学家之著作在中国内地(大陆)的翻译与流传之介绍,窥见这一时期中国内地(大陆)的西方哲学研究领域之繁荣局面。

首先是现象学。其中,胡塞尔与海德格尔的名字是必须被深入细致地提及的。中国内地(大陆)研究胡塞尔的第一人,是中山大学现象学研究所的教授倪梁康。他担任国际《胡塞尔研究》学刊编委,以及国际“现象学世界”丛书与国内“中国现象学与哲学研究”“中国现象学文库”等丛书的编委。他翻译的第一本胡塞尔之著作是《现象学的观念》(上海译文出版社,1986 年)。除此之外,倪梁康先生还有以下现象学研究成果:

倪梁康主编:《面对实事本身:现象学经典文选》,东方出版社,2000 年。

[奥地利]胡塞尔:《现象学的观念》,倪梁康译,上海译文出版

①② [德]尼采:《权力意志》,孙周兴译,商务印书馆,2007 年,译者后记。

社,1986年。

[奥地利]胡塞尔:《现象学观念》,倪梁康译,南方丛书出版社,1989年。

[奥地利]胡塞尔:《欧洲科学危机和超越现象学》,倪梁康译,桂冠图书公司,1992年。

[奥地利]胡塞尔:《逻辑研究.第一卷,纯粹逻辑学导论》,倪梁康译,时报文化出版企业公司,1994年。

[奥地利]胡塞尔:《逻辑研究》(第一卷),倪梁康译,上海译文出版社,1994年。

[奥地利]胡塞尔:《现象学的方法》,倪梁康译,上海译文出版社,1994年。

[奥地利]胡塞尔:《胡塞尔选集》,倪梁康选编,上海三联书店,1997年。

[奥地利]胡塞尔:《逻辑研究》(第二卷第一部分),倪梁康译,上海译文出版社,1998年。

[奥地利]胡塞尔:《逻辑研究》(第二卷第一部分),倪梁康译,时报文化出版企业公司,1999年。

[奥地利]胡塞尔:《哲学作为严格的科学》,倪梁康译,商务印书馆,1999年。

[奥地利]胡塞尔:《逻辑研究》(第二卷第二部分),倪梁康译,时报文化出版企业公司,1999年。

[奥地利]胡塞尔:《逻辑研究》(第二卷第二部分),倪梁康译,上海译文出版社,1999年。

[奥地利]胡塞尔:《生活世界现象学》,倪梁康、张廷国译,上海译文出版社,2002年。

[奥地利]胡塞尔:《现象学的观念:五篇讲座稿》,倪梁康译,人民出版社,2007年。

[奥地利]胡塞尔:《内时间意识现象学》,倪梁康译,商务印书馆,2009年。

[奥地利]胡塞尔:《文章与讲演:1911—1921年》,倪梁康译,

人民出版社，2009 年。

倪梁康先生翻译的《逻辑研究》标志着“中国人对胡塞尔著作的翻译至此已具有很可观的规模和质量”。[①]

在现象学研究领域，另外一位值得关注的中国学者是中国社科院世界文明比较研究中心的特约研究员李幼蒸先生。李幼蒸先生翻译的《纯粹现象学和现象学哲学的观念》之第一卷（即《纯粹现象学通论》）具有较高的学术水准。为了获得较多的参照和尽可能保证译本的准确性，李幼蒸先生在翻译的过程中依据了“两个德文本（1976 年的新编本和 1922 年本）、一个法文本、两个英文本”。李幼蒸先生的这个译本堪称现代西方哲学翻译的一个很好的范本。

现象学的另一位大家是海德格尔，其作品最早于 20 世纪 60 年代出现在中国内地（大陆）的出版物上，当时是作为资产阶级的哲学资料刊出的。最先刊出的是梁存秀先生[②]翻译的《什么是形而上学》（《哲学译丛》，1961 年）和熊伟[③]翻译的《论人道主义的书信》（《哲学译丛》，1962 年）。1987 年，陈嘉映和王庆节合译，熊伟先生校订的海德格尔之成名作《存在与时间》由生活·读书·新知三联书店出版。两位译者均系熊伟先生的硕士研究生，故在翻译上受到老师的影响也是理所当然的事情了。正如该译本的译者序所言：“熊伟先生在二十世纪六十年代初曾译出本书的第四、六、九、十四、二十六、二十七、三十八、四十、四十一、五十三、六十五、七十四凡十二节，印行在商务印书馆 1963 年出版的《存在主义哲学》一书中。这十二节是本书的重要部分，虽然

① 汤一介主编：《现象学思潮在中国》，首都师范大学出版社，2011 年，第 27 页。

② 梁存秀，别名梁志学，男，1931 年 6 月生，山西省定襄县人，原中国社会科学院哲学研究所研究员，目前已离休。1956 年夏，梁存秀从北京大学哲学系研究生班毕业，分配到中国科学院哲学研究所工作，曾任《哲学译丛》责任编辑、《自然科学哲学问题丛刊》主编和《中国大百科全书·哲学卷》自然辩证法部分常务副主编，主要从事德国古典哲学的翻译与研究工作。

③ 熊伟（1911—1994 年），贵州贵阳人。1933 年至 1936 年，熊伟在德国弗莱堡大学就读，师从胡塞尔与海德格尔研究哲学，1937 年转入波恩大学，1939 年获得哲学博士学位。在柏林大学工作了一段时间后，熊伟于 1941 年回国，先后担任南京大学、同济大学与北京大学教授。

这次为了全书译名与风格的统一，我们重译了这十二节，但熊伟先生的译文毕竟为翻译全书奠定了基础。”①

二十世纪八十年代后翻译出版的海德格尔著作有：

[德]海德格尔：《存在与时间》，陈嘉映、王庆节译，生活·读书·新知三联书店，1987年。

[德]海德格尔：《海德格尔论尼采：作为艺术的强力意志》，秦伟等译，河北人民出版社，1990年。

[德]海德格尔：《诗·语言·思》，彭富春译，文化艺术出版社，1990年。

[德]海德格尔：《存在与时间》，陈嘉映、王庆节译，久大文化公司，1990年。

[德]海德格尔：《海德格尔诗学文集》，成穷等译，华中师范大学出版社，1992年。

[德]海德格尔：《林中路》，孙周兴译，时报文化出版企业公司，1994年。

[德]海德格尔：《路标》，孙周兴译，时报文化出版企业公司，1998年。

[德]海德格尔：《人，诗意地安居：海德格尔语要》，郜元宝译，上海远东出版社，1995年。

孙周兴选编：《海德格尔选集》，上海三联书店，1996年。

[德]海德格尔：《形而上学导论》，熊伟、王庆节译，商务印书馆，1996年。

[德]海德格尔：《海德格尔的技术问题及其他文章》，宋祖良译，七略出版社，1996年。

[德]海德格尔：《面向思的事情》，陈小文、孙周兴译，商务印书馆，1996年。

① [德]海德格尔：《存在与时间》，陈嘉映、王庆节译，生活·读书·新知三联书店，1987年，第3页。

[德]海德格尔:《林中路》,孙周兴译,上海译文出版社,1997年。

[德]海德格尔:《在通向语言的途中》,孙周兴译,商务印书馆,1997年。

刘小枫编:《海德格尔与神学》,汉语基督教文化研究所,1998年。

[德]海德格尔:《路标》,孙周兴译,商务印书馆,2000年。

[德]海德格尔:《荷尔德林诗的阐释》,孙周兴译,商务印书馆,2000年。

[德]海德格尔:《海德格尔与有限性思想》,孙周兴等译,华夏出版社,2002年。

[德]海德格尔:《形式显示的现象学:海德格尔早期弗莱堡文选》,孙周兴译,同济大学出版社,2004年。

[德]海德格尔:《林中路》(修订版),孙周兴译,上海译文出版社,2004年。

[德]海德格尔:《海德格尔存在哲学》,孙周兴等译,九州出版社,2004年。

王炜编:《熊译海德格尔》,熊伟译,同济大学出版社,2004年。

[德]海德格尔:《演讲与论文集》,孙周兴译,生活·读书·新知三联书店,2005年。

[德]海德格尔:《存在与在》,王作虹译,民族出版社,2005年。

[德]海德格尔:《论真理的本质:柏拉图的洞喻和〈泰阿泰德〉讲疏》,赵卫国译,华夏出版社,2008年。

[德]海德格尔:《现象学之基本问题》,丁耘译,上海译文出版社,2008年。

[德]海德格尔:《思的经验:1910—1976》,陈春文译,人民出版社,2008年。

[德]海德格尔:《在通向语言的途中》(修订译本),孙周兴译,商务印书馆,2009年。

[德]海德格尔:《时间概念史导论》,欧东明译,商务印书馆,

2009 年。

[德]海德格尔:《存在论:实际性的解释学》,何卫平译,人民出版社,2009 年。

[德]海德格尔:《物的追问:康德关于先验原理的学说》,赵卫国译,上海译文出版社,2010 年。

孙周兴编译:《依于本源而居:海德格尔艺术现家学文选》,中国美术学院出版社,2010 年。

丹明子主编:《海德格尔谈诗意地栖居》,中国工人出版社,2011 年。

[德]海德格尔:《同一与差异》,孙周兴等译,商务印书馆,2011 年。

孙周兴先生是中国现象学专业委员会的学术委员,长期从事海德格尔研究,他翻译的海德格尔作品占二十世纪八十年代以来同类译著之一半以上。孙周兴先生注重翻译中的语言推敲,对原著的翻译经常联系中国哲学思想,有很多独到之处。他对译本一再修订,如《林中路》修订再版三次。熊伟与王庆节翻译的《形而上学导论》(商务印书馆,1996 年)和陈小文与孙周兴翻译的《面向思的事情》(商务印书馆,1997 年)之部分章节被收入了《海德格尔选集》。这部选集由孙周兴先生编译,于 1996 年由上海三联书店出版。该选集由八编共 42 篇选文组成,其中有孙周兴先生翻译的 26 篇(绝大部分是海德格尔的后期作品),熊伟先生翻译的 4 篇,陈小文先生翻译的 4 篇,倪梁康先生翻译的 2 篇。"编者引论"由孙周兴先生执笔,题为《在思想的林中路上》,分成五个部分:海德格尔前期哲学及其思想之"转向";海德格尔的存在历史观;海德格尔对真理—艺术—技术的沉思;后期海德格尔语言之思;海德格尔对思想的规定。该"编者引论"的最后一小段话是这样说的:"'问乃思之虔诚。'而在这个'无思'的技术时代里,谁人能解海德格尔之思和问的惊心动魄?"如此以问话形式结尾的"编者引论"更像是一种对思之召唤的结论,很值得玩味。此选集的八编分别为:前期存在论哲学;真理—艺术—诗;存在历史观和存在问题;神学之维;

技术的追问；语言之说；思的问题；自我陈述。选集的最后有四个附录，即海德格尔生平年表、著作目录、全集目录（中文）及全集目录（德文）。

应该说，到二十世纪九十年代末，海德格尔著作的翻译在我国已算初具规模，但“这些翻译绝大多数取自海德格尔《全集》的第一部分（1—16卷），即生前出版的著作”①。对海德格尔的研究还有许多空白，包括海德格尔早期的弗莱堡授课稿与各类演讲稿，以及其对柏拉图、亚里士多德、康德、黑格尔等哲学史上的重要哲学家作品之诠释文本。对这些重大空白的填补，留待二十一世纪去完成。

（六）存在主义和萨特

作为一种重要的哲学思潮，存在主义是二十世纪二三十年代在德国兴起的，随后在法国等西方国家发展起来。存在主义产生的背景及理论根源在于，二十世纪的西方人面对着一个动荡不安、风云变幻的世界。两次世界大战的洗礼伴随着种种社会矛盾和不幸，人们急切希望得到解决自身所面临的问题之答案，而存在主义就是为着寻求这些问题的答案而生的。同时，由于存在主义是随着传统信仰和纯粹科学主义的覆亡而来的，因此其现代反思的出发点就是这双重的破产。存在主义恰恰是在各种幻想破灭的废墟上寻求人的存在意义。所以，存在主义在二十世纪二十年代的德国与二十世纪四五十年代的法国兴起及发展，顺应了一种时代的趋向，迎合了一种历史心境。

存在主义最早为我国的知识分子所知晓，应该追溯到二十世纪四十年代，一些旅欧的中国作家对当时风行欧洲的存在主义有所反应。虽然当时的中国不可能使这样一种西方思潮迅速深入，并且存在主义也没有造成多少大的影响，但随着这些文学青年把现代诗歌和文学作品引进大学校园，存在主义的某些信息还是传到了中国的知识界。1943年，正当存在主义在西方步入高潮时，中国作家展之在《明日文艺》上发表了法国存在主义哲学家萨特的戏剧《密室》之译文，当时的

① 汤一介主编：《现象学思潮在中国》，首都师范大学出版社，2011年，第72页。

题目为《房间》。同一时期，诗人、作家戴望舒在《文艺春秋》第五卷第三期发表了萨特的短篇小说《墙》之译文。由于存在主义哲学与文学存在着密切关系，因此许多从文学出发的译介都会涉及哲学，并从哲学观点方面深入存在主义之思想内涵。由此看来，二十世纪四十年代的存在主义在中国之传播尚处于零星译介阶段，所以其影响的范围也非常有限。中华人民共和国成立后，社会科学领域的学者主要是以苏联的方向和方法对西方哲学思潮进行译介与评论，所以存在主义在中国理所当然地与“资产阶级反动思潮”一起被置于禁地。但是，由于萨特等法国左派知识分子对中国持友好态度，因此在萨特于二十世纪五十年代中期访问中国后，陆续有一些有关法国存在主义——主要是萨特——的著作被译介到中国。1951 年，《文艺报》刊载了北京大学教授徐继曾翻译的《法国的作家与争取和平的斗争》，这是《文艺报》向萨特特约的文章。但是，这个时期对存在主义著作的引入还是偏重于文学，对有些作品的评论也着重于政治倾向。到了二十世纪七十年代末期，存在主义开始在较大的范围内受到广泛关注。应该指出的是，“无论是‘狂热’推崇者还是坚持对之进行无产阶级大批判者，大都没有真正全面、具体、系统地理解存在主义的理论，因为那时候，存在主义哲学的基本理论著作尚未系统地译介出来”。①这一时期，萨特的作品之翻译和发表情况如下：

北京大学外国哲学研究所编译：《科学和辩证法》，见《外国哲学资料》(第 4 辑)，商务印书馆，1978 年。

［法］萨特：《胡塞尔现象学的一个基本概念——意向性》，潘培庆译，《法国研究》，1985 年第 2 期。

对萨特的哲学著作之全面译介始于二十世纪八十年代中期以后。由于政治环境的进一步宽松，“特别是到了二十世纪九十年代，存在主义的研究更趋向理性思考，趋向学术化。所以，对法国存在主义的研究逐渐深入而脱离了传播初期的那种略显浮躁和虚夸的所谓‘热点’，

① 汤一介主编：《现象学思潮在中国》，首都师范大学出版社，2011 年，第 136 页。

这对整个西方哲学研究产生了积极的推动作用”。①

在萨特的作品中,《存在与虚无》是公认的最重要之哲学专著,其也是法国存在主义的奠基之作。这部 60 多万字的哲学巨著之中译本的问世,对中国的当代西方哲学研究确实意义重大,因为“萨特首先是一个哲学家,而且这样一个曾经代表法国一代知识分子的重要思想家,他的哲学自成理论体系,置身于深厚的西方哲学史发展流变之中,从他的哲学著作出发研究西方哲学思想,实际上表现了一种进步”②。系统地翻译萨特的代表作,是首要的基础性工作。《存在与虚无》的翻译工作前后历时六年,初稿的主要译者是陈宣良先生,最后由杜小真校订,于 1987 年由生活·读书·新知三联书店出版,首版印数为 3.7 万册。为了恪守翻译要忠实于原文的原则,在该译本的译后记中,陈宣良详细地说明了在翻译过程中的一些细致考量及一些特殊术语的翻译问题,表现出了译者极强的学术责任感。例如,对“être”“existence”“il y a”等词的翻译,陈宣良指出,“它们之间区别还是相当大的,不能以中文中有区别的词来表示,不能不说是一大缺陷。……‘存在主义’一词在中国已经通行,‘存在主义’(existentialisme)一词与‘existence’既然同根,我们也就倾向于一般援例,将其译为‘存在’了。总不好改称‘实在主义’或‘生存主义’。至于‘il y a’一词,绝不带本体意味,有时我们也译作‘有’,只有在中文行文中太别扭的地方,我们才以‘存在’来译。如果注意上下文的意思,这三个词仍然是可以分开的”。③在十年后的修订版中,陈宣良才用“实存”来对应“être”,从而将前两者进行了区分。另一个萨特学说的重要术语“facticité”之翻译,也着实让译者煞费苦心。这个词原本是指“在外面的,虚无或自身不存在的意思,它在给自在的存在意义时使自己成为存在;另一方面,原本为绝对偶然的自在存在在意识的作用下不断虚无化,表现为一个

① 汤一介主编:《现象学思潮在中国》,首都师范大学出版社,2011 年,第 152 页。

② 同上,第 153—154 页。

③ [法]萨特:《存在与虚无》,陈宣良等译,杜小真校,生活·读书·新知三联书店,1987 年,译后记。

连续不断的显现的过程。抽象意义下的纯粹自在和纯粹自为都不见了，它们结合的整体就是'facticité'"。[1]译者最后选择了"散朴性"，以比喻的方式趋合萨特的意愿。不过，"'散朴性'的译法显得生硬、费解"[2]，所以在修订本中，校译者还是采取了原来放弃的"人为性"之译法，这样"比较容易理解，并且在阅读原著的过程中会有映证，更加接近原文要表达的意思。总的说来，1987年版的《存在与虚无》中译本基本上把握了萨特著作的总的精神，是一部比较认真、忠实的译作，这个基础工作是非常重要的，为国内学界的存在主义研究提供了比较可靠的理论依据"[3]。

（七）哲学解释学

哲学解释学是西方哲学领域的又一重要流派。其中，"解释学"又名"诠释学""释义学""阐释学"等，英文名为"Hermeneutics"，它来源于"Hermes"（即希腊神话中的赫尔墨斯）。赫尔墨斯在希腊神话中是神的信使，负责把神灵的消息传达给凡人。因此，解释问题的最初目的是传达问题。但是，依据伽达默尔（Hans-Geog Gadamer）的说法，由于赫尔墨斯是神与人之间的中介，又由于神与人之间有根本的区别，赫尔墨斯要传达神意就不可能是原封不动地照搬（这乃是因为人与神的本质区别决定了人无法直接读懂神意），而必须经过特别的加工，因此他就成了"解释者"，"解释学"就由此引申而来。"总的来说，它指的是有关对文本（text）进行理解和解释的一种技艺或理论。在西方，解释学有它悠久的传统。但是，我们现在所涉及的主要不是整个西方解释学传统，而是'哲学解释学'或现代解释学。"[4]同时，"人们已经公认，现代解释学思潮的兴起以1960年伽达默尔《真理与方法》一书的出版为其显著标志"。[5]1960年以前有解释学，但没有解释学思潮

---

① ［法］萨特：《存在与虚无》，陈宣良等译，杜小真校，生活·读书·新知三联书店，1987年，译后记。

② 汤一介主编：《现象学思潮在中国》，首都师范大学出版社，2011年，第153—154页。

③ 同上，第155页。

④ 同上，第181页。

⑤ 同上，第182页。

或现代解释学潮流。我们现在一般所讲的与现象学、存在主义等并称的“解释学”，指的就是二十世纪六十年代兴起的现代解释学，即广义的“哲学解释学”。

我国内地（大陆）学界知道存在着“解释学”这一哲学流派是上世纪八十年代的事情。正如洪汉鼎先生在《真理与方法》的译后记中所讲到的，“诠释学对于我国今天的一些读者来说可能还不算陌生，但不管怎样，这只是最近十年内的事。在二十世纪七十年代末我们通过一些东德和日本的哲学译文接触到这一名词，但对其内容却是完全不了解的。只是到了二十世纪八十年代，由于当时所谓存在主义热，一些个别的学者开始对当代西方这一哲学倾向赋予了注意，特别是在 1986 年《哲学译丛》以‘德国哲学解释学’为主题出了一份专辑，在一定程度上推动了国内的诠释学研究”。①

总的来说，我国学界对解释学的研究，到目前为止可分为两大阶段。第一个阶段是二十世纪八十年代（1985 年至 1989 年），第二个阶段是二十世纪九十年代至今。前一个阶段可以称作我国解释学译介的起步阶段，这一阶段陆陆续续有一些译文出现，比较重要的译文有《哲学译丛》1985 年第 2 期上刊登的施莱特尔的《解释学——当代资产阶级哲学的组成部分》，此译文译自《德国哲学杂志》1984 年第 3 期。另外，该文的另一个译本刊登在《国外社会科学》1985 年第 7 期上。1986 年第 3 期的《哲学译丛》出了一个“德国哲学解释学专辑”，该专辑围绕伽达默尔展开，分为综述概观和名著节选两大类，其中包括伽达默尔于 1974 年为《哲学历史词典》撰写的词条、《〈真理与方法〉二版序言》、《论科学中的哲学要素和哲学的科学特性》，以及《真理与方法》的第五节、利科的《解释学的任务》、哈贝马斯的《解释学要求普遍适用》和《评伽达默尔的〈真理与方法〉一书》等译文。这一时期，比较重要的译著包括伽达默尔的《真理与方法》（王才勇译，辽宁人民出版社，1987 年）、利科的《解释学与人文科学》（陶远华、袁耀东、马俊等译，河北人

---

① [德]伽达默尔：《真理与方法》，洪汉鼎译，上海译文出版社，1999 年，第 958 页。

民出版社，1987 年）与《哲学主要趋向》（李幼蒸、徐奕春译，商务印书馆，1988 年）、D.C.霍伊的《批评的循环》（兰金仁译，辽宁人民出版社，1987 年）、伽达默尔的《赞美理论》（夏镇平译，生活・读书・新知三联书店，1988 年）与《科学时代的理性》（薛华等译，国际文化出版公司，1988 年）、E.D.赫施的《解释的有效性》（王才勇译，生活・读书・新知三联书店，1991 年）等。

二十世纪九十年代，我国的解释学研究呈现出了新气象。“总体来说，它是从二十世纪八十年代追逐理想的浪漫精神转向了立足当下的务实态度。中国人文学术的变化鲜明地体现了这一点。解释学研究自然也深受感染。”①这一时期，《哲学译丛》等刊物刊登了一系列有关解释学的译文。其中，较为重要的有斯特万的《解释学的两个来源》（王炳文译，《哲学译丛》，1990 年第 3 期）、伽达默尔的《黑格尔与海德格尔》（邓晓芒译，《哲学译丛》，1991 年第 5 期）、伽达默尔的《摧毁与解构》（安延明译，《哲学译丛》，1991 年第 5 期）等。与二十世纪八十年代相比，这个时期的译著分量要重得多，包括：

[德]伽达默尔：《美的现实性》，张志扬等译，生活・读书・新知三联书店，1991 年。

[德]《真理与方法》（上下卷），洪汉鼎译，上海译文出版社，1999 年。

[德]伽达默尔：《伽达默尔论柏拉图》，余纪元译，光明日报出版社，1992 年。

[德]伽达默尔：《伽达默尔论黑格尔》，张志伟译，光明日报出版社，1992 年。

[德]伽达默尔：《哲学解释学》，夏镇平、宋健平译，上海译文出版社，1994 年。

[德]伽达默尔：《伽达默尔文集》，严平编选，邓安庆等译，上海远东出版社，1997 年。

① 汤一介主编：《现象学思潮在中国》，首都师范大学出版社，2011 年，第 189 页。

[法]利科:《法国史学对史学理论的贡献》,王健华译,上海社会科学院出版社,1992 年。

[美]赫施:《解释的有效性》,王才勇译,生活·读书·新知三联书店,1991 年。

[德]阿佩尔:《哲学的改造》,孙周兴、陆兴华译,上海译文出版社,1994 年。

与二十世纪九十年代的新气象相比,二十一世纪的前十年似乎更趋于沉稳,即对伽达默尔作品的翻译没有了所谓大部头理论著作的引入,而是转向对已有体系做进一步的深入挖掘,以及对“边缘”作品进行译介。“深入挖掘”体现为对《诠释学Ⅰ、Ⅱ:真理与方法》之翻译,该译本是洪汉鼎先生对自己 1992 年的译本(《真理与方法:哲学诠释学的基本特征·上下卷》,上海译文出版社,1992 年)之进一步完善。其中,最大的完善体现在“诠释学Ⅱ”之中,此部分包括导论、准备、补充、发展、附录。这一部分的内容是对 1992 年版“下卷”的“附录”之扩充,以使其更有助于读者,尤其是希望深入研习伽达默尔哲学思想的读者掌握更丰富的一手资料。对“边缘”作品进行译介的主要成果就是《哲学生涯:我的回顾》这本自传。伽达默尔在写自己的这本自传时,已是七十五岁高龄。一位穷其一生地进行思考和追问的老者,如何回忆他的一生呢?我们在该书的扉页上找到了答案:“关于自己,我们宁可沉默。”①这是伽达默尔在马堡大学的老师——新康德主义者保罗·那托尔普的一句名言。纵览目录,我们发现一本“自”传的各章标题竟然全是“别人的名字”,马克斯·舍勒、马丁·海德格尔、卡尔·勒维特等。我们可以想见,一位思想家的一生是怎样的一生呢?他的一生就是在同一切伟大的思想家进行对话!无怪乎该书的中文译者何卫平先生如是说:“一个哲学家写自己的传记,其可读性与思想性是毋庸置疑的。”②

① [德]伽达默尔:《哲学生涯:我的回顾》,陈春文译,商务印书馆,2003 年,第 50 页。
② 同上,译后记。

（八）结构主义与后结构主义

接下来要涉及的这几位思想家，很难被界定为某一个“流派”，尽管他们在学术界也的确有一个共同的称呼，即结构主义与后结构主义者，包括拉康、阿尔都塞、德里达、福柯等人。之所以说他们很难被归为某一种思想流派，原因在于“结构主义从来不是一种流派式的系统，而是关于世界的一种思维方式，是思想方法上的一场广义的革命”①。“结构主义不是一种哲学理论，而是一种方法。它对社会事实进行试验，把它们转移到实验室。在这里，它首先注意的是关系，试图以模型的形式把它们表现出来。”②因此，连被视为“最纯粹的结构主义者列维·斯特劳斯都对‘结构主义者’这一称号大为光火，他担心这一被公众使用得非常廉价的称号会将他多年的学术声誉践踏得褴褛不堪”。结构主义的代表人物拉康以“返回弗洛依德”为口号，他是穿越在精神分析与哲学之间的思想者。但是，拉康的作品在我国的译介情况可谓冷僻到让人尴尬之程度，其只有一本大部头的著作得到了译介，即《拉康选集》（褚孝泉等译，上海三联书店，2001 年）。究其原因，一方面，拉康的著作是跨学科研究，“其基础主要分为三部分：医学精神分析学、哲学与语言学。其中，哲学方面有传统哲学，包括德国经典哲学与结构主义、后结构主义理论，语言学方面则以索绪尔语言学为主。如果说这两个方面对于中国当代学者来说尚相对容易，那么精神分析学的内容则相对困难”③；另一方面，拉康的作品本身与其他很多哲学作品存在着很大的不同，这种迥异性甚至也包括与弗洛伊德这样同为精神分析理论家的作品之巨大差异。事实上，拉康的文笔素以艰涩闻名。

后结构主义只比结构主义多了一个字，这容易给人一种印象，即以为两者只是同一种理论内部的“更新换代”，然而“人们很快就认识到，二十世纪六十年代后期开始的反结构主义的那些‘结构主义’思

① 陈晓明、杨鹏：《结构主义与后结构主义在中国》，首都师范大学出版社，2011 年，第 23 页。

② ［法］列维·斯特劳斯：《论反潮流》，佚名译，《新观察员》，1967 年第 15 期，第 32 页。

③ 方汉文：《镜像拉康：后精神分析学在中国》，《中国图书评论》，2008 年第 3 期，第 82 页。

想,可能开启了思想史上的另一个时代"[①]。"所谓后结构主义,就是由德里达的解构理论、福柯的话语权力理论和知识系谱学,以及后来形形色色的各种变体构成的知识和思想体系。"[②]

在整个后结构主义理论中,法国哲学家雅克·德里达的解构主义无疑是最富有挑战性的,其"思想诡秘而富有睿智,解构不仅把哲学从实证主义令人窒息的框架中解脱出来,也给文学批评和理论提示了迷宫般的想象空间"[③]。《胡塞尔〈几何学原理〉引论》这部作品的译介是德里达思想研究领域的重大事件,因为正是在此书中,德里达第一次明确了其解构思想的基本观念。

法国哲学家米歇尔·福柯的思想使得后结构主义"不仅是一种时髦的思潮,而且是贯穿二十世纪七十年代至九十年代的思想理论基础"。[④]福柯的作品《古典时代疯狂史》出版于二十世纪六十年代,该书曾以英文缩简本《疯癫与文明》风行知识界。在我国,生活·读书·新知三联书店于1999年出版了该书的中译本,且该中译本是直接译自法文的全译本,因此不仅还原了这部力作的原貌,而且能澄清许多因译本原因而导致的争论与问题。生活·读书·新知三联书店于1998年出版了福柯的另一本著作《知识考古学》,该书明显带有结构主义和后结构主义的双重色彩,因此福柯的研究者倾向于把《知识考古学》看成是过渡性作品。

单从译介方面来看,自二十世纪八十年代后在我国登陆以来,结构主义虽然遭到了一定程度的拒绝,并且在传播的过程中出现了一定程度的变形和置换,但是总体来说,其在中国的推广是顺利和广泛的,这一点从整个二十世纪八十年代至今的译本数量就可以看得出来。二十世纪八十年代后的青年知识分子受到后结构主义思想的影响,纷

---

① 方汉文:《镜像拉康:后精神分析学在中国》,《中国图书评论》,2008年第3期,第121页。

② 同上,第7页。

③ 同上,第122页。

④ 陈晓明、杨鹏:《结构主义与后结构主义在中国》,首都师范大学出版社,2011年,第11页。

纷将后结构主义的理论范式应用于对中国现实问题的研究中，从而将学术话语推进到一个复杂而有深度的层面。

（九）实用主义和杜威

不同于欧洲大陆哲学的艰深，英美哲学完全是在自身发展的逻辑下进行着自己的工作，其一直行走在经验、推演、分析的道路上。

实用主义因其在现代美国哲学学派中的主导地位，而在中华人民共和国成立后长期遭到激烈的意识形态批判。二十世纪八十年代以后，随着政治上的改革和思想模式的解放，实用主义在中国的学术界再次成为了一个理论热点，中国学者力求以实事求是的科学态度来重新评价实用主义，这使得实用主义哲学研究出现了前所未有的繁荣景象，对中国社会的各个方面也再次产生了巨大的影响。这一时期，我国不仅翻译出版了大量杜威等老一辈实用主义者的专著，而且开展了对新实用主义的主要代表人物蒯因、戴维森、普特南、罗蒂等人的著作之翻译。

美国哲学家、教育家约翰·杜威是实用主义的集大成者。杜威的思想在二十世纪二三十年代就被引入中国，对中国教育界的影响十分深远，并且至今仍然在中国受到追捧。二十世纪八十年代后，中国内地（大陆）翻译和研究杜威思想的作品大量出现：

赵祥麟、王承绪编译：《杜威教育论著选》，华东师范大学出版社，1981 年。

［美］杜威：《自由与文化》，吴俊升译，正中书局，1981 年。

［美］杜威：《科学与人文的护法》，李日章译，允晨文化实业股份有限公司，1982 年。

［美］杜威：《人的问题》，付统先、丘椿译，上海人民出版社，1986 年。

单中惠编译：《杜威传》，安徽教育出版社，1987 年。

［美］杜威：《民主主义与教育》，林宝山译，五南图书出版公司，1989 年。

［美］杜威：《学校与社会》，林宝山、康春枝译，五南图书出版公司，1990 年。

[美]杜威:《民主主义与教育》,王承绪译,人民教育出版社,1990 年。

[美]杜威:《我们怎样思维》,姜文闵译,人民教育出版社,1991 年。

[美]杜威:《明日之学校》,朱经农、潘梓年译,商务印书馆,1993 年。

[美]杜威:《学校与社会 明日之学校》,赵祥麟等译,人民教育出版社,1994 年。

[美]杜威:《民主与教育》,林玉体译,师大书苑公司,1996 年。

[美]杜威:《新旧个人主义:杜威文选》,孙有中等译,上海社会科学院出版社,1997 年。

[美]杜威:《哲学的改造》,胡适、唐擘黄译,安徽教育出版社,1999 年。

张宝贵编著:《杜威与中国》,河北人民出版社,2001 年。

[美]杜威:《天才儿童的思维训练》,张万新译,京华出版社,2001 年。

沈益洪编:《杜威谈中国》,浙江文艺出版社,2001 年。

[美]杜威:《艺术即经验》,高建平译,五观艺术管理有限公司,2004 年。

[美]杜威:《哲学的改造》,张颖译,陕西人民出版社,2004 年。

[美]杜威:《确定性的寻求:关于知行关系的研究》,傅统先译,上海人民出版社,2004 年。

袁刚等编:《民治主义与现代社会——杜威在华讲演集》,北京大学出版社,2004 年。

[美]杜威:《我们怎样思维:再论反省思维与教学的关系 经验与教育》,姜文闵译,人民教育出版社,2005 年。

[美]杜威:《艺术即经验》,高建平译,商务印书馆,2005 年。

[美]杜威:《经验与教育》,姜文闵译,人民教育出版社,2005 年。

赵祥麟、王承绪编译:《杜威教育名篇》,教育科学出版社,

2006 年。

[美]杜威:《杜威文选》,涂纪亮译,社会科学文献出版社,2006 年。

[美]杜威:《评价理论》,冯平、余泽娜等译,上海译文出版社,2007 年。

[美]杜威:《自由主义》,欧阳梦云等译,世界知识出版社,2007 年。

田永胜等主编:《实用主义》,世界知识出版社,2007 年。

吕达、刘立德、邹海燕主编:《杜威教育文集》,顾岳中等译,人民教育出版社,2008 年。

[美]杜威:《思维与教学》,孟宪承、俞庆棠译,华东师范大学出版社,2010 年。

[美]杜威:《杜威全集・早期著作(1895—1898)》(第二卷),熊哲宏、张勇、蒋柯译,华东师范大学出版社,2010 年。

[美]杜威:《杜威全集・早期著作(1882—1898)》(第三卷),吴新文、邵强进等译,华东师范大学出版社,2010 年。

[美]杜威:《杜威全集・早期著作(1882—1898)》(第一卷),张国清、朱进东、王大林译,华东师范大学出版社,2010 年。

[美]杜威:《杜威全集・早期著作(1895—1898)》(第五卷),杨小微、罗德红等译,华东师范大学出版社,2010 年。

[美]杜威:《杜威全集・早期著作(1895—1898)》(第四卷),王新生、刘平译,华东师范大学出版社,2010 年。

张恒编:《杜威五大讲演》,金城出版社,2010 年。

杨玉成编:《哲学史》,北京出版社,2010 年。

[美]杜威:《艺术即体验》,程颖译,金城出版社,2011 年。

冯克诚主编:《杜威实用主义教育思想与论著选读》,人民武警出版社,2011 年。

在传统实用主义方面,中国学术界对杜威哲学专著的翻译研究是比较全面的,并且中国学者也开始对杜威的语言哲学和意义观点著作进行译介。实用主义在第二次世界大战后进入低潮，但从二十世纪七十年代后期又开始复兴。新实用主义最有影响的哲学家是罗蒂和普特南。新实用主义的各派别与分析哲学有着千丝万缕的联系，如蒯因虽然在实用主义的奠基方面起了十分重要的作用，但是他基本上没有脱离分析哲学的立场，他本人也承认自己是分析哲学的继承者，因此有的学派又将新实用主义视为分析哲学的进一步发展。新实用主义在美国的兴起引起了中国学术界的很大兴趣，李幼蒸于 1987 年翻译了实用主义复兴的代表作——普林斯顿大学的理查·罗蒂于 1979 年出版的《哲学和自然之镜》。罗蒂是新实用主义哲学阵营中的激进派，他否定了整个西方哲学传统，主张取消一切形式的基础主义，以对话代替认识，将文学诗歌视为最重要的对话语言。罗蒂的哲学很快在中国掀起了一股研究热潮。在《哲学与自然之境》的中译本之序言中，贺麟写道："自本书出版以后的几年间，在美国几次哲学学会的年会上，罗蒂的讲演都成为大会瞩目的中心，特别是在 1983 年春旧金山的太平洋区分会年会上和同年十二月波士顿东区分会年会上，罗蒂的新实用主义思想曾引起热烈的讨论。罗蒂思想今日不仅成为美国哲学界中一个重要话题，而且已扩大成为美国文化界中的一个重要话题了。"①

（十）分析哲学

分析哲学是二十世纪西方哲学中的一个主要思潮，曾在二十世纪二三十年代的中国掀起一阵热潮。粉碎"四人帮"后，分析哲学重新引起我国的思想界和学术界之重视，分析哲学在我国的传播进入了一个新的时期。分析哲学的基本特征（如科学的分析方法、理性的科学态度、自由的批判精神等）对当时正处于拨乱反正阶段的中国学术界造成了很大的冲击，在广大的青年学生乃至整个社会中产生了重大影响。分析哲学所倡导的科学实证精神和勇于怀疑之态度，使得这种哲学一时成为学界广泛讨论的时髦话题，分析哲学家的论著也成为大学生们争相阅读的当代西方哲学之热门读物。这一时期，中国哲学界对

---

① ［美］理查德·罗蒂：《哲学和自然之镜》，李幼蒸译，生活·读书·新知三联书店，1987 年，第 1—2 页。

分析哲学的传播与介绍不断深化，由宏观概论性质的介绍逐渐地过渡到细致深入的个案研究。

作为分析哲学的主要创始人，罗素受到了中国学界的较多关注。另一个受到较多关注的哲学家是维特根斯坦，其哲学以艰深难懂著称，但对欧洲大陆人本主义哲学产生了重大影响，被视为当代西方英美哲学和欧洲大陆哲学这两大传统的沟通者与融合者。早在1962年，我国学界就翻译出版了维特根斯坦生前唯一一本正式出版的专著——《逻辑哲学论》。二十世纪八十年代以来，伴随着西方哲学界掀起的“维特根斯坦研究热”，我国学界对维特根斯坦的研究工作也逐渐升温。2003年，值维特根斯坦逝世50周年之际，我国出版了他的论著全集，这无疑是我国分析哲学翻译工作的又一个里程碑。这套全集以1989年出版的八卷本德文版《维特根斯坦著作集》为基础，并补充了二十世纪九十年代新出版的手稿、笔记等文献，共形成十二卷的内容。其中，第一卷包括《逻辑笔记》《向摩尔口述的笔记》《1914—1916年笔记》《逻辑哲学论》与《略论逻辑形式》五种早期著作；第二卷为《维特根斯坦与维也纳小组》，主要是维特根斯坦与石里克、卡尔纳普等维也纳小组成员交谈时发表的言论；第三卷为《哲学评论》；第四卷为《哲学语法》，即维特根斯坦于1929年至1932年间所写的两本笔记；第五卷为《维特根斯坦剑桥讲演集》；第六卷为《蓝皮书与一种哲学考察》，内容是维特根斯坦于1933年至1935年间在剑桥向学生们授课的笔记；第八卷收录了维特根斯坦后期的代表性著作《哲学研究》；第七、九、十卷收录的是二十世纪三十年代下半叶至四十年代下半叶，维特根斯坦致力于数理哲学和心理学哲学研究的大量书稿，包括《论数学的基础》《心理学哲学评论》《关于心理学哲学著作的最后著作》与《论确实性》；第十一、十二卷收录了《杂评》《纸条集》《关于颜色的评论》《关于“私人经验”和“感觉材料”的讲演笔记》等根据维特根斯坦的手稿、打印稿、笔记等文献编辑出版的著作。可以说，这套全集已收入了维特根斯坦的绝大部分著作，是目前内容最为丰富的维特根斯坦著作集。

（十一）逻辑实证主义

逻辑实证主义又名逻辑经验主义或新实证主义，其核心推动者是石里克创立的维也纳学派。逻辑实证主义形成于二十世纪二十年代中叶的奥地利，主要成员有卡尔纳普、纽拉特、哈恩、费格尔等。此外，以赖欣巴赫为首的德国经验哲学协会、由卡塔宾斯基等逻辑学家组成的华沙学派、英国的艾耶尔、北欧的凯拉等组织或个人也都是逻辑实证主义的拥趸。其中，卡尔纳普的影响最大，他的思想可以说集逻辑实证主义之大成。

我国的逻辑实证主义翻译研究工作之重新开展，离不开洪谦的推动。二十世纪七十年代后期，随着改革开放和思想禁锢的解除，洪谦与国外哲学家恢复了学术联系，在学术研究上取得了一系列重要成果，主编出版了两卷本的译文集《逻辑经验主义》，协助出版了石里克的《自然哲学》中译本，发表了一系列重要的学术论文、访谈、回忆录等。《逻辑经验主义》一书收录了维也纳学派的重要代表人物之代表性论著，特别是着眼于二十世纪六十年代以来所讨论的问题，这些问题共分为五大类：(1)哲学的语意分析；(2)逻辑和语言；(3)因果问题和概率性；(4)心身问题；(5)伦理学问题。该译文集的出版为国内学术界研究逻辑实证主义提供了重要的第一手资料。

逻辑实证主义(逻辑经验主义)的诞生，标志着科学哲学的形成(真正作为一门独立学科的确立)，从此科学哲学开始沿着不同的方向发展出众多流派。科学哲学在中国主要是本世纪初随着国外的科学技术之传入而被引进的。中华人民共和国成立后的三十年，中国的科学哲学界不仅自身发展停滞，而且几乎不了解国际科学哲学界的变化。正是在这三十年间，西方的自然科学哲学无论是对具体科学理论中的哲学问题之反思，还是对一般的科学哲学问题之讨论，如划界问题、理论评价问题、结构问题、说明问题、发现问题等，都有了很大的发展，已由逻辑经验论占主导地位的时代进入后实证主义时代，甚至波普尔和库恩的哲学也已过了如日中天的阶段。1978 年以后，乘着改革开放的东风，我国的哲学界开始回应理论方面的诉求。短短十几年时间，一大批科学哲学著作的译本如雨后春笋般在我国问世。其中，科学哲学的代表人物波普尔、库恩、卡尔普纳等人的哲学著作在中国得到较多的翻译与介绍。

结　语

从十六世纪中叶至今，西方哲学在中国的命运跌宕起伏，经历了探索期、发展期、繁荣期、沉寂期和复苏期。中国人与西方哲学的接触和交往，好似长期生活在深闺里的大姑娘面对着一位来访的陌生男子，心情是相当复杂的。从一开始的既好奇又恐惧，到逐渐了解、追求、热恋，在相处中发生矛盾与冲突，又经历冷战、决裂、和解、复合，中国先进的知识分子怀着强烈的民族使命感，肩负起向西方学习并向中国传播西方思想文化的责任。他们不吝奉献出自己的才华和汗水，在中国的土壤里栽种、培养和浇灌西方哲学的花朵。这是一项十分艰难和艰巨的工作。中国有着两千多年的封建传统，对西方哲学这种异质文化的吸收和消化往往受到固化的思维与观念之影响。尽管西学东渐过程艰难，但是中国人从近现代的历史教训中深刻领悟到，中西文化的交流互通是中华民族求生存、谋发展的必由之路，而西方哲学的翻译和研究正是这种中西交流的基础与前提。可以毫不夸张地说，中国的近现代史就是一部西方哲学在中国的翻译史。正是因为有了西方哲学的翻译，中国才完成了从中世纪的社会形态向现代化社会的转型，从而摆脱了亡国灭种的命运，屹立于世界舞台的中央。在新时期，西方哲学的翻译和研究仍然担负着推进中西文化交流与推动中华文化发展创新的重要使命，西方哲学的翻译和研究工作任重而道远。

以下是本书作者对本书主题的几点思考：

第一，翻译对推动中国社会发展和促进中西文化交流起着重要的作用。正如中国著名的文学家陈寅恪所说的，文化史就是翻译史。中国社会文化的变迁和发展与翻译有着密不可分的关系。从洋务运动到戊戌变法，从资产阶级革命到新民主主义革命，翻译成为推动社会发展的重要力量。可以说，有翻译才有中国的现代化。纵观中国历史，凡是翻译活动活跃的时期，中国社会就能迅猛进步；反之，凡是翻译活动沉寂的时期，中国社会便止步不前甚至倒退。在中国社会发展的各个时期，总有一批仁人志士以“挽救民族于危亡，实现民族复兴”为己任，翻译和传播西方先进的思想理论，并将中国的文化介绍给西方。他们以西方哲学思想为武器，启蒙国人思想，推进中国文化与世界文化交汇，创新中华文化，为中华文明和人类文明做出贡献。

第二，中国的现代化与西方哲学的翻译和研究密不可分。洋务运动时期的西方格物之学、新文化运动时期的资本主义民主与科学思想及二十世纪传入的西方哲学思想，都对中国文化和社会产生了惊天动地的影响，这些影响深入到中国文化的深层领域，与中国传统文化相融合，成为了中国文化的一部分。例如，德国古典哲学思想已经在中国植根九十余年，成为中国的核心价值体系所不可缺少的部分，深化到中国社会生活的方方面面。

西方哲学思想通过翻译这座桥梁进入中国，并与中国本土文化发生碰撞和交融。从东汉的佛经翻译到洋务运动时的西方科学著作之翻译，从新文化运动中的西方资产阶级哲学著作之翻译到五四运动后的马克思主义哲学著作之翻译，从“萨特热”到当前对西方哲学经典著作的编译工程，西方哲学的翻译和研究与中国社会文化的变革和发展如影相随。

第三，中国人对西方哲学的翻译和研究往往出于启蒙思想或变革现实的需要，具有选择性和目的性。中国人在学习和借鉴西方哲学的过程中，以经世致用思想为指导，采用的是“拿来主义”。近百年来，中国知识分子把西方哲学当作救亡图存的药方，他们总是从中国社会变革的现实需要出发，选择能帮助唤醒国人民主自强意识和推动中国走向现代化的西方哲学思想进行翻译与传播。明末清初的达尔文进化论思想之风靡、新文化运动中的马克思主义著作之大量译介、二十世纪八十年代的“萨特热”“尼采热”等，都是典型的例证。十九世纪初，中国人大量翻译西方哲学著作是为了在民族危难之际救亡图存；而在新时代，中国人翻译和研究西方哲学著作是为了寻找文化强国之路。历次的西方哲学思想和著作之引入，总是发生在一定的历史文化背景之下。各个历史时期所引入的西方哲学思想多有不同，中国学者总是选择能够与中国文化相融合，且有助于解决中国社会问题的西方哲学思想进行译介。

第四，西方哲学的翻译和研究工作任重而道远。二十世纪八十年代以来，尽管西方哲学著作的翻译和研究在数量上有了空前的增长，但是这一领域还存在很多问题，主要表现在以下几个方面：首先，近年来，有关西方哲学的译著在数量上虽然增加很快，但是发展并不均衡。一方面，综合性的翻译作品比较多，专题性的翻译作品比较少；另一方面，有些西方哲学史上的哲学思想和哲学家因种种原因而没有受到应有的重视，如中世纪哲学的翻译和研究还十分薄弱，这需要在以后的工作中加以充实和完善。其次，述介性的翻译比较多，创新的思想比较少，存在"学术家当道，思想家淡出"的现象。翻译工作者需要扭转思想、改变态度，全面深入地领悟西方哲学理论，并与中国哲学思想进行比较，在思想上实现创新。最后，局部翻译比较多，整体翻译比较少。不少西方哲学著作有几十万字甚至上百万字，有的有多卷本，而我们往往只翻译了其中的某些卷册或章节。哲学理论具有整体性与系统性，要真正理解其理论精髓，我们就需要全面地对其进行了解和掌握。当然，哲学著作的翻译工作难度很大，要求很高。针对规模宏大的哲学著作，我们需要组织翻译队伍，集中众人之力。

第五，对西方哲学著作的翻译和研究之深入，离不开对中国哲学和文化的反思。通过中西哲学之对比，我们更能认识和把握西方哲学的精髓。"他山之石，可以攻玉"，中西文化的对比研究有助于我们更精准地把握西方哲学的要义，更清楚地认识中国哲学的内涵。在中西文化对比研究中，我们要"去粗取精，去伪存真"，探索出适合中国国情的哲学思想和理论。中国传统文化与中国化的西方文化、传统文化演变出的近代文化和现代文化共同组成了完整意义上的中华文化。

第六，翻译和研究西方哲学需要有全球化的视野及胸怀。西学东渐从一开始就是伴随着全球化而发生的，全球化思想要求我们的思维不能局限于本土和本国的传统及习惯。除了要了解我们自身的文化传统外，我们还应向外瞭望，了解异国文化和世界发展的趋势，这样我们才能以正确的态度与方法来对待西方哲学的翻译和研究。我们要努力使西方哲学的翻译和研究真正符合时代的精神与要求，从而为文化强国注入强大的动力。

本书在写作过程中得到了四川大学哲学系熊林教授，西南科技大学马克思主义学院陈亮博士、张酋老师、赵四学老师，西南科技大学法学院中国近代史教研室张嘉友教授，西南交通大学俞森林教授，以及西南科技大学外国语学院陈清贵教授和廖志勤教授的帮助与支持，在此对他们表示感谢。

由于作者知识水平的局限，本书一定存在很多疏漏之处，敬请哲学界的专家批评指正。

附　　录

本附录收录了自我国明清时期以来，西方各个流派的哲学家原著之翻译情况，所有的译著资料均来自国家图书馆的馆藏库。我们按照时间顺序，对从古希腊时期开始的哲学家译著进行了排列。在这些译著中，我们没有收入仅依据原来的版本重新印刷之作品。

古希腊罗马哲学：

[古希腊]伊壁鸠鲁：《学说与格言》，杨伯恺译，辛垦书店，1934年。

北京大学哲学系外国哲学史教研室编译：《古希腊罗马哲学》，生活·读书·新知三联书店，1957年。

[古罗马]琉善：《琉善哲学文选》，罗念生等译，商务印书馆，1980年。

[古希腊]恩披里可：《悬疑与宁静：皮浪主义文集》，杨适等译，上海三联书店，1989年。

苗力田主编：《古希腊哲学》，中国人民大学出版社，1989年。

[古希腊]色诺芬：《回忆苏格拉底》，吴永泉译，商务印书馆，1984年。

[古希腊]第欧根尼·拉尔修：《名哲言行录》，马永翔译，吉林人民出版社，2003年。

[古希腊]伊壁鸠鲁、[古罗马]卢克莱修：《自然与快乐：伊壁鸠鲁的哲学》，包利民、刘玉鹏、王纬纬译，中国社会科学出版社，2004年。

[古罗马]普罗提诺：《九章集》，石敏敏译，中国社会科学出版社，2009年。

[古罗马]爱比克泰德：《爱比克泰德论说集》，王文华译，商务印书

馆，2009 年。

[古希腊]塞克斯都·恩披里可：《悬搁判断与心灵宁静：希腊怀疑论原典》，包利民等译，中国社会科学出版社，2004 年。

[古罗马]普鲁塔克：《普鲁塔克文选：古典共和精神的捍卫》，包利民、俞建青、曹瑞涛译，中国社会科学出版社，2005 年。

[古希腊]色诺芬：《色诺芬的〈会饮〉》，沈默译，华夏出版社，2005 年。

[古希腊]尼萨的格列高利：《论灵魂与复活》，张新樟译，上海人民出版社，2006 年。

[古罗马]普洛克罗：《柏拉图的神学》，石敏敏译，中国社会科学出版社，2007 年。

[古希腊]赫拉克利特：《赫拉克利特著作残篇》，楚荷中译，广西师范大学出版社，2007 年。

[古罗马]波爱修斯：《哲学的慰藉》，詹文杰、朱东华译，中国社会科学出版社，2008 年。

[古罗马]扬布里柯：《哲学规劝录》，詹文杰、朱东华译，中国社会科学出版社，2008 年。

[古希腊]第欧根尼·拉尔修：《名哲言行录》，徐开来、溥林译，广西师范大学出版社，2010 年。

[古希腊]巴门尼德：《巴门尼德著作残篇》，李静滢译，西师范大学出版社，2011 年。

[古罗马]波爱修斯：《哲学的慰藉》，范思哲译，新世界出版社，2011 年。

[古罗马]波爱修斯：《哲学的安慰》，王晓朝、陈越骅译，大象出版社，2011 年。

[古希腊]柏拉图：

《柏拉图对话集六种》，张师竹译，张东荪改译，商务印书馆，1933 年。

《柏拉图五大对话集》，郭斌龢、景昌极译，国立编译馆，1934 年。

《柏拉图文艺对话录》，朱光潜译，文艺联合出版社，1954 年。

《柏拉图文艺对话录》，朱光潜译，新文艺出版社，1956 年。

《理想国》，吴献书译，商务印书馆，1957 年。

《柏拉图论教育》，郑晓沧译，人民教育出版社，1958 年。

《柏拉图文艺对话集》，朱光潜译，人民文学出版社，1959 年。

《泰阿泰德·智术之师》，严群译，商务印书馆，1963 年。

《文艺对话集》，朱光潜译，人民文学出版社，1963 年。

《文艺对话集》，朱光潜译，人民文学出版社，1980 年。

《教育的艺术》，廖运范译，志文出版社，1981 年。

《理想国》，吴献书译，台湾商务印书馆，1982 年。

《巴曼尼得斯篇》，陈康译，商务印书馆，1982 年。

《游叙弗伦·苏格拉底的申辩·克力同》，严群译，商务印书馆，1983 年。

《柏拉图理想国》，侯健译，联经出版公司，1983 年。

《理想国》，郭斌和、张竹明译，商务印书馆，1986 年。

《柏拉图全集》(第一卷)，王晓朝译，人民出版社，2002 年。

《柏拉图全集》(第二、三、四卷)，王晓朝译，人民出版社，2003 年。

《理想国》，张子菁译，西苑出版社，2003 年。

《柏拉图的〈会饮〉》，刘小枫译，华夏出版社，2003 年。

《柏拉图全集》(第三、四、五卷)，王晓朝译，左岸文化，2003 年。

《蒂迈欧篇》，谢文郁译，上海人民出版社，2003 年。

《政治家》，原江译，云南人民出版社，2004 年。

《柏拉图对话集》，王太庆译，商务印书馆，2004 年。

《蒂迈欧篇》，谢文郁译，上海人民出版社，2005 年。

《柏拉图文艺对话录》，朱光潜译，英属盖曼群岛商网路与书股份有限公司台湾分公司，2005 年。

《理想国》，侯雯译，人民日报出版社，2005 年。

《理想国》，张子菁译，光明日报出版社，2006 年。

《斐多》，杨绛译，中国国际广播出版社，2006 年。

《柏拉图全集》(第一卷)，王晓朝译，左岸文化，2006 年。

《政治家》,洪涛译,上海人民出版社,2006 年。

《苏格拉底的申辩》,吴飞译,华夏出版社,2007 年。

《理想国》,侯皓元、程岚译,陕西人民出版社,2007 年。

《西方大哲苏格拉底的最后时日》,谢善元译,学生书局,2007 年。

《柏拉图读本》,王晓朝译,新世界出版社,2007 年。

《柏拉图文艺对话集》,朱光潜译,安徽教育出版社,2007 年。

《苏格拉底最后的日子》,谢善元译,上海译文出版社,2007 年。

《理想国》,庞爔春译,九州出版社,2007 年。

《柏拉图的智慧》,刘烨、曾纪军译,中国电影出版社,2007 年。

《法篇》,王晓朝译,左岸文化出版社,2007 年。

《柏拉图的精神哲学》,刘烨译,中国戏剧出版社,2008 年。

《伊翁》,王双洪译,华东师范大学出版社,2008 年。

《飨宴》,王晓朝译,左岸文化出版社,2008 年。

《理想国》,吴献书译,益群点注,中国致公出版社,2009 年。

《理想国》,吴献书译,上海三联书店,2009 年。

《〈理想国篇〉译注与诠释》,徐学庸译,台湾商务印书馆,2009 年。

《教育的艺术》,曹晚红、吴大伟译,汕头大学出版社,2009 年。

《阿尔喀比亚德》,梁中和译,华夏出版社,2009 年。

《理想国》,谢祖钧译,陕西人民出版社,2009 年。

《游叙弗伦·苏格拉底的申辩·克力同》,严群译,商务印书馆,2009 年。

《柏拉图全集》(第二卷),王晓朝译,左岸文化出版社,2009 年。

《理想国》,庞爔春译,中国社会科学出版社,2009 年。

《米诺斯》,林志猛译,华东师范大学出版社,2010 年。

《游叙弗伦》,顾丽玲译,华东师范大学出版社,2010 年。

《理想国》,吴献书译,北京理工大学出版社,2010 年。

《理想国》,张造勋译,北京大学出版社,2010 年。

《理想国》,顾寿观译,吴天岳校注,岳麓书社,2010 年。

《理想国》,吴献书译,湖南人民出版社,2010 年。

《理想国》,袁岳译,中国长安出版社,2010年。

《理想国》,解东辞译,江苏人民出版社,2010年。

《叙拉古的雅典异乡人》,王师、马涛红译,华夏出版社,2010年。

《斐多》,杨绛译,生活·读书·新知三联书店,2011年。

《智者》,詹文杰译,商务印书馆,2011年。

《理想国》,吴献书译,译林出版社,2011年。

《柏拉图对话六种》,张师竹、张东荪译,华东师范大学出版社,2011年。

《理想国》,杨林、宋森译,湖南文艺出版社,2011年。

《理想国》,李美静译,武汉大学出版社,2011年。

《柏拉图文集》,牛小玲、王桂林译,时代文艺出版社,2011年。

《斐多》,杨绛译,中国国际广播出版社,2012年。

[古希腊]亚里士多德:

《亚里士多德伦理学》,向达译,商务印书馆,1933年。

《政治论》,吴颂皋、吴旭初译,商务印书馆,1935年。

《诗学》,天蓝译,新文艺出版社,1953年。

《雅典政制》,林志纯、葛力译,生活·读书·新知三联书店,1957年。

《范畴篇　解释篇》,方书春译,生活·读书·新知三联书店,1957年。

《雅典政制》,日知等译,商务印书馆,1959年。

《形而上学》,吴寿彭译,商务印书馆,1959年。

《诗学》,罗念生译,人民文学出版社,1962年。

《政治学》,吴寿彭译,商务印书馆,1965年。

《诗学》,傅华东译,台湾商务印书馆,1967年。

《分析学前编:论证法之分析·逻辑史料四》,吕穆迪译,台湾商务印书馆,1968年。

《亚里斯多德的政治学》,淦克超译,水牛出版社,1968年。

《分析学后编:论证法之分析·逻辑史料五》,吕穆迪译,台湾商务印书馆,1968年。

《雅典政制》,林志纯、葛力译,商务印书馆,1959 年。

《动物志》,吴寿彭译,商务印书馆,1979 年。

《政治学》,吴寿彭译,商务印书馆,1981 年。

《形而上学》,吴寿彭译,商务印书馆,1981 年。

《物理学》,张竹明译,商务印书馆,1982 年。

《亚里士多德形式逻辑言论选编》,林熹选编,湖南人民出版社,1984 年。

《工具论》,李匡武译,广东人民出版社,1984 年。

《亚里士多德全集》(第一卷),苗力田主编,中国人民大学版社,1990 年。

《尼各马科伦理学》,苗力田译,中国社会科学出版社,1990 年。

《亚里士多德全集》(第二卷),苗力田主编,中国人民大学版社,1991 年。

《亚里士多德全集》(第八卷),苗力田主编,中国人民大学版社,1992 年。

《亚里士多德全集》(第三卷),苗力田主编,中国人民大学版社,1992 年。

《亚里士多德全集》(第七卷),苗力田主编,中国人民大学版社,1993 年。

《亚里士多德全集》(第九卷),苗力田主编,中国人民大学版社,1994 年。

《亚里士多德全集》(第六卷),苗力田主编,中国人民大学版社,1995 年。

《亚里士多德全集》(第四卷),苗力田主编,中国人民大学版社,1996 年。

《诗选》,陈中梅译,商务印书馆,1996 年。

《亚里士多德全集》(第五卷),苗力田主编,中国人民大学版社,1997 年。

《亚里士多德全集》(第十卷),苗力田主编,中国人民大学版社,

1997年。

《政治学》，牛军世译，内蒙古人民出版社，1998年。

《回忆苏格拉底》，楼棋译，中国社会出版社，1999年。

《天象论　宇宙论》，吴寿彭译，商务印书馆，1999年。

《灵魂论及其他》，吴寿彭译，商务印书馆，1999年。

《亚里士多德选集·伦理学卷》，苗力田编，中国人民大学出版社，1999年。

《诗学》，刘晟译，中国社会出版社，1999年。

《诗学》，达宁译，延边人民出版社，1999年。

《雅典政制》，林志纯、葛力译，商务印书馆，1999年。

《形而上学》，李真译，正中书局，1999年。

《尼各马科伦理学》，杨绛译，中国社会出版社，1999年。

《天象论　宇宙论》，吴寿彭译，商务印书馆，1999年。

《亚里士多德选集·政治学卷》，颜一编，中国人民大学出版社，1999年。

《政治学》，周广宇译，延边人民出版社，1999年。

《亚里士多德选集·形而上学卷》，苗力田编，中国人民大学出版社，2000年。

《尼各马可伦理学》，冯国超主编，中国社会出版社，2000年。

《伦理学》，苗力田、徐开来译，知书房出版社，2001年。

《诗学》，达宁译，延边人民出版社，2001年。

《形而上学》，苗力田、李秋玲译，知书房出版社，2001年。

《修辞术》，崔延强、严一译，慧明文化事业公司，2001年。

《亚历山大修辞学》，崔延强、严一译，慧明文化事业公司，2001年。

《论诗　修辞术　亚历山大修辞学》，崔延强、严一译，慧明文化事业公司，2001年。

《亚里士多德伦理学》（缩微品），向达译，全国图书馆文献缩微中心，2002年。

《亚里士多德工具论》（上），秦典华、余纪元译，慧明文化事业公司,2002 年。

《亚里士多德工具论》(下),徐开来、秦典华译,慧明文化事业公司,2002 年。

《亚里士多德论天·天象学　宇宙论》,徐开来译,慧明文化事业公司,2002 年。

《亚里士多德论灵魂·论梦　论记忆　论睡眠　论呼吸　论气息等》,秦典华译,慧明文化事业公司,2002 年。

《论生成和消灭》,徐开来译,慧明文化事业公司,2002 年。

《物理学》,徐开来译,慧明文化事业公司,2002 年。

《解释篇》,方书春译,商务印书馆,2003 年。

《物理学》,徐开来译,中国人民大学出版社,2003 年。

《形而上学》,苗力田译,中国人民大学出版社,2003 年。

《修辞术·亚历山大修辞学·论诗》,颜一、崔延强译,中国人民大学出版社,2003 年。

《工具论》,余纪元译,中国人民大学出版社,2003 年。

《亚历山大修辞学》,崔延强译,中国人民大学出版社,2003 年。

《论诗》,崔延强译,中国人民大学出版社,2003 年。

《亚里士多德创作学》,王士仪译,联经出版公司,2003 年。

《伦理学》,苗力田、徐开来译,昭明出版社,2003 年。

《形而上学》,苗力田、李秋零译,昭明出版社,2003 年。

《政治学》,颜一、秦典华译,昭明出版社,2003 年。

《尼各马可伦理学》,廖申白译,商务印书馆,2003 年。

《政治学》,颜一、秦典华译,中国人民大学出版社,2003 年。

《尼各马科伦理学》,苗力田译,中国人民大学出版社,2003 年。

《范畴学》,方书春译,商务印书馆,2003 年。

《政治学》,吴寿彭译,徐大同选编,商务印书馆,2006 年。

《尼各马科伦理学》,高思谦译,台湾商务印书馆,2006 年。

《诗学》,郝久新译,九州出版社,2007 年。

《诗学》,罗念生译,上海人民出版社,2006 年。

《修辞学》,罗念生译,上海人民出版社,2006年。

《尼科马亥伦理学》,刘国明译,光明日报出版社,2007年。

《修辞术·论诗》,颜一、崔延强译,额尔古纳出版社,2007年。

《尼各马可伦理学》,王旭凤、陈晓旭译,中国社会科学出版社,2007年。

《亚里士多德的智慧》,刘烨、曾纪军译,中国电影出版社,2007年。

《政治学》,姚仁权译,北京出版社,2007年。

《政治学》,高书文译,九州出版社,2007年。

《亚里士多德的宇宙哲学》,刘烨编译,中国戏剧出版社,2008年。

《诗学》,刘效鹏译,五南图书出版公司,2008年。

《形而上学》,张维编译,北京出版社,2008年。

《美学三论》,马文婷、宫雪译,光明日报出版社,2009年。

《政治学》,高书文译,中国社会科学出版社,2009年。

《诗学》,陈中梅译,商务印书馆,2009年。

《雅典政制》,林志纯、葛力译,商务印书馆,2009年。

《诗学·诗艺》,郝久新译,中国社会科学出版社,2009年。

《范畴集》,吕穆迪译,台湾商务印书馆,2010年。

《形而上学》,吕穆迪译,台湾商务印书馆,2010年。

《尼各马可伦理学》,邓安庆译,人民出版社,2010年。

《分析学前编》,吕穆迪译,台湾商务印书馆,2010年。

《政治学》,袁岳编译,中国长安出版社,2010年。

《雅典政制》,林志纯、葛力译,商务印书馆,2010年。

《分析学后编》,吕穆迪译,台湾商务印书馆,2010年。

《句解》,吕穆迪译,台湾商务印书馆,2010年。

《范畴篇》,方书春译,上海三联书店,2011年。

《政治学》,张杨、胡树仁译,湖南文艺出版社,2011年。

《雅典政制》,林志纯、葛力译,上海人民出版社,2011年。

《对亚里士多德的现象学解释》,赵卫国译,华夏出版社,2012年。

［古罗马］西塞罗：

《西塞罗文录》，梁实秋译，台湾商务印书馆，1979 年。

《老年·友谊·义务》，高地、张峰译，上海三联书店，1989 年。

《西塞罗三论》，徐奕春译，商务印书馆，1998 年。

《论灵魂》，王焕生译，西安出版社，1998 年。

《国家篇　法律篇》，沈叔平、苏力译，商务印书馆，1999 年。

《论义务》，王焕生译，中国政法大学出版社，1999 年。

《西塞罗散文》，郭国良译，浙江文艺出版社，2000 年。

《论神性》，石敏敏译，汉语基督教文化研究所，2001 年。

《法律篇》，沈叔平、苏力译，商务印书馆，2002 年。

《国家篇　法律篇》，沈叔平、苏力译，商务印书馆，2002 年。

《有节制的生活》，徐奕春译，陕西师范大学出版社，2003 年。

《论演说家》，王焕生译，中国政法大学出版社，2003 年。

《国家篇　法律篇》，沈叔平、苏力译，商务印书馆，2002 年。

《有节制的生活》，徐奕春译，陕西师范大学出版社，2003 年。

《论责任》，徐奕春译，商务印书馆，2003 年。

《论老年》，徐奕春译，商务印书馆，2003 年。

《论友谊》，徐奕春译，商务印书馆，2003 年。

《论至善和至恶》，石敏敏译，中国社会科学出版社，2005 年。

《论共和国》，王焕生译，上海人民出版社，2006 年。

《西塞罗论法律》，王焕生译，上海人民出版社，2006 年。

《美德就是你的资本》，陈鑫编译，哈尔滨出版社，2006 年。

《友谊责任论》，林蔚真译，光明日报出版社，2006 年。

《西塞罗三论》，徐奕春译，团结出版社，2007 年。

《论友谊》，徐学庸译，联经出版有限公司，2007 年。

《论神性》，石敏敏译，上海三联书店，2007 年。

《西塞罗全集·修辞学卷》，王晓朝译，人民出版社，2007 年。

《有节制的生活》，徐奕春译，天津人民出版社，2007 年。

《论老年》，徐学庸译，联经出版公司，2008 年。

《西塞罗全集·演说词卷》(上),王晓朝译,人民出版社,2008年。

《西塞罗全集·演说词卷》(下),王晓朝译,人民出版社,2008年。

《沉思录》(Ⅲ),徐奕春译,中央编译出版社,2009年。

《论灵魂》,王焕生译,西安出版社,2009年。

《论老年　论友谊　论责任》,徐奕春译,商务印书馆,2009年。

《国家篇》,沈叔平、苏力译,商务印书馆,2009年。

《法律篇》,沈叔平、苏力译,商务印书馆,2009年。

《西塞罗文集·政治学卷》,王焕生译,中央编译出版社,2010年。

《论老年　论友谊》,王焕生译,上海人民出版社,2011年。

[古罗马]**卢克莱修:**

《物性论》,方书春译,生活·读书·新知三联书店,1958年。

《物性论》,邢其毅译,北京大学出版社,2007年。

[古希腊]**斐洛:**

《论〈创世纪〉》,王晓朝、戴伟清译,汉语基督教文化研究所,1998年。

《论凝思的生活》,石敏敏译,中国社会科学出版社,2006年。

《论律法》,石敏敏译,中国社会科学出版社,2007年。

《论摩西的生平》,石敏敏译,中国社会科学出版社,2007年。

[古罗马]**塞涅卡:**

《特洛亚妇女》,杨周翰译,人民文学出版社,1958年。

《幸福而短促的人生》,赵又春、张建军译,上海三联书店,1989年。

《超凡脱俗的个体自觉》,张静荣译,杭州出版社,2001年。

《面包里的幸福人生》,赵又春、张建军译,陕西师范大学出版社,2003年。

《塞涅卡三论》,丁智琼译,安徽大学出版社,2005年。

《强者的温柔》,包利民等译,中国社会科学出版社,2005年。

《哲学的治疗》，吴欲波译，中国社会科学出版社，2007 年。

[古罗马]马可·奥勒留

《沉思录》，朱汝庆译，中国社会科学出版社，1998 年。

《沉思录》，何怀宏译，海南出版社，2002 年。

《沉思录》，梁实秋译，江苏文艺出版社，2008 年。

《沉思录》，李娟、杨志译，上海三联书店，2008 年。

《沉思录》，黄建华、杨尚英译，中国三峡出版社，2008 年。

《沉思录》，王邵励编译，北京出版社，2008 年。

《沉思录》，宗雪飞译，中国社会科学出版社，2008 年。

《沉思录》，宿春礼、邢群麟编译，中央编译出版社，2008 年。

《沉思录》，蔡新苗译，黑龙江科学技术出版社，2008 年。

《沉思录》，陈慧珍、邓旒彦译，吉林大学出版社，2008 年。

《沉思录》，腾浩节译，中央编译出版社，2008 年。

《沉思录》，文爱艺译，中国城市出版社，2009 年。

《世界最伟大的沉思录》，尹耀中编译，德威国际文化事业公司，2009 年。

《沉思录》，程贵超、林芸译，光明日报出版社，2009 年。

《沉思录》，吕冬青主编，北京燕山出版社，2009 年。

《沉思录》，鲁地、秦人译，世界知识出版社，2009 年。

《沉思录》，盛世教育西方名著翻译委员会，世界图书出版公司，2010 年。

《沉思录》，王焕生译，天津社会科学院出版社，2010 年。

《沉思录》(英汉双语)，袁蔚汉译，中国对外翻译出版公司，2010 年。

《沉思录》，张译文译，万卷出版公司，2010 年。

《永远讴歌思考》，何怀宏译，大块文化出版公司，2011 年。

《图解沉思录》，杨阳编译，时代文艺出版社，2011 年。

《沉思录》，李宏顺译，长江文艺出版社，2011 年。

中世纪哲学

[英]约翰·马仁邦主编:《中世纪哲学》(十卷本),孙毅等译,中国人民大学出版社,2010年。

赵敦华、傅乐安主编:《西方古典哲学原著选辑·中世纪哲学》(上下册),商务印书馆,2013年。

近代哲学:

北京大学哲学系外国哲学史教研室编:《十六至十七世纪西欧各国哲学》,生活·读书·新知三联书店,1958年。

[英]弗朗西斯·培根:

《培根论说文集》,水天同译,商务印书馆,1950年。

《人生论》,何新译,湖南文艺出版社,1992年。

《培根论说文集》,东旭等译,海南出版社,1995年。

《培根随笔》,曹明伦译,四川人民出版社,1997年。

《培根哲理美文集》,李瑜青、王西元编,安徽文艺出版社,1997年。

《世事箴言》,王义国译,中国广播电视出版社,2000年。

《培根作品选》,欧阳茜译,天津人民出版社,2002年。

《弗兰西斯·培根作品导读》,崔广莹、胡家浩主编,武汉大学出版社,2003年。

《培根论人生》,李杰主编,哈尔滨出版社,2003年。

《知识再造执行力》,蒋林编译,宏道文化事业公司,2003年。

《培根论人生》,董谦译,新疆电子出版社、柯文出版社,2004年。

《知识人生的47堂课》,蒋林编译,培真文化公司——思文堂,2004年。

《培根论人生》,龙婧译,哈尔滨出版社,2004年。

《培根论人生赏析》,刘烨编译,中国电影出版社,2005年。

《新工具》,许宝骙译,商务印书馆,2005年。

《论人生》,杨向荣译,陕西人民出版社,2005年。

《培根随笔》,伍素军译,延边人民出版社,2005 年。

《培根散文集》,丁大刚译,中国对外翻译出版公司,2005 年。

《培根论人生》,刘烨编译,正展出版公司,2006 年。

《培根随笔》,徐朴译,浙江文艺出版社,2006 年。

《培根随笔全集》,蒲隆译,中国书籍出版社,2006 年。

《善待人生》,龙婧译,陕西师范大学出版社,2006 年。

《培根论人生》,徐奕春译,中央编译出版社,2009 年。

《培根人生随笔》,张和声译,上海百家出版社,2009 年。

《培根论人生》,崔文安译,辽宁教育出版社,2010 年。

《论人生》,宏伟译,黑龙江科学技术出版社,2011 年。

《培根论人生成就》,石磊编译,中国商业出版社,2011 年。

《培根随笔》,孙笑语译,中国画报出版社,2011 年。

《培根论人生》,张毅译,上海人民出版社,2011 年。

[英]霍布斯:

《利维坦》,张明译,内蒙古人民出版社,1998 年。

《哲学家与英格兰法律家的对话》,姚中秋译,上海三联书店,2006 年。

《一位哲学家与英格兰普通法学者的对话》,毛晓秋译,上海人民出版社,2006 年。

《利维坦》,刘胜军、胡婷婷译,中国社会科学出版社,2007 年。

《利维坦》,黎思复、黎廷弼译,商务印书馆,2008 年。

《〈利维坦〉附录》,赵雪纲译,华夏出版社,2008 年。

《利维坦》,朱敏章译,吉林出版集团,2010 年。

[法]伽桑狄:

《对笛卡尔〈沉思〉的诘难》,庞景仁译,商务印书馆,1963 年。

[法]笛卡尔:

《方法论》,关文运译,商务印书馆,1935 年。

《哲学原理》,关文运译,商务印书馆,1935年。

《沉思集》,关文运译,商务印书馆,1935年。

《理性时代的宗教观》,朱信等译,金陵神学院托事部基督教辅侨出版社,1960年。

《我思故我在》,钱志纯译,志文出版社,1974年。

《方法导论·沉思录》,钱志纯、黎惟克译,志文出版社,1984年。

《第一哲学沉思集》,庞景仁译,商务印书馆,1986年。

《探求真理的指导原则》,管震湖译,商务印书馆,1991年。

《几何》,袁向东译,武汉出版社,1992年。

《谈谈方法》,王太庆译,商务印书馆,2000年。

《沉思录》,黎惟东译,志文出版社,2004年。

《笛卡尔思辨哲学》,尚新建等译,九州出版社,2004年。

《第一哲学沉思集》,徐陶译,九州出版社,2007年。

《笛卡尔的智慧》,王劲玉、刘烨译,中国电影出版社,2007年。

《第一哲学沉思集》,宫维明译,北京出版社,2008年。

《笛卡尔几何》,袁向东译,北京大学出版社,2008年。

《笛卡尔谈谈方法》,王太庆译,英属盖曼群岛商网路与书股份有限公司台湾分公司,2008年。

《笛卡尔的人类哲学》,刘烨编译,内蒙古文化出版社,2008年。

《沉思录》,周春塘译,五南图书出版公司,2010年。

《笛卡尔谈人生哲学》,丹明子主编,中国工人出版社,2011年。

[荷兰]斯宾诺莎:

《伦理学》,伍建光译,商务印书馆,1933年。

《论知性之改进》,刘荣焌译,人文书店,1943年。

《致知篇》,贺麟译,商务印书馆,1944年。

《知性改进论》,贺麟译,商务印书馆,1960年。

《伦理学》,贺麟译,商务印书馆,1962年。

《神学政治论》,温锡增译,商务印书馆,1963年。

《笛卡尔哲学原理》，王荫庭、洪汉鼎译，商务印书馆，1980 年。

《神、人及其幸福简论》，洪汉鼎、孙祖培译，商务印书馆，1987 年。

《斯宾诺莎书信集》，洪汉鼎译，商务印书馆，1993 年。

《伦理学》，刘晟译，中国社会出版社，1999 年。

《简论上帝、人及其心灵健康》，顾寿观译，商务印书馆，1999 年。

《政治论》，冯炳昆译，商务印书馆，1999 年。

《伦理学》，李健编译，陕西人民出版社，2007 年。

《伦理学》，邱振训译，五南图书出版公司，2010 年。

《简论上帝、人及其心灵健康》，顾寿观译，商务印书馆，2010 年。

《伦理学》，陈丽霞译，光明日报出版社，2010 年。

[**英**]**洛克：**

《人类悟性论》(上下册)，邓均吾译，辛垦书店，1934 年。

《人类理解论》(上下册)，关文运译，商务印书馆，1938 年。

《政府论次讲》，叶启芳、瞿菊农译，唐山出版社，1996 年。

《理解能力指导散论》，吴棠译，人民教育出版社，1993 年。

《论降低利息和提高货币价值的后果》，徐式谷译，商务印书馆，1997 年。

《教育漫话》，徐诚、杨汉麟译，河北人民出版社，1998 年。

《绅士的教育》，方晋译，西安出版社，1999 年。

《赢在起跑点上的教育法》，徐诚、杨汉麟译，三思堂文化事业公司，2002 年。

《论宗教的宽容》，吴云贵译，商务印书馆，2002 年。

《政府论》(上篇)，瞿菊农、叶启芳译，商务印书馆，2003 年。

《政府论》(下篇)，叶启芳、瞿菊农译，商务印书馆，2003 年。

《政府论两篇》，赵伯英译，陕西人民出版社，2004 年。

《教育漫话》，徐大建译，上海人民出版社，2005 年。

《约翰·洛克的家庭教育》，海鸣译，海峡文艺出版社，2005 年。

《教育片论》，熊春文译，上海人民出版社，2005 年。

《基督教的合理性》，王爱菊译，武汉大学出版社，2006 年。

《教育漫话》，杨汉麟译，人民教育出版社，2006 年。

《人类理解论》，谭善明、徐文秀译，陕西人民出版社，2007 年。

《政府论》，杨思派译，九州出版社，2007 年。

《论宗教宽容》，吴云贵译，商务印书馆，2009 年。

《政府论》，刘丹、赵文道译，湖南文艺出版社，2011 年。

[法]马勒伯朗士：

《有关神的存在和性质的对话》，陈乐民译，生活·读书·新知三联书店，1998 年。

[德]莱布尼茨：

《形而上学序论》，陈德荣译，商务印书馆，1937 年。

《人类理智新论》，陈修斋译，商务印书馆，1982 年。

《莱布尼茨与克拉克论战书信集》，陈修斋译，武汉大学出版社，1983 年。

《莱布尼茨自然哲学著作选》，祖庆年译，中国社会科学出版社，1985 年。

《人类理智新论》，杨恺译，中国社会出版社，1999 年。

《新系统及其说明》，陈修斋译，商务印书馆，1999 年。

《神义论》，朱雁冰译，生活·读书·新知三联书店，2007 年。

[英]贝克莱：

《巴克莱哲学对话篇》，关文运译，商务印书馆，1934 年。

《视觉新论》，关文运译，商务印书馆，1935 年。

《人类知识原理》，关文运译，商务印书馆，1936 年。

《人类知识原理》，关琪桐译，台湾商务印书馆，1980 年。

《启示录注释》(上册)，文国伟译，香港基督教文艺出版社，1986 年。

《西利斯》，高新民、曹曼译，商务印书馆，2000 年。

近代法国哲学：

北京大学哲学系外国哲学史教研室编译：《十八世纪法国哲学》，商务印书馆，1963年。

［法］伏尔泰：

《哲学通信》，上海外国语学院教学科学研究室译，上海人民出版社，1961年。

《哲学通信》，高达观等译，上海人民出版社，1961年。

《伏尔泰小说选》，傅雷译，人民文学出版社，1980年。

《巴比伦公主》，郑彦范、林伦彦译，湖南人民出版社，1981年。

《路易十四时代》，吴模信译，商务印书馆，1982年。

《查第格》，孟心杰译，商务印书馆，1983年。

《赣第德》，徐志摩译，江西人民出版社，1983年。

《赣第德》，方瑜等译，志文出版社，1983年。

《睿智与偏见》，余兴立、吴萍译，上海三联书店，1990年。

《哲学辞典》，王燕生译，商务印书馆，1991年。

《伏尔泰论文艺》，丁世中译，人民文学出版社，1993年。

《伏尔泰哲理小说》，柳鸣九编选，上海文艺出版社，1995年。

《风俗论：论各民族的精神与风俗以及自查理曼至路易十三的历史》（上册），梁守锵等译，商务出版社，1995年。

《伏尔泰哲理美文集》，李瑜青、尤奇炎编，安徽文艺出版社，1997年。

《风俗论：论各民族的精神与风俗以及自查理曼至路易十三的历史》（中册），梁守锵等译，商务出版社，1997年。

《风俗论：论各民族的精神与风俗以及自查理曼至路易十三的历史》（下册），谢戊申等译，商务印书馆，1997年。

《老实人》，傅雷译，安徽文艺出版社，1998年。

《老实人》，曹德明、沈昉等译，译林出版社，2000年。

《路易十四时代》，吴模信等译，台湾商务印书馆，2001年。

《老实人康迪德》，张家哲、张盈译，接力出版社，2001年。

《老实人》,佘协斌、侯合余、梁海军译,南方出版社,2003 年。

《伏尔泰精选集》,傅雷译,燕山出版社,2005 年。

《老实人》,胡笑扬编,天津人民出版社,2007 年。

《路易十四时代》,王晓东编译,北京出版社,2007 年。

《论宽容》,蔡鸿滨译,花城出版社,2007 年。

《哲学辞典》,钱逊、刘锐译,人民日报出版社,2008 年。

《哲学辞典》,续建国编译,北京出版社,2008 年。

《老实人》,徐向英译,中国书籍出版社,2009 年。

[法]拉美特利:

《人是机器》,顾寿观译,生活·读书·新知三联书店,1956 年。

《人是机器》,刘小湖译,内蒙古人民出版社,1998 年。

[英]休谟:

《人之悟性论》,伍光建译,商务印书馆,1930 年。

《人类理解研究》,关文运译,商务印书馆,1957 年。

《自然宗教对话录》,陈修斋、曹棉之译,商务印书馆,1962 年。

《人性论》,关文运译,商务印书馆,1980 年。

《休谟经济论文选》,陈玮译,商务印书馆,1984 年。

《休谟政治论文选》,张若衡译,商务印书馆,1993 年。

《道德原理研究》,周晓亮译,沈阳出版社,1994 年。

《人性的断裂》,冯援译,光明日报出版社,1996 年。

《道德原理探究》,王淑芹译,中国社会科学出版社,1999 年。

《人类理智研究》,吕大吉译,商务印书馆,1999 年。

《人性论》,楼棋译,中国社会出版社,1999 年。

《人性论》,冯国超主编,中国社会出版社,2000 年。

《道德原则研究》,曾晓平译,商务印书馆,2001 年。

《休谟经典文存》,瑜青主编,上海大学出版社,2002 年。

《宗教的自然史》,徐晓宏译,上海人民出版社,2003 年。

《休谟散文集》,肖韦译,中国社会科学出版社,2006 年。

《人性论》,石碧球译,九州出版社,2007 年。

《人性论》,张同铸译,陕西人民出版社,2007 年。

《人性论》,张晖编译,北京出版社,2007 年。

《休谟的人性哲学》,刘烨编译,内蒙古文化出版社,2008 年。

《勇敢的克兰西》,赵静译,二十一世纪出版社,2009 年。

《人性论》,贾广来译,陕西师范大学出版社,2009 年。

《论道德与文学》,马万利、张正萍译,浙江大学出版社,2011 年。

《论政治与经济》,张正萍译,浙江大学出版社,2011 年。

《人—机器》,任白戈译,辛垦书店,1933 年。

《人是机器》,顾寿观译,商务印书馆,1959 年。

[法]**狄德罗:**

《哲学原理》,杨伯恺译,辛垦书店,1934 年。

《狄德罗哲学选集》,陈修斋译,生活·读书·新知三联书店,1956 年。

《修女》,郑兆璜译,新文艺出版社,1957 年。

《定命论者雅克和他的主人》,匡明译,人民文学出版社,1958 年。

《狄德罗哲学选集》,江天骥等译,商务印书馆,1959 年。

《拉摩的侄儿》,江天骥译,商务印书馆,1981 年。

《狄德罗哲学选集》,江天骥译,商务印书馆,1983 年。

《狄德罗美学论文集》,张冠尧等译,人民文学出版社,1984 年。

《修女》,郑兆璜译,上海译文出版社,1987 年。

《狄德罗画评选》,陈占元译,人民美术出版社,1987 年。

《修女》,段维玉、余尚兵译,长江文艺出版社,1988 年。

《怀疑论者的漫步》,陈修斋、张冠尧译,上海三联书店,1989 年。

《宿命论者雅克和他的主人》,黄有德译,皇冠文学出版公司,1994 年。

《修女》,符锦勇译,漓江出版社,1996 年。

《狄德罗文集》,王雨、陈基发编译,中国社会出版社,1997 年。

《修女》,路元昶译,译林出版社,1998年。

《修女》,段维玉等译,长江文艺出版社,2001年。

《狄德罗小说集》,吴达元等译,人民文学出版社,2001年。

《拉摩的侄儿》,牛鸿英译,延边人民出版社,2001年。

《狄德罗经典文存》,瑜青主编,上海大学出版社,2002年。

《狄德罗论绘画》,陈占元译,广西师范大学出版社,2002年。

《修女》,金恒杰译,联经出版公司,2002年。

《狄德罗的〈百科全书〉》,梁从诫译,花城出版社,2007年。

《修女》,符锦勇译,上海译文出版社,2008年。

《狄德罗美学论文选》,张冠尧、桂裕芳等译,人民文学出版社,2008年。

《修女》,陆元昶译,重庆出版社,2008年。

《拉摩的侄儿》,陆元昶译,重庆出版社,2008年。

[法]孔狄亚克:

《认识起源论》,杨伯恺译,辛垦书店,1934年。

《人类知识起源论》,洪洁求、洪丕柱译,商务印书馆,1989年。

《人类知识起源论》,牛张力译,京华出版社,2000年。

[法]霍尔巴赫:

《自然之体系》,杨伯恺译,辛垦书店,1933年。

《自然的体系》(上册),管士滨译,商务印书馆,1964年。

《健全的思想》,王荫庭译,商务印书馆,1966年。

《袖珍神学或简明基督教辞典》,单志澄等译,商务印书馆,1972年。

《自然的体系》(下册),管士滨译,商务印书馆,1977年。

《自然政治论》,陈太先、眭茂译,商务印书馆,1994年。

《袖珍神学》,刘峰译,中国社会出版社,1999年。

《袖珍神学》,冯国超主编,中国社会出版社,2000年。

《健全的思想》,刘将译,京华出版社,2000年。

德国古典哲学：

北京大学哲学系外国哲学史教研室编译：《十八世纪末至十九世纪初德国哲学》，商务印书馆，1960 年。

［德］**康德：**

《人心能力论》，［德］卫礼贤、周暹译，商务印书馆，1914 年。

《纯粹理性批判》，胡仁源译，商务印书馆，1935 年。

《实践理性批判》，张铭鼎译，商务印书馆，1936 年。

《道德形而上学探本》，唐钺译，商务印书馆，1939 年。

《优美感觉与崇高感觉》，关文运译，商务印书馆，1940 年。

《纯粹理性批判》，蓝公武译，生活·读书·新知三联书店，1957 年。

《康德的道德哲学》，谢扶雅译，金陵神学院托事部基督教辅侨出版社，1960 年。

《实践理性批判》，关文运译，商务印书馆，1960 年。

《判断力批判》（下卷），韦卓民译，商务印书馆，1964 年。

《判断力批判》（上卷），宗白华译，商务印书馆，1964 年。

《宇宙发展史概论》，上海外国自然科学哲学著作编译组译，上海人民出版社，1972 年。

《任何一种能够作为科学出现的未来形而上学导论》，庞景仁译，商务印书馆，1978 年。

《纯粹理性之批判》，牟宗三译，学生书局，1983 年。

《康德的道德哲学》，牟宗三译，学生书局，1983 年。

《道德形而上学原理》，苗力田译，上海人民出版社，1986 年。

《人心能力论》，周暹译，建德周氏，1987 年。

《实用人类学》，邓晓芒译，重庆出版社，1987 年。

《自然科学的形而上学基础》，张遂五、郭小平译，四川大学出版社，1988 年。

《自然科学的形而上学基础》，邓晓芒译，生活·读书·新知三联书店，1988 年。

《通灵者之梦》,李明辉译,联经出版公司,1989年。

《道德底形上学之基础》,李明辉译,联经出版公司,1990年。

《自然科学的形而上学基础》,张遂五、郭小平译,唐山出版社,1990年。

《历史理性批判文集》,何兆武译,商务印书馆,1990年。

《对美感和崇高感的观察》,曹俊峰、韩明安译,黑龙江人民出版社,1990年。

《法的形而上学原理》,沈叔平译,商务印书馆,1991年。

《逻辑学讲义》,许景行译,商务印书馆,1991年。

《康德书信百封》,李秋零编译,上海人民出版社,1992年。

《欲望的结晶》,高巍、佳伊编译,哈尔滨出版社,1993年。

《单纯理性限度内的宗教》,李秋零译,汉语基督教文化研究所,1997年。

《康德文集》,刘克苏等译,改革出版社,1997年。

《实践理性批判》,韩水法译,商务印书馆,1999年。

《实践理性批判》,李鹏、刘将译,中国社会出版社,1999年。

《纯粹理性批判》,韦卓民译,华中师范大学出版社,2000年。

《彼岸星空》,李秋零译,经济日报出版社,2001年。

《论优美感和崇高感》,何兆武译,商务印书馆,2001年。

《宇宙发展史概论》,全增嘏译,上海译文出版社,2001年。

《康德历史哲学论文集》,李明辉译,联经出版公司,2002年。

《判断力批判》,邓晓芒译,人民出版社,2002年。

《康德经典文存》,瑜青主编,上海大学出版社,2002年。

《单纯理性限度内的宗教》,李秋零译,中国人民大学出版社,2003年。

《康德著作全集》(第一卷),李秋零主编,中国人民大学出版社,2003年。

《实践理性批判》,邓晓芒译,人民出版社,2003年。

《纯粹理性批判》,邓晓芒译,联经出版公司,2004年。

《康德三大批判》,邓晓芒译,联经出版公司,2004 年。

《康德道德哲学》,叶昌德编译,北方妇女儿童出版社,2004 年。

《纯粹理性批判》,邓晓芒译,人民出版社,2004 年。

《康德著作全集》(第三卷),李秋零主编,中国人民大学出版社,2004 年。

《判断力批判》,邓晓芒译,人民出版社,2004 年。

《康德论上帝与宗教》,李秋零编,中国人民大学出版社,2004 年。

《康德著作全集》(第二卷),李秋零主编,中国人民大学出版社,2004 年。

《纯粹理性批判》,李秋零译,中国人民大学出版社,2004 年。

《判断力批判》,邓晓芒译,联经出版公司,2004 年。

《康德著作全集》(第四卷),李秋零主编,中国人民大学出版社,2005 年。

《永久和平论》,何兆武译,上海人民出版社,2005 年。

《系科之争》,赵鹏、何兆武译,上海人民出版社,2006 年。

《康德著作全集》(第五卷),李秋零主编,中国人民大学出版社,2007 年。

《康德的智慧》,曾纪军、刘烨编译,中国电影出版社,2007 年。

《康德著作全集》(第六卷),李秋零主编,中国人民大学出版社,2007 年。

《康德三批判书》,武雨南川、李光荣编译,人民日报出版社,2007 年。

《实践理性批判》,张永奇译,九州出版社,2007 年。

《道德形而上学基础》,孙少伟译,九州出版社,2007 年。

《一切能作为学问而出现的未来形上学之序论》,李明辉译,联经出版公司,2008 年。

《判断力批判》,彭笑远编译,北京出版社,2008 年。

《康德的批判哲学》,刘烨编译,内蒙古文化出版社,2008 年。

《康德著作全集》(第七卷),李秋零主编,中国人民大学出版社,

2008 年。

《道德形而上学基础》，孙少伟译，中国社会科学出版社，2009 年。

《实践理性批判》，张永奇译，中国社会科学出版社，2009 年。

《康德著作全集》（第八卷），李秋零主编，中国人民大学出版社，2010 年。

《康德著作全集》（第九卷），李秋零主编，中国人民大学出版社，2010 年。

《纯粹理性批判》，孙绍武主编，远方出版社，2011 年。

《纯粹理性批判》，李秋零译，中国人民大学出版社，2011 年。

《康德谈人性与道德》，石磊编译，中国商业出版社，2011 年。

《实践理性批判》，李秋零译，中国人民大学出版社，2011 年。

《判断力批判》，李秋零译，中国人民大学出版社，2011 年。

《康德与形而上学疑难》，王庆节译，上海译文出版社，2011 年。

[德]费希特：

《论学者的使命》，梁志学、沈真译，商务印书馆，1980 年。

《人的使命》，梁志学、沈真译，商务印书馆，1982 年。

《论学者的使命、人的使命》，梁志学、沈真译，商务印书馆，1984 年。

《全部知识学的基础》，王玖兴译，商务印书馆，1986 年。

《费希特著作选集》（卷一），梁志学主编，商务印书馆，1990 年。

《费希特著作选集》（卷二），梁志学主编，商务印书馆，1994 年。

《伦理学体系》，梁志学译，中国社会科学出版社，1995 年。

《费希特著作选集》（卷三），梁志学译，商务印书馆，1997 年。

《现时代的根本特点》，沈真、梁志学译，辽宁教育出版社，1998 年。

《费希特著作选集》（卷四），梁志学主编，商务印书馆，2000 年。

《论法国革命》，李理译，贵州人民出版社，2001 年。

《激情自我：费希特书信选》，洪汉鼎译，经济日报出版社，2001 年。

《论学者的使命》，梁志学译，商务印书馆，2003 年。

《极乐生活指南》，李文堂译，辽宁教育出版社，2003 年。

《对德意志民族的演讲》,梁志学等译,辽宁教育出版社,2003 年。

《自然法权基础》,谢地坤、程志民译,商务印书馆,2004 年。

《费希特著作选集》(卷五),梁志学主编,商务印书馆,2006 年。

《伦理学体系》,梁志学、李理译,商务印书馆,2007 年。

《自由的体系》,梁志学选编,商务印书馆,2008 年。

《极乐生活》,于君译,光明日报出版社,2009 年。

《人的使命》,张珍麟译,光明日报出版社,2010 年。

《国家学说:或关于原初国家与理性王国的关系》,潘德荣译,中国法制出版社,2010 年。

[德]谢林:

《先验唯心论体系》,梁志学、石泉译,商务印书馆,1976 年。

《布鲁诺对话:论事物的神性原理和本性原理》,邓安庆译,商务印书馆,2008 年。

《对人类自由的本质及其相关对象的哲学研究》,邓安庆译,商务印书馆,2008 年。

《谢林论人类自由的本质》,薛华译,辽宁教育出版社,1999 年。

[德]黑格尔:

《黑格尔历史哲学纲要》,王灵皋译,神州国光社,1932 年。

《逻辑学大纲》,周谷城译,正理报社,1934 年。

《论理学》,张铭鼎译,世界书局,1935 年。

《历史哲学》,王造时、谢诒徵译,商务印书馆,1936 年。

《黑格尔的小逻辑》,贺麟译,商务印书馆,1950 年。

《哲学史讲演录》(第一卷),贺麟译,生活·读书·新知三联书店,1956 年。

《哲学史讲演录》(第二卷),贺麟译,生活·读书·新知三联书店,1957 年。

《美学》(第一卷),朱光潜译,人民文学出版社,1958 年。

《法哲学原理:自然法和国家学纲要》,范扬、张企泰译,法律出版社,1958 年。

《哲学史讲演录》(第三卷),贺麟、王太庆译,商务印书馆,1959 年。

《精神现象学》(上卷),贺麟、王玖兴译,商务印书馆,1962 年。

《逻辑学》(上卷),杨一之译,商务印书馆,1966 年。

《逻辑学》(下卷),杨一之译,商务印书馆,1976 年。

《哲学史讲演录》(第四卷),贺麟、王太庆译,商务印书馆,1978 年。

《美学》(第二卷),朱光潜译,商务印书馆,1979 年。

《精神现象学》(下卷),贺麟、王玖兴译,商务印书馆,1979 年。

《美学》(第三卷上册),朱光潜译,商务印书馆,1979 年。

《自然哲学》,梁志学、薛华、钱广华、沈真译,商务印书馆,1980 年。

《黑格尔政治著作选》,薛华译,商务印书馆,1981 年。

《美学》(第三卷下册),朱光潜译,商务印书馆,1981 年。

《黑格尔通信百封》,苗力田译,上海人民出版社,1981 年。

《黑格尔经典文存》,李瑜青译,上海大学出版社,2001 年。

《哲学科学全书纲要》,薛华译,上海人民出版社,2002 年。

《哲学全书·逻辑学》,梁志学译,人民出版社,2002 年。

《宗教哲学讲演录》,魏庆征译,中国社会出版社,2005 年。

《美学:对广大的美的领域的尖端叙述》,燕晓冬编译,人民日报出版社,2005 年。

《哲学全书·精神哲学》,杨祖陶译,人民出版社,2006 年。

《小逻辑》,李智谋译,重庆出版社,2006 年。

《哲学科学百科全书纲要:精神哲学》,韦卓民译,华中师范大学出版社,2006 年。

《小逻辑》,黄昀、常培育译,中国社会科学出版社,2007 年。

《精神现象学》,王诚、曾琼译,中国社会科学出版社,2007 年。

《法哲学原理》,杨东柱、尹建军、王哲译,北京出版社,2007 年。

《黑格尔论艺术》,王福生译,吉林美术出版社,2007 年。

《历史哲学》,张作成、车仁维译,北京出版社,2008 年。

《黑格尔的客观哲学》，刘烨编译，中国戏剧出版社，2008 年。

《小逻辑》，王义国译，光明日报出版社，2009 年。

《哲学科学全书纲要》，薛华译，北京大学出版社，2010 年。

《黑格尔历史哲学》，潘高峰译，九州出版社，2011 年。

《美学：对广大的美的领域的尖端论述》，寇鹏程编译，江苏人民出版社，2011 年。

《逻辑学》，孙绍武主编，远方出版社，2011 年。

[德]费尔巴哈：

《黑格尔哲学批判》，柳若水辑译，辛垦书店，1935 年。

《宗教的本质》，王太庆译，人民出版社，1953 年。

《未来哲学原理》，洪谦译，生活·读书·新知三联书店，1955 年。

《关于哲学改造的临时纲要》，洪谦译，生活·读书·新知三联书店，1958 年。

《黑格尔哲学批判》，王太庆、万颐庵译，生活·读书·新知三联书店，1958 年。

《费尔巴哈哲学著作选集》(上卷)，荣震华等译，生活·读书·新知三联书店，1959 年。

《宗教的本质》，王复译，商务印书馆，1959 年。

《费尔巴哈哲学著作选集》(下卷)，荣震华等译，生活·读书·新知三联书店，1962 年。

《费尔巴哈哲学史著作选》(第一卷)，涂纪亮译，商务印书馆，1978 年。

《费尔巴哈哲学著作选集》，荣震华译，商务印书馆，1984 年。

《基督教的本质》，荣震华译，商务印书馆，1984 年。

《费尔巴哈哲学史著作选》(第三卷)，涂纪亮译，商务印书馆，1984 年。

《对莱布尼茨哲学的叙述、分析和批判》，涂纪亮译，商务印书馆，1985 年。

现代西方哲学原著:

中国科学院哲学研究所西方哲学史组编:《现代美国哲学》,商务印书馆,1963 年。

实证主义:

[法]孔德:

《论实证精神》,黄建华译,商务印书馆,1996 年。

《科学・爱・秩序・进步:孔德〈实证主义概论〉精粹》,冯玮编译,湖北人民出版社,1989 年。

[英]穆勒:

《穆勒名学》,严复译述,商务印书馆,1931 年。

《功用主义》,唐钺译,商务印书馆,1936 年。

《约翰・穆勒自传》,吴良健、吴衡康译,商务印书馆,1987 年。

《约翰・穆勒自传》,郑晓岚、陈宝国译,华夏出版社,2007 年。

《代议制政府》,段小平译,中国社会科学出版社,2007 年。

《密尔论民主与社会主义》,胡勇译,吉林出版集团,2008 年。

《密尔论自由》,樊凡、董存胜译,吉林人民出版社,2011 年。

唯意志论:

[德]叔本华:

《处世哲学》,杜亚泉编译,商务印书馆,1923 年。

《意志与表象的世界》,刘大悲译,志文出版社,1974 年。

《叔本华论文集》,陈晓南译,志文出版社,1972 年。

《作为意志和表象的世界》,石冲白译,商务印书馆,1982 年。

《人生的智慧》,张尚德译,志文出版社,1979 年。

《生存空虚说》,陈晓南译,作家出版社,1987 年。

《人生的智慧》,张尚德译,黑龙江人民出版社,1987 年。

《意欲与人生之间的痛苦:叔本华随笔和箴言集》,李小兵译,上海三联书店，1988年。

《人生的智慧》，张尚德译，工人出版社，1988年。

《爱与生的苦恼》，陈晓南译，志文出版社，1976年。

《意志与表象的世界》，林建国译，远流出版公司，1989年。

《欲望、痛苦和解脱：叔本华〈作为意识和表象的世界〉精粹》，翁绍军编选，湖北人民出版社，1989年。

《叔本华箴言录》，陈国庆、范立辉编，吉林教育出版社，1990年。

《抑郁的心灵之光：叔本华传》，袁志英编著，世界图书出版公司，1994年。

《充足理由律的四重根》，陈晓希译，商务印书馆，1996年。

《叔本华文集》，陈静编，青海人民出版社，1996年。

《叔本华文集》，钟鸣等译，中国言实出版社，1996年。

《叔本华文集：生命与意志》，任立、潘宇编译，华龄出版社，1997年。

《叔本华文集：悲情人生》，任立、潘宇编译，华龄出版社，1997年。

《作为意志和表象的世界》，石冲白译，商务印书馆，1997年。

《叔本华哲理美文集》，李瑜青、庞小玲编，安徽文艺出版社，1997年。

《叔本华文集：人生智慧》，任立、潘宇编译，华龄出版社，1997年。

《意欲与人生之间的痛苦：叔本华随笔和箴言集》，李小兵译，上海三联书店，1997年。

《自然界中的意志》，任立、刘林译，商务印书馆，1997年。

《叔本华论说文集》，范进等译，商务印书馆，1999年。

《作为意志和表象世界》，孙羽译，中国社会出版社，1999年。

《情爱与性爱》，陈小南、金玲译，大众文艺出版社，1999年。

《爱与生的苦恼》，金铃译，华龄出版社，2001年。

《处世智慧录》，胡百华译，九歌出版社，2001年。

《人生的智慧》，韦启昌译，上海人民出版社，2001年。

《处世智慧》，林康成译，哈尔滨出版社，2002年。

《悲喜人生：叔本华论说文集》，范进译，陕西师范大学出版社，

2002 年。

《叔本华哲理美文集》,李瑜青主编,先智出版公司,2002 年。

《劝诫与格言》,范进、柯锦华译,西苑出版社,2003 年。

《叔本华人生哲学》,李成铭译,九州出版社,2003 年。

《叔本华超级成功学》,吴生明译,北方妇女儿童出版社,2004 年。

《叔本华论生命悲剧哲学》,王子予译,北方妇女儿童出版社,2004 年。

《人性的得失与智慧》,文良文化编译,华文出版社,2004 年。

《风景中的人类》,杨涛译,喀什维吾尔文出版社,2004 年。

《隽语与箴言》,胡百华编译,健行文化出版公司,2004 年。

《叔本华人生哲学的智慧》,刘烨编译,吉根出版社,2005 年。

《爱与生的苦恼》,金铃译,光明日报出版社,2006 年。

《叔本华经典文存》,李瑜青主编,上海大学出版社,2006 年。

《人生的智慧》,亦非译,京华出版社,2006 年。

《叔本华散文》,绿原译,人民文学出版社,2008 年。

《作为意志和表象的世界》,董建编译,北京出版社,2008 年。

《人生为何不同:叔本华的人生哲学》,梁波译,陕西师范大学出版社,2008 年。

《得与失的智慧》,杨涛、李小兵等译,长江文艺出版社,2009 年。

《生存空虚说》,陈晓南译,重庆出版社,2009 年。

《探寻人生痛苦之源》,杨珺译,北京出版社,2010 年。

《人生究竟有何不同:聆听叔本华的人生智慧》,罗烈译,中国三峡出版社,2010 年。

《叔本华:爱与生的苦恼》,刘越峰译,中国画报出版社,2012 年。

《叔本华:意志和表象的世界》,许文妍译,中国画报出版社,2012 年。

[德]尼采:

《查拉斯图拉如是说》,高寒译,文通书局,1949 年。

《瞧!这个人——尼采自传》,刘崎译,志文出版社,1962 年。

《查拉杜斯屈拉如是说》,雷崧生译,中华书局,1964 年。

《悲剧的诞生》,李长俊译,三民书局,1972 年。

《悲剧的诞生》,刘崎译,志文出版社,1972 年。

《偶像的黄昏》,陈芳郁译,水牛出版社,1973 年。

《查拉图斯特拉如是说》,余江荣译,志文出版社,1984 年。

《快乐的科学》,余鸿荣译,中国和平出版社,1986 年。

《悲剧的诞生》,李长俊译,湖南人民出版社,1986 年。

《查拉斯图拉如是说》,楚图南译,湖南人民出版社,1987 年。

《查拉斯图拉如是说》,尹溟译,文化艺术出版社,1987 年。

《道德系谱学》,陈芳郁译,水牛出版社,1987 年。

《偶像的黄昏》,周国平译,湖南人民出版社,1987 年。

《尼采语录》,林郁主编,智慧大学出版社,1989 年。

《悲剧的诞生》,周国平译,久大文化公司,1990 年。

《权力意志:重估一切价值的尝试》,张念东、凌素心译,商务印书馆,1992 年。

《论道德的起源》,周红译,勤＋缘出版社,1992 年。

《华格纳事件》,陈国平译,万象图书公司,1992 年。

《论道德的谱系》,周红译,生活・读书・新知三联书店,1992 年。

《悲剧的诞生:尼采美学文选》,周国平译,生活・读书・新知三联书店,1992 年。

《哲学与真理:尼采 1872—1876 年笔记选》,田立年译,上海社会科学院出版社,1993 年。

《尼采美学文选》,周国平译,万象图书公司,1993 年。

《尼采如是说:处在痛苦中的人没有悲观的权利》,林郁选编,中国友谊出版公司,1993 年。

《上帝死了:尼采文选》,威仁译,上海三联书店,1993 年。

《尼采语录:存在主义大师之叁》,杨耐冬译注,汉艺色研文化事业公司,1994 年。

《重估一切价值:尼采如是说》,赵修义译,上海文艺出版社,1994 年。

《希腊悲剧时代的哲学》,周国平译,台湾商务印书馆,1994 年。

《尼采文集》,周国平等译,青海人民出版社,1995 年。

《悲剧的诞生》,缪朗山等译,海南国际新闻出版中心,1996 年。

《尼采哲理美文集》,李瑜青编译,安徽文艺出版社,1997 年。

《查拉图斯特拉如是说》,张友谊译,外文出版社,1998 年。

《快乐的知识》,黄明嘉译,中央编译出版社,1999 年。

《善恶的彼岸》,朱泱译,水牛出版社,1999 年。

《曙光》,田立年译,漓江出版社,2000 年。

《悲剧的诞生》,赵登荣译,漓江出版社,2000 年。

《权力意志》,贺骥译,漓江出版社,2000 年。

《历史的用途与滥用》,陈涛、周辉荣译,上海人民出版社,2000 年。

《论道德的谱系》,谢地坤等译,漓江出版社,2000 年。

《尼采文集》,李昆译,京华出版社,2000 年。

《善恶之彼岸:未来的一个哲学序曲》,程志民译,华夏出版社,2000 年。

《看哪这人:尼采自述》,张念东、凌素心译,中央编译出版社,2010 年。

《超善恶:未来哲学序曲》,张念东、凌素心译,中央编译出版社,2000 年。

《查拉图斯特拉如是说》,黄明嘉译,漓江出版社,2000 年。

《权利与意志》,李何南译,延边人民出版社,2001 年。

《善恶的彼岸》,朱泱译,团结出版社,2001 年。

《疯狂的意义:尼采超人哲学集》,周国平译,陕西师范大学出版社,2002 年。

《我妹妹与我:尼采佚失的最后告白》,陈苍多译,文化艺术出版社公司,2003 年。

《尼采生存哲学》,杨恒达等译,九州出版社,2003 年。

《反基督》,陈君华译,河北教育出版社,2003 年。

《尼采成功意志学》,吴生明编译,北方妇女儿童出版社,2004 年。

《尼采谈人生权利意识》，王子予编译，北方妇女儿童出版社，2004年。

《人性的，太人性的：一本献给自由精灵的书》，杨恒达译，中国人民大学出版社，2005年。

《权力意志》，孙周兴译，商务印书馆，2007年。

《查拉图斯特拉如是说》，巫静译，湖南文艺出版社，2006年。

《尼采遗稿选》，虞龙发译，上海译文出版社，2006年。

《尼采注疏集》，刘小枫主编，华东师范大学出版社，2007年。

《查拉图斯特拉如是说》（详注本），钱春绮译，生活·读书·新知三联书店，2007年。

《查拉图斯特拉如是说》，王常柱编译，北京出版社，2007年。

《不合时宜的沉思》，李秋零译，华东师范大学出版社，2007年。

《悲剧的诞生》，赵登荣译，漓江出版社，2007年。

《权力意志》，贺骥译，漓江出版社，2007年。

《曙光》，田立年译，漓江出版社，2007年。

《尼采：其人及其思想》，黄添盛译，商周出版社，2007年。

《人性的，太人性的：一本献给自由精神的书》，魏育青、李晶浩、高天忻译，华东师范大学出版社，2008年。

《尼采散文》，黄明嘉等译，人民文学出版社，2008年。

《〈悲剧的诞生〉导读》，朵渔导读，天津人民出版社，2009年。

《查拉图斯特拉如是说》，孙周兴译，上海人民出版社，2009年。

《查拉图斯特拉如是说》，杨震译，中国社会科学出版社，2009年。

《第一本尼采箴言漫画：站在半坡看世界》，汪培伦译，中国友谊出版公司，2010年。

《尼采著作全集》（第四卷），孙周兴译，商务印书馆，2010年。

《历史对于人生的利弊》，杨东柱、王哲译，北京出版社，2010年。

《尼采著作全集》（第十二卷），孙周兴译，商务印书馆，2010年。

《尼采如是说》，林郁编译，二十一世纪出版社，2010年。

《尼采全集》（第四卷），杨恒达译，中国人民大学出版社，2011年。

《尼采全集》(第二卷),杨恒达译,中国人民大学出版社,2011 年。

《查拉图斯特拉如是说》,储琢佳译,江苏文艺出版社,2011 年。

《查拉特斯彻如是说》,莫辛幸译,中山大学出版社,2011 年。

《尼采文选》,孙绍武主编,远方出版社,2011 年。

《尼采:查拉图斯特拉如是说》,杨佩昌译,中国画报出版社,2012 年。

《尼采》,孙周兴译,商务印书馆,2002 年。

《尼采十讲》,苏隆编译,中国言实出版社,2004 年。

生命哲学:

[法]柏格森:

《形而上学序论》,杨正宇译,商务印书馆,1921 年。

《时间与意志自由》,潘梓年译,商务印书馆,1927 年。

《时间与自由意志》,吴士栋译,商务印书馆,1958 年。

《形而上学导言》,刘放桐译,商务印书馆,1963 年。

《创造的进化》,李永炽译,远景出版事业公司,1983 年。

《生命,在时间之流中:柏格森〈时间与自由意识〉精粹》,郑乐平编,湖北人民出版社,1989 年。

《创造进化论》,肖聿译,华夏出版社,2000 年。

《生命与记忆:柏格森书信选》,陈圣生译,经济日报出版社,2001 年。

《创造进化论》,姜志辉译,商务印书馆,2004 年。

《创造进化论》,李斯等译,时代文艺出版社,2006 年。

《创造进化论》,肖聿译,译林出版社,2011 年。

[德]狄尔泰:

《体验与诗》,胡其鼎译,生活·读书·新知三联书店,2003 年。

《历史中的意义》,艾彦、逸飞译,中国城市出版社,2002 年。

《精神科学引论》(第一卷),童奇志译,中国城市出版社,2002 年。

《人文科学导论》，赵稀方译，华夏出版社，2004 年。

《狄尔泰文集》(第三卷)，安延明、李河编，中国人民大学出版社，2010 年。

[德]齐美尔：

《桥与门：齐美尔随笔集》，涯鸿等译，上海三联书店，1991 年。

《金钱、性别、现代生活风格》，顾仁明译，联经出版公司，2001 年。

《社会是如何可能的：齐美尔社会学文选》，林荣远编译，广西师范大学出版社，2002 年。

《宗教社会学》，曹卫东译，上海人民出版社，2003 年。

《生命直观：先验论四章》，刁承俊译，生活·读书·新知三联书店，2003 年。

《现代人与宗教》，曹卫东等译，中国人民大学出版社，2003 年。

《现代性、现代人与宗教》，曹卫东、王志敏、刁承俊译，汉语基督教文化研究所(道风书社)，2005 年。

《历史哲学问题：认识论随笔》，陈志夏译，上海译文出版社，2006 年。

《叔本华与尼采：一组演讲》，黄茂文译，上海译文出版社，2006 年。

《哲学的主要问题》，钱敏汝译，上海译文出版社，2006 年。

《货币哲学》，陈戎女、耿开君、文聘元译，华夏出版社，2007 年。

《货币哲学》，朱桂琴译，光明日报出版社，2009 年。

实用主义：

[美]詹姆斯：

《论思想流》，唐钺译，台湾商务印书馆，1974 年。

《实用主义：一些旧思想方法的新名称》，陈羽译，商务印书馆，1979 年。

《詹姆斯集》，万俊人、陈亚军编选，上海远东出版社，1997 年。

《多元的宇宙》，吴棠译，商务印书馆，1999 年。

《宗教经验之种种:人性的探索》,蔡怡佳、刘宏信译,立绪文化事业公司,2001年。

《宗教经验种种》,尚新建译,华夏出版社,2005年。

《詹姆斯文选》,万俊人、陈亚军编译,社会科学文献出版社,2007年。

《意义、真理与行动:实用主义经典文选》,[美]苏珊·哈克主编,东方出版社,2007年。

《宗教经验之种种:对人性的研究》,蔡怡佳、刘宏信译,广西师范大学出版社,2008年。

《实用主义》,孟宪承译,华东师范大学出版社,2010年。

[美]皮尔士:

《皮尔斯文选》,涂纪亮编,社会科学文献出版社,2006年。

[美]杜威:

《哲学史》,刘伯明译,泰东图书局,1921年。

《实验主义伦理学》,周谷城编译,商务印书馆,1923年。

《思维术》,刘伯明译,中华书局,1933年。

《哲学之改造》,许崇清译,商务印书馆,1933年。

《自由与文化》,傅统先译,商务印书馆,1964年。

《经验与自然》,付统先译,商务印书馆,1964年。

《自由与文化》,林以亮、娄贻哲译,学生书局,1976年。

《杜威教育论著选》,赵祥麟、王承绪编译,华东师范大学出版社,1981年。

《自由与文化》,吴俊升译,正中书局,1981年。

《科学与人文的护法》,李日章译,允晨文化实业公司,1982年。

《人的问题》,付统先、丘椿译,上海人民出版社,1986年。

《杜威传》,单中惠编译,安徽教育出版社,1987年。

《民主主义与教育》,林宝山译,五南图书出版公司,1989年。

《学校与社会》，林宝山、康春枝译，五南图书出版公司，1990年。

《民主主义与教育》，王承绪译，人民教育出版社，1990年。

《我们怎样思维》，姜文闵译，人民教育出版社，1991年。

《明日之学校》，朱经农、潘梓年译，商务印书馆，1993年。

《学校与社会　明日之学校》，赵祥麟等译，人民教育出版社，1994年。

《民主与教育》，林玉体译，师大书苑公司，1996年。

《新旧个人主义：杜威文选》，孙有中等译，上海社会科学院出版社，1997年。

《哲学的改造》，胡适、唐擘黄译，安徽教育出版社，1999年。

《杜威与中国》，张宝贵编著，河北人民出版社，2001年。

《天才儿童的思维训练》，张万新译，京华出版社，2001年。

《杜威谈中国》，沈益洪编，浙江文艺出版社，2001年。

《艺术即经验》，高建平译，五观艺术管理有限公司，2004年。

《哲学的改造》，张颖译，陕西人民出版社，2004年。

《确定性的寻求：关于知行关系的研究》，傅统先译，上海人民出版社，2004年。

《民治主义与现代社会——杜威在华讲演集》，袁刚等编，北京大学出版社，2004年。

《我们怎样思维·经验与教育》，姜文闵译，人民教育出版社，2005年。

《艺术即经验》，高建平译，商务印书馆，2005年。

《经验与教育》，姜文闵译，人民教育出版社，2005年。

《杜威教育名篇》，赵祥麟、王承绪编译，教育科学出版社，2006年。

《杜威文选》，涂纪亮译，社会科学文献出版社，2006年。

《评价理论》，冯平、余泽娜等译，上海译文出版社，2007年。

《自由主义》，欧阳梦云等译，世界知识出版社，2007年。

《实用主义》，田永胜等主编，世界知识出版社，2007年。

《杜威教育文集》，吕达、刘立德、邹海燕主编，顾岳中等译，人民教育出版社，2008 年。

《思维与教学》，孟宪承、俞庆棠译，华东师范大学出版社，2010 年。

《杜威全集》(第二卷)，熊哲宏、张勇、蒋柯译，华东师范大学出版社，2010 年。

《杜威全集》(第三卷)，吴新文、邵强进等译，华东师范大学出版社，2010 年。

《杜威全集》(第一卷)，张国清、朱进东、王大林译，华东师范大学出版社，2010 年。

《杜威全集》(第五卷)，杨小微、罗德红等译，华东师范大学出版社，2010 年。

《杜威全集》(第四卷)，王新生、刘平译，华东师范大学出版社，2010 年。

《杜威五大讲演》，张恒编，金城出版社，2010 年。

《哲学史》，杨玉成编，北京出版社，2010 年。

《艺术即体验》，程颖译，金城出版社，2011 年。

《杜威实用主义教育思想与论著选读》，冯克诚主编，人民武警出版社，2011 年。

分析哲学：

陈波、韩林合主编：《逻辑与语言：分析哲学经典文选》，东方出版社，2005 年。

[德]弗雷格：

《弗雷格哲学论著选辑》，王路译，商务印书馆，1994 年。

《算术基础：对于数这个概念的一种逻辑数学的研究》，王路译，商务印书馆，1998 年。

[英]罗素：

《自由与组织》，瘦石、瘦竹译，大林书店，1900 年。

《真与爱》,江燕译,志文出版社,1901 年。

《政治理想》,程振基译,商务印书馆,1924 年。

《物的分析》,任鸿隽译,商务印书馆,1926 年。

《哲学问题浅说》,施友忠编译,中华书局,1932 年。

《怀疑论集》,严既澄译,商务印书馆,1933 年。

《幸福之路》,傅雷译,上海南国出版社,1947 年。

《罗素论》,刘佛年撰译,商务印书馆,1950 年。

《心的分析》,李季译,中华书局,1958 年。

《哲学问题》,何明译,商务印书馆,1959 年。

《社会改造的原理》,张师竹译,上海人民出版社,1959 年。

《西方哲学史及其与从古代到现代的政治、社会情况的联系》(上册),何兆武、李约瑟译,商务印书馆,2012 年。

《人类有前途吗?》,吴忆萱译,商务印书馆,1964 年。

《罗素论选集》,刘福增主编,水牛出版社,1968 年。

《罗素杂文集》,蔡仲章译,幼狮文化事业公司,1970 年。

《罗素自传》(第一卷),宋瑞译,水牛出版社,1971 年。

《罗素自传》(第二卷),赖永松译,水牛出版社,1972 年。

《哲学与科学知识》,张雄俊译,正文书局,1972 年。

《罗素回忆集》,林衡哲译,志文出版社,1973 年。

《哲学大纲》,正中书局编审委员会译,正中书局,1975 年。

《西洋哲学史及其有关的政治与社会环境》,邱言曦译,中华书局,1976 年。

《西方哲学史及其与从古代到现代的政治、社会情况的联系》(下卷),马元德译,商务印书馆,2015 年。

《廿世纪命运与展望》,黎蕴志译,志文出版社,1977 年。

《哲学中的科学方法》,王星拱译,台湾商务印书馆,1980 年。

《罗素回忆集》,林衡哲译,志文出版社,1982 年。

《宗教与科学》,徐奕春、林国庆译,商务印书馆,1982 年。

《为什么我不是基督教徒:宗教和有关问题论文集》,徐奕春译,商务印书馆,1982 年。

《我的哲学的发展》,温锡增译,商务印书馆,1982 年。

《西洋哲学史》,陈映真主编,远景出版公司,1982 年。

《人类的知识:其范围与限度》,张金言译,商务印书馆,1983 年。

《罗素精选集》,石元健辑译,巨流图书公司,1984 年。

《西方的智慧》,张鼎国、庄文瑞译,业强出版社,1986 年。

《西方的智慧》,何保中等译,业强出版社,1986 年。

《社会改造原理》,张师竹译,上海人民出版社,1986 年。

《婚姻与道德》,娄兰君译,业强出版社,1987 年。

《罗素论权威与个体》,刘福增主编,水牛出版社,1988 年。

《婚姻与道德》,谢显宁译,贵州人民出版社,1988 年。

《人类的将来》,杜若洲译,国泰出版社,1988 年。

《罗素论中西文化》,刘福增主编,胡品清译,水牛出版社,1988 年。

《罗素论现代教育》,刘福增主编,水牛出版社,1988 年。

《一个自由人的崇拜》,胡品清译,时代文艺出版社,1988 年。

《婚姻革命》,靳建国译,远流出版公司,1989 年。

《罗素论哲学与政治》,刘福增主编,水牛出版社,1989 年。

《罗素的社会哲学》,刘福增主编,水牛出版社,1989 年。

《大思想家——罗素》,刘福增主编,水牛出版社,1989 年。

《罗素哲学译述集》,张申府著译,教育科学出版社,1989 年。

《罗素的战争伦理学》,刘福增主编,水牛出版社,1989 年。

《权力论》,靳建国译,远流出版公司,1989 年。

《权力论》,靳建国译,中华书局,1989 年。

《罗素论社会主义与自由主义》,刘福增主编,水牛出版社,1989 年。

《罗素论世界的新希望》,刘福增主编,水牛出版社,1989 年。

《我的信仰》,靳建国译,远流出版公司,1989 年。

《权威与个人》,肖巍译,中国社会科学出版社,1990 年。

《我们关于外间世界的知识:哲学上科学方法应用的一个领域》,陈启伟译,上海译文出版社,1990 年。

《罗素名言录》,林龙飞编,吉林教育出版社,1991年。

《教育论》,靳建国译,远流出版公司,1991年。

《我们关于外在世界的知识》,任晓明译,东方出版社,1992年。

《走向幸福》,陈德民、罗汉译,锦德图书公司,1992年。

《西方的智慧:西方哲学在它的社会和政治背景中的历史考察》,马家驹、贺霖译,世界知识出版社,1992年。

《伦理学和政治学中的人类社会》,肖巍译,中国社会科学出版社,1992年。

《哲学·数学·文学》,蓝仁哲等译,漓江出版社,1992年。

《西方的智慧:西方哲学在它的社会和政治背景中的历史考察》,瞿铁鹏等译,上海人民出版社,1992年。

《中国人的性格》,王正平译,中国工人出版社,1993年。

《快乐哲学》,王正平、杨承滨译,中国工人出版社,1993年。

《寻乐》,金剑译,陕西旅游出版社,1993年。

《悠闲颂》,李金波、蔡晓译,中国工人出版社,1993年。

《罗素名言录》,林龙飞编译,智慧大学出版社,1995年。

《罗素文集》,王正平主编,改革出版社,1996年。

《罗素思想小品》,庄敏、江涛编,上海社会科学院出版社,1996年。

《走向幸福》,王雨、陈基发编译,中国社会出版社,1997年。

《罗素文集》,靳建国等译,内蒙古人民出版社,1997年。

《西方的智慧》,崔权醴译,文化艺术出版社,1997年。

《幸福论》,王利明译,外文出版社,1998年。

《幸福之路》,曹荣湘等译,文化艺术出版社,1998年。

《自由之路》,李国山等译,文化艺术出版社,1998年。

《哲学问题》,何兆武译,商务印书馆,1999年。

《对莱布尼茨哲学的批判性解释》,段德智译,商务印书馆,2000年。

《宗教与科学》,徐奕春、林国夫译,商务印书馆,2000年。

《罗素论中西文化》,刘福增主编,胡品清译,水牛出版社,1988年。

《我的哲学的发展》,温锡增译,商务印书馆,2001年。

《人类的知识》,张金言译,商务印书馆,2001年。

《罗素自传》(第一卷),胡作玄、赵慧琪译,商务印书馆,2002年。

《伦理学和政治学中的人类社会》,肖巍译,河北教育出版社,2003年。

《幸福之路:贝特兰·罗素通情达理集》,傅雷译,陕西师范大学出版社,2003年。

《罗素自传》(第二卷),陈启伟译,商务印书馆,2003年。

《西方的智慧》,亚北译,中国妇女出版社,2004年。

《罗素自传》(第三卷),徐奕春译,商务印书馆,2004年。

《中国到自由之路——罗素在华讲演集》,袁刚等编,北京大学出版社,2004年。

《西方的智慧》,崔权醴译,文化艺术出版社,2005年。

《罗素自选文集》,戴玉庆译,商务印书馆,2006年。

《西方哲学史》,钱发平编译,重庆出版社,2006年。

《哲学盛宴:罗素在华十大讲演》,姜继为编,安徽教育出版社,2007年。

《西方哲学史》,张作成编译,北京出版社,2007年。

《西方的智慧:从"泰勒斯"到"维特根斯坦"》,亚北译,中央编译出版社,2007年。

《幸福之路》,吴默朗译,中央编译出版社,2009年。

《权威与个人》,储智勇译,商务印书馆,2010年。

《宗教能否解除我们的困惑》,黄思源、卓翔译,北京出版社,2010年。

《罗素:西方的智慧》,戴俐秋译,中国画报出版社,2012年。

《罗素自述》,黄忠晶编译,天津人民出版社,2012年。

[英]怀特海:

《科学与近代世界》,何钦译,商务印书馆,1959年。

《自然与生命》,傅统先译,台湾商务印书馆,1978年。

《科学与现代世界》,傅佩荣译,黎明文化事业公司,1989 年。

《怀德海哲学、教育与宗教文集》,赵一苇编,文源书局,1989 年。

《宗教的创生》,蔡坤鸿译,桂冠图书公司,1997 年。

《教育的目的》,吴志宏译,桂冠图书公司,1997 年。

《怀特海文录》,陈养正等译,浙江文艺出版社,1999 年。

《观念的冒险》,周邦宪译,贵州人民出版社,2000 年。

《科学与现代世界》,傅佩荣译,立绪文化事业公司,2000 年。

《教育的目的》,徐汝舟译,生活·读书·新知三联书店,2002 年。

《自然的概念:1919 年 11 月在剑桥大学三一学院塔纳讲座上的演讲》,张桂权译,中国城市出版社,2002 年。

《过程与实在:宇宙论研究》,杨富斌译,中国城市出版社,2003 年。

《思维方式》,刘放桐译,商务印书馆,2004 年。

《过程与实在》,周邦宪译,贵州人民出版社,2006 年。

《符号的意义及效果》,周邦宪译,贵州人民出版社,2006 年。

《观念的冒险》,周邦宪译,贵州人民出版社,2007 年。

《科学与近代世界》,何钦译,商务印书馆,2009 年。

《理性的功能》,黄铭译,大象出版社,2010 年。

《自然的概念》,张桂权译,凤凰出版社,2011 年。

[英]维特根斯坦:

《逻辑哲学论》,郭英译,商务印书馆,1962 年。

《文化和价值》,黄正东、唐少杰译,华中科技咨询公司,1984 年。

《文化和价值》,黄正东、唐少杰译,清华大学出版社,1987 年。

《名理论》,牟宗三译,学生书局,1987 年。

《名理论:逻辑哲学论》,张申府译,北京大学出版社,1988 年。

《哲学研究》,汤潮、范光棣译,生活·读书·新知三联书店,1992 年。

《哲学研究》,尚志英译,桂冠图书公司,1995 年。

《逻辑哲学论》,贺绍甲译,商务印书馆,1996 年。

《哲学研究》,李步楼译,商务印书馆,1996年。

《哲学研究》,陈嘉映译,上海人民出版社,2001年。

《文化与价值:维特根斯坦随笔》,许志强译,浙江文艺出版社,2002年。

《论确实性》,张金炎译,广西师范大学出版社,2002年。

《维特根斯坦全集》(第五卷),周晓亮、江怡译,河北教育出版社,2003年。

《游戏规则:维特根斯坦神秘之物沉默集》,唐少杰等译,陕西师范大学出版社,2003年。

《维特根斯坦全集》(第四卷),程志民译,河北教育出版社,2003年。

《维特根斯坦全集》(第十一卷),涂纪亮等译,河北教育出版社,2003年。

《维特根斯坦全集》(第一卷),陈启伟译,河北教育出版社,2003年。

《维特根斯坦全集》(第三卷),丁冬红等译,河北教育出版社,2003年。

《维特根斯坦全集》(第十二卷),江怡译,河北教育出版社,2003年。

《维特根斯坦全集》(第二卷),黄裕生、郭大为译,河北教育出版社,2003年。

《维特根斯坦全集》(第十卷),涂纪亮、张金言译,河北教育出版社,2003年。

《维特根斯坦全集》(第九卷),涂纪亮译,河北教育出版社,2003年。

《维特根斯坦全集》(第八卷),涂纪亮译,河北教育出版社,2003年。

《维特根斯坦全集》(第七卷),徐友渔、涂纪亮译,河北教育出版社,2003年。

《维特根斯坦全集》(第六卷),涂纪亮译,河北教育出版社,2003年。

《维特根斯坦与维也纳学派》,徐为民译,同济大学出版社,2004年。

《战时笔记:1914—1917年》,韩林合编译,商务印书馆,2005年。

《文化的价值》,钱发平编译,重庆出版社,2006年。

《哲学研究》(英汉对照),蔡远译,九州出版社,2007年。

《哲学研究》,蔡远译,中国社会科学出版社,2009年。

《维特根斯坦剑桥讲演录》,江怡译,浙江大学出版社,2010年。

《维特根斯坦读本》,陈嘉映主编,新世界出版社,2010年。

《维特根斯坦论感觉材料与私人语言》,江怡译,浙江大学出版社,2011年。

《维特根斯坦论伦理学与哲学》,江怡译,浙江大学出版社,2011年。

[英]赖尔:

《心的概念》,刘建荣译,上海译文出版社,1988年。

《心的概念》,徐大建译,商务印书馆,1992年。

[美]蒯因:

《从逻辑的观点看》,江天骥等译,上海译文出版社,1987年。

《从逻辑的观点看》,陈中人译,结构群文化事业公司,1990年。

《逻辑哲学》,邓生庆译,生活·读书·新知三联书店,1991年。

《蒯因著作集》(第1—6卷),涂纪亮、陈波主编,中国人民大学出版社,2007年。

《从逻辑的观点看》,陈启伟等译,中国人民大学出版社,2007年。

《语词和对象》,陈启伟、朱锐、张学广译,中国人民大学出版社,2012年。

[美]戴维森:

《真理、意义、行动与事件》,牟博编译,商务印书馆,1993年。

[美]普特南：

《理性、真理与历史》，李小兵、杨莘译，辽宁教育出版社，1988年。

《理性、真理与历史》，童世骏等译，上海译文出版社，1997年。

《逻辑经验主义》，洪谦主编，商务印书馆，1982年。

《事实与价值二分法的崩溃》，应奇译，东方出版社，2006年。

《重建哲学》，杨玉成译，上海译文出版社，2008年。

《普特南文选》，李真编译，社会科学文献出版社，2009年。

维也纳学派：

[德]卡尔纳普：

《哲学和逻辑句法》，傅季重译，上海人民出版社，1962年。

《卡尔纳普思想自述》，陈晓山、涂敏译，上海译文出版社，1985年。

《科学哲学导论》，张华夏译，中山大学出版社，1987年。

《科学哲学和科学方法论》，江天骥主编，华夏出版社，1990年。

《世界的逻辑结构》，蔡坤鸿译，桂冠图书公司，1995年。

《世界的逻辑构造》，陈启伟译，上海译文出版社，1999年。

[德]石里克：

《自然哲学》，陈维杭译，商务印书馆，1984年。

《伦理学问题》，孙美堂译，华夏出版社，2001年。

《普通认识论》，李步楼译，商务印书馆，2005年。

[德]赖兴巴赫：

《量子力学的哲学基础》，侯德彭译，商务印书馆，1965年。

《科学哲学的兴起》，伯尼译，商务印书馆，1966年。

《科学的哲学之兴起》，吴定远译，水牛出版社，1977年。

[美]塔尔斯基：

《逻辑与演绎科学方法论导论》，周礼全、吴允曾、晏成书译，商务印书馆,1963 年。

[英]艾耶尔:

《语言、真理与逻辑》,尹大贻译,上海译文出版社,1981 年。

《贝特兰·罗素》,尹大贻译,上海译文出版社,1982 年。

《哲学中的变革》,陈少鸣、王石金译,上海译文出版社,1985 年。

《哲学中的革命》,李步楼译,商务印书馆,1986 年。

《二十世纪哲学》,李步楼等译,上海译文出版社,1987 年。

《维特根斯坦》,陈永实、许毅力译,中国社会科学出版社,1989 年。

《休谟》,曾扶星、郑莹译,中国社会科学出版社,1990 年。

[美]库恩:

《科学革命的结构》,李宝恒、纪树立译,上海科学技术出版社,1980 年。

《必要的张力:科学的传统和变革论文选》,纪树生等译,福建人民出版社,1981 年。

《科学革命的结构》,费超译,京华出版社,2000 年。

《科学革命的结构》,金吾伦等译,北京大学出版社,2003 年。

《哥白尼革命:西方思想发展中的行星天文学》,吴国盛等译,北京大学出版社,2003 年。

《必要的张力:科学的传统和变革论文选》,范岱年、纪树立等译,北京大学出版社,2004 年。

《结构之后的路》,邱慧译,北京大学出版社,2012 年。

[美]费耶阿本德:

《自由社会中的科学》,兰征译,上海译文出版社,1990 年。

《反对方法:无政府主义知识论纲要》,周昌忠译,上海译文出版社,1992 年。

《反对方法》,周昌忠译,时报文化出版公司,1996 年。

《告别理性》，陈健等译，江苏人民出版社，2002 年。

《无根基的知识：知识、科学与相对主义》，陈健等译，江苏人民出版社，2006 年。

《征服丰富性：抽象与存在丰富性之间的斗争故事》，戴建平译，中国人民大学出版社，2007 年。

《实在论、理性主义和科学方法》，朱萍、张发勇译，江苏人民出版社，2010 年。

《经验主义问题》，朱萍、王富银译，江苏人民出版社，2010 年。

[英]波普尔：

《无穷的探索：思想自传》，邱仁宗、段娟译，福建人民出版社，1984 年。

《猜想与反驳：科学知识的增长》，傅季重等译，上海译文出版社，1986 年。

《客观知识：一个进化论的研究》，舒炜光译，上海译文出版社，1987 年。

《历史决定论的贫困》，杜汝楫、邱仁宗译，华夏出版社，1987 年。

《科学知识进化论：波普尔科学哲学选集》，纪树立编译，生活·读书·新知三联书店，1987 年。

《波普尔思想自述》，赵月瑟译，上海译文出版社，1988 年。

《猜想与反驳》，沈恩明缩编，浙江人民出版社，1989 年。

《开放社会及其敌人》，杜汝楫、戴雅民译，山西高校联合出版社，1992 年。

《通过知识获得解放：波普尔关于哲学、历史与艺术的讲演和论文》，范景中、李本正译，中国美术学院出版社，1996 年。

《开放社会及其敌人》，陆衡等译，中国社会科学出版社年，1999 年。

《开放的宇宙》，李本正译，中国美术学院出版社，1999 年。

《无尽的探索：卡尔·波普尔自传》，邱仁宗译，江苏人民出版社，2000 年。

《走向进化的知识论：通过知识获得解放续集》，李本正、范景中译，中国美术学院出版社，2001年。

《波普尔哲学著作集》，范景中主编，中国美术学院出版社，2003年。

《猜想与反驳：科学知识的增长》，傅季重等译，中国美术学院出版社，2003年。

《客观的知识：一个进化论的研究》，舒炜光等译，中国美术学院出版社，2003年。

《二十世纪的教训：卡尔·波普尔访谈演讲录》，王凌霄译，广西师范大学出版社，2004年。

《科学发现的逻辑》，查汝强、邱仁宗、万木春译，中国美术学院出版社，2008年。

《实在论与科学的目标》，刘国柱译，中国美术学院出版社，2008年。

《历史决定论的贫困》，杜汝楫、邱仁宗译，上海人民出版社，2009年。

《波普尔自传：无尽的探索》，赵月瑟译，中央编译出版社，2009年。

[匈牙利]拉卡托斯：

《批判与知识的增长：1965年伦敦国际科学哲学会议论文汇编》（第四卷），周寄中译，华夏出版社，1987年。

《科学研究纲领方法论》，欧阳绛、范建年译，商务印书馆，1992年。

《科学研究纲领方法论》，兰征译，上海译文出版社，1999年。

现象学：

倪梁康主编：《面对实事本身：现象学经典文选》，东方出版社，2000年。

[德]胡塞尔：

《现象学的观念》，倪梁康译，上海译文出版社，1986年。

《欧洲科学危机和超验现象学》,张庆熊译,上海译文出版社,1988 年。

《现象学与哲学的危机》,吕祥译,国际文化出版公司,1988 年。

《现象学观念》,倪梁康译,南方丛书出版社,1989 年。

《纯粹现象学通论》,李幼蒸译,商务印书馆,1992 年。

《欧洲科学危机和超越现象学》,张庆熊译,桂冠图书公司,1992 年。

《笛卡尔的沉思:现象学导论》,张宪译,桂冠图书公司,1992 年。

《纯粹现象学通论》,李幼蒸译,桂冠图书公司,1994 年。

《逻辑研究》(第一卷),倪梁康译,时报文化出版公司,1994 年。

《逻辑研究》(第一卷),倪梁康译,上海译文出版社,1994 年。

《观念:纯粹现象学的一般性导论》,张再林译,陕西人民出版社,1994 年。

《现象学的方法》,倪梁康译,上海译文出版社,1994 年。

《胡塞尔选集》,倪梁康选编,上海三联书店,1997 年。

《逻辑研究》(第二卷第一部分),倪梁康译,上海译文出版社,1998 年。

《逻辑研究》(第二卷第一部分),倪梁康译,时报文化出版公司,1999 年。

《哲学作为严格的科学》,倪梁康译,商务印书馆,1999 年。

《逻辑研究》(第二卷第二部分),倪梁康译,时报文化出版公司,1999 年。

《现象学的观念》,彭润金译,中国社会出版社,1999 年。

《逻辑研究》(第二卷第二部分),倪梁康译,上海译文出版社,1999 年。

《经验与判断:逻辑谱系学研究》,邓晓芒译,生活·读书·新知三联书店,1999 年。

《内在时间意识现象学》,杨富斌译,华夏出版社,2000 年。

《欧洲科学的危机与超越论的现象学》,王炳文译,商务印书馆,2001 年。

《笛卡尔式的沉思》,张廷国译,中国城市出版社,2002 年。

《生活世界现象学》,倪梁康、张廷国译,上海译文出版社,2002 年。

《伦理学与价值论的基本问题》,艾四林、安仕侗译,中国城市出版社,2002年。

《第一哲学》,王炳文译,商务印书馆,2006年。

《现象学》(缩译彩图本),李光荣编译,重庆出版社,2006年。

《现象学的观念:五篇讲座稿》,倪梁康译,人民出版社,2007年。

《笛卡尔沉思与巴黎讲演》,张宪译,人民出版社,2008年。

《内时间意识现象学》,倪梁康译,商务印书馆,2009年。

《文章与讲演:1911—1921年》,倪梁康译,人民出版社,2009年。

[德]**舍勒:**

《人在宇宙中的地位》,陈泽环、沈国庆译,上海文化出版社,1989年。

《人在宇宙中的地位》,李伯杰译,贵州人民出版社,1989年。

《爱的秩序》,刘小枫选编,林克译,生活·读书·新知三联书店,1994年。

《爱的秩序》,林克等译,生活·读书·新知三联书店,1995年。

《资本主义的未来》,罗悌伦等译,牛津大学出版社,1995年。

《死、永生、上帝》,孙周兴译,汉语基督教文化研究所,1996年。

《价值的颠覆》,罗悌伦等译,牛津大学出版社,1996年。

《资本主义的未来》,罗悌伦等译,生活·读书·新知三联书店,1997年。

《舍勒选集》,刘小枫选编,上海三联书店,1999年。

《知识社会学问题》,艾彦译,华夏出版社,2000年。

《哲学与世界观》,曹卫东译,上海人民出版社,2003年。

《死·永生·上帝》,孙周兴译,中国人民大学出版社,2003年。

《伦理学中的形式主义与质料的价值伦理学:为一门伦理学人格主义奠基的新尝试》,倪梁康译,生活·读书·新知三联书店,2004年。

[德]**海德格尔:**

《存在与时间》,陈嘉映、王庆节译,生活·读书·新知三联书店,

1987年。

《海德格尔论尼采:作为艺术的强力意志》,秦伟等译,河北人民出版社,1990年。

《诗·语言·思》,彭富春译,文化艺术出版社,1990年。

《存在与时间》,王庆节、陈嘉映译,久大文化公司,1990年。

《海德格尔诗学文集》,成穷等译,华中师范大学出版社,1992年。

《林中路》,孙周兴译,时报文化出版公司,1994年。

《路标》,孙周兴译,时报文化出版公司,1998年。

《谢林论人类自由的本质》,薛华译,辽宁教育出版社,1999年。

《人,诗意地安居:海德格尔语要》,郜元宝译,上海远东出版社,1995年。

《海德格尔选集》,孙周兴选编,上海三联书店,1996年。

《形而上学导论》,熊伟、王庆节译,商务印书馆,1996年。

《海德格尔的技术问题及其他文章》,宋祖良译,七略出版社,1996年。

《面向思的事情》,陈小文、孙周兴译,商务印书馆,1996年。

《林中路》,孙周兴译,上海译文出版社,1997年。

《在通向语言的途中》,孙周兴译,商务印书馆,1997年。

《海德格尔与神学》,刘小枫编,汉语基督教文化研究所,1998年。

《路标》,孙周兴译,商务印书馆,2000年。

《荷尔德林诗的阐释》,孙周兴译,商务印书馆,2000年。

《海德格尔与有限性思想》,孙周兴等译,华夏出版社,2002年。

《形式显示的现象学:海德格尔早期弗莱堡文选》,孙周兴译,同济大学出版社,2004年。

《林中路》(修订版),孙周兴译,上海译文出版社,2004年。

《海德格尔存在哲学》,孙周兴等译,九州出版社,2004年。

《熊译海德格尔》,熊伟译、王炜编,同济大学出版社,2004年。

《演讲与论文集》,孙周兴译,生活·读书·新知三联书店,2005年。

《存在与在》,王作虹译,民族出版社,2005年。

《论真理的本质:柏拉图的洞喻和〈泰阿泰德〉讲疏》,赵卫国译,华夏出版社,2008 年。

《现象学之基本问题》,丁耘译,上海译文出版社,2008 年。

《思的经验:1910—1976》,陈春文译,人民出版社,2008 年。

《在通向语言的途中》(修订译本),孙周兴译,商务印书馆,2009 年。

《时间概念史导论》,欧东明译,商务印书馆,2009 年。

《存在论:实际性的解释学》,何卫平译,人民出版社,2009 年。

《物的追问:康德关于先验原理的学说》,赵卫国译,上海译文出版社,2010 年。

《依于本源而居:海德格尔艺术现家学文选》,孙周兴编译,中国美术学院出版社,2010 年。

《海德格尔谈诗意地栖居》,丹明子主编,中国工人出版社,2011 年。

《同一与差异》,孙周兴等译,商务印书馆,2011 年。

[法]**庞蒂:**

《眼与心:梅洛・庞蒂现象学美学文集》,刘韵涵译,中国社会科学出版社,1992 年。

《哲学赞词》,杨大春译,商务印书馆,2000 年。

《知觉现象学》,姜志辉译,商务印书馆,2001 年。

《知觉的首要地位及其哲学结论》,王东亮译,生活・读书・新知三联书店,2002 年。

《符号》,姜志辉译,商务印书馆,2003 年。

《世界的散文》,杨大春译,商务印书馆,2005 年。

《行为的结构》,杨大春、张尧均译,商务印书馆,2005 年。

《眼与心》,杨大春译,商务印书馆,2007 年。

《可见的与不可见的》,罗国祥译,商务印书馆,2008 年。

《辩证法的历险》,杨大春、张尧均译,上海译文出版社,2009 年。

存在主义:

[美]考夫曼编著:《存在主义哲学》,陈鼓应等译,商务印书馆,

1971 年。

熊伟主编:《存在主义哲学资料选辑》(上卷),商务印书馆,1997 年。

[丹麦]克尔凯郭尔:

《十八训导书》,吴琼译,工人出版社,1997 年。

《重复》,王柏华译,百花文艺出版社,2000 年。

《克尔凯郭尔哲学寓言集》,杨玉功编译,商务印书馆,2000 年。

《颤栗与不安:克尔凯郭尔个体偶在集》,阎嘉等译,陕西师范大学出版社,2002 年。

《致死的病症》,京不特译,上海三联书店,2004 年。

《百合·飞鸟·女演员》,京不特译,华夏出版社,2004 年。

《论反讽概念:以苏格拉底为主线》,汤晨曦译,中国社会科学出版社,2005 年。

《勇气与谦卑:祈克果谈作基督徒》,林梓凤译,校园书房出版社,2006 年。

《非此即彼》,陈俊松、黄德先译,光明日报出版社,2007 年。

《非此即彼:一个生命的残片》(上下卷),京不特译,中国社会科学出版社,2009 年。

《女性的魅力是无穷尽的》,海蓉译,金城出版社,2011 年。

《重复》,京不特译,东方出版社,2011 年。

《一个诱惑者的日记》,徐信华、余灵灵译,上海三联书店,1992 年。

《克尔凯戈尔日记选》,晏可德等译,上海社会科学院出版社,1992 年。

《一个诱引者的手记》,王才勇译,华夏出版社,1992 年。

《勾引家日记》,江辛夷译,作家出版社,1992 年。

《悲剧:秋天的神话》,程朝翔、傅正明译,中国戏剧出版社,1992 年。

《哲学片断》,翁绍军译,香港道风山基督教丛林,1994 年。

《恐惧与颤栗》,刘继译,贵州人民出版社,1994 年。

《论怀疑者》,陆兴华译,汉语基督教文化研究所,1995 年。

《论怀疑者/哲学片断》,翁绍军、陆兴华译,生活·读书·新知三联书店,1996 年。

《非此即彼:生活的一个片断》,封宗信等译,中国工人出版社,1997 年。

《或此或彼》,阎嘉等译,四川人民出版社,1998 年。

《齐克果寓言》,陈苍多译,新路出版公司,1998 年。

《勾引者手记:存在主义大师经典名著》,余灵灵等译,九州图书出版社,1998 年。

《基督徒的激情》,鲁路等译,中央编译出版社,1999 年。

《恐惧与颤栗》,一谌等译,华夏出版社,1999 年。

《聪明齐克果》,陈苍多译,新雨出版社,2001 年。

《爱之诱惑》,王才勇译,上海社会科学院出版社,2002 年。

《勾引者手记》,段婉露译,中国戏剧出版社,2003 年。

《致死的病症》,京不特译,上海三联书店,2004 年。

《克尔凯郭尔文集》,王齐译,中国社会科学出版社,2005 年。

[德]雅斯贝尔斯:

《雅斯培论教育》,杜意风译,联经出版公司,1983 年。

《当代的精神处境》,孙志文主编,联经出版公司,1985 年。

《存在与超越:雅斯贝尔斯文集》,余灵灵等译,生活·读书·新知三联书店,1988 年。

《悲剧的超越》,亦春译,工人出版社,1988 年。

《当代的精神处境》,黄藿译,生活·读书·新知三联书店,1992 年。

《现时代的人》,周晓亮、宋祖良译,社会科学文献出版社,1992 年。

《尼采其人其说》,鲁路译,社会科学文献出版社,2001 年。

《时代的精神状况》,王德峰译,上海译文出版社,2003 年。

《卡尔·雅斯贝斯文集》,朱更生译,青海人民出版社,2003 年。

《大哲学家》,李雪涛译,社会科学文献出版社,2005 年。

《生存哲学》,王玖兴译,上海译文出版社,2005 年。

《大学之理念》,邱立波译,上海人民出版社,2007 年。

《哲学与信仰:雅斯贝尔斯哲学研究》,鲁路译,人民出版社,2010 年。

[法]萨特:

《萨特思想小品》,黄忠晶、黄巍编译,上海社会科学院出版社,1999 年。

《恶心》,杜长有译,中国友谊出版公司,1999 年。

《辩证理性批判》(第一卷),林骧华等译,时报文化出版公司,1995 年。

《萨特作品精粹》,郑永慧选编,河北教育出版社,1990 年。

《墙》,郑永慧译,安徽文艺出版社,1992 年。

《沙特自传》,谭逸译,志文出版社,1975 年。

《呕吐》,吴煦斌译,远景出版公司,1981 年。

《存在主义大师沙特的最后话语》,王耀宗译,金陵出版社,1985 年。

《厌恶及其他》,郑永慧译,上海译文出版社,1986 年。

《魔鬼与上帝》,罗嘉美等译,漓江出版社,1986 年。

《埋智之年》,亚丁译,作家出版社,1986 年。

《存在与虚无》,陈宣良译,生活·读书·新知三联书店,1987 年。

《木已成舟》,程燕如等译,漓江出版社,1987 年。

《影象论》,魏金声译,中国人民大学出版社,1986 年。

《文字生涯》,沈志明译,人民文学出版社,1988 年。

《存在主义是一种人道主义》,周煦良、汤永宽译,上海译文出版社,1988 年。

《想象心理学》,褚朔维译,光明日报出版社,1988 年。

《萨特自述》,苏斌等译,河北人民出版社,1988 年。

《历史的起源与目标》,魏楚雄、俞新天译,华夏出版社,1989 年。

《词语》,潘培庆译,生活·读书·新知三联书店,1989 年。

《七十述怀》,施康强译,湖南人民出版社,1989 年。

《生活·境遇:萨特言谈、随笔集》,秦裕、潘旭镭译,上海三联书店,1990 年。

《存在与虚无》(上下册),陈宣良等译,桂冠图书公司,1989 年。

《我的自传:文字的诱惑》,张放译,漓江出版社,1990 年。

《拯救自我:萨特如是说》,秦裕、周志军选编,上海文艺出版社,1994 年。

《痛心疾首(自由之路第三部)》,沈志明译,中国文学出版社,1998 年。

《缓期执行(自由之路第二部)》,丁世中译,中国文学出版社,1998 年。

《不惑之年(自由之路第一部)》,丁世中译,中国文学出版社,1998 年。

《辩证理性批判》,林骧华等译,安徽文艺出版社,1998 年。

《辩证理性批判》(第一卷),徐懋庸译,商务印书馆,1963 年。

《萨特哲言录》,张炳清编,吉林教育出版社,1990 年。

《萨特文集》(第三卷),沈志明、艾珉主编,人民文学出版社,2000 年。

《萨特文集》(第四卷),沈志明、艾珉主编,人民文学出版社,2000 年。

《萨特文集》(第六卷),沈志明、艾珉主编,人民文学出版社,2000 年。

《萨特文集》(第七卷),沈志明、艾珉主编,人民文学出版社,2000 年。

《萨特文集》(第一卷),沈志明、艾珉主编,人民文学出版社,2000 年。

《萨特文集》(第二卷),沈志明、艾珉主编,人民文学出版社,

2000年。

《萨特文集》(第五卷),沈志明、艾珉主编,人民文学出版社,2000年。

《萨特和波娃谈中国》,沈益洪编,浙江文艺出版社,2001年。

《自我的超越性:一种现象学描述初探》,杜小真译,商务印书馆,2001年。

《恶心》,张凤兰译,远方出版社,2001年。

《萨特论艺术》,欧阳友权、冯黎明译,广西师范大学出版社,2002年。

《寄语海狸:给西蒙娜·德·波伏瓦及几个好友的信》,沈志明等译,人民文学出版社,2005年。

《萨特读本》,艾珉选编,人民文学出版社,2005年。

《萨特精选集》,沈志明编选,北京燕山出版社,2005年。

《波德莱尔》,施康强译,北京燕山出版社,2006年。

《想象》,杜小真译,上海译文出版社,2008年。

哲学解释学(诠释学):

洪汉鼎主编:《理解与解释:诠释学经典文选》,东方出版社,2001年。

洪汉鼎主编:《诠释学经典文选》(上下册),桂冠图书公司,2002年。

[德]**伽达默尔:**

《真理与方法:哲学解释学的基本特征》,王才勇译,辽宁人民出版社,1987年。

《赞美理论:伽达默尔选集》,夏镇平译,上海三联书店,1988年。

《科学时代的理性》,薛华等译,国际文化出版公司,1988年。

《美的现实性:作为游戏、象征、节日的艺术》,张志扬等译,生活·

读书·新知三联书店，1991年。

《真理与方法：哲学诠释学的基本特征》（上下卷），洪汉鼎译，上海译文出版社，1992年。

《伽达默尔论柏拉图》，余纪元译，光明日报出版社，1992年。

《哲学解释学》，夏镇平、宋建平译，上海译文出版社，1994年。

《伽达默尔论黑格尔》，张志伟译，光明日报出版社，1992年。

《历史学家的技艺与贡献》，王建华译，牛津大学出版社，1994年。

《伽达默尔集》，严平编选，邓安庆等译，上海远东出版社，1997年。

《哲学生涯：我的回顾》，陈春文译，商务印书馆，2003年。

《德法之争：伽达默尔与德里达的对话》，孙周兴、孙善春编译，同济大学出版社，2004年。

《解释学　美学　实践哲学：伽达默尔与杜特对谈录》，金惠敏译，商务印书馆，2005年。

《诠释学Ⅱ真理与方法：补充和索引》（修订译本），洪汉鼎译，商务印书馆，2007年。

《诠释学Ⅰ真理与方法：哲学诠释学的基本特征》（修订译本），洪汉鼎译，商务印书馆，2007年。

[法]利科：

《解释学与人文科学》，陶远华、袁耀东等译，河北人民出版社，1987年。

《哲学主要趋向》，李幼蒸、徐奕春译，商务印书馆，1988年。

《法国史学对史学理论的贡献》，王健华译，上海社会科学院出版社，1992年。

《利科北大讲演录》，杜小真编，北京大学出版社，2000年。

《恶的象征》，公车译，上海人民出版社，2003年。

《虚构叙事中时间的塑形：时间与叙事》（第二卷），王文融译，生活·读书·新知三联书店，2003年。

《历史与真理》，姜志辉译，上海译文出版社，2004年。

《活的隐喻》,汪堂家译,上海译文出版社,2004 年。

《论公正》,程春明译,法律出版社,2007 年。

《解释的冲突——解释学文集》,莫伟民译,商务印书馆,2008 年。

《赫尔墨斯的口误:从话语政治到诗学交往》,曹卫东编译,译林出版社,2009 年。

《过去之谜》,綦甲福译,山东大学出版社,2009 年。

《论现象学流派》,蒋海燕译,南京大学出版社,2010 年。

《承认的过程》,汪堂家、李之喆译,中国人民大学出版社,2011 年。

结构主义与后结构主义(解构主义):

[法]**阿尔都塞:**

《保卫马克思》,顾良译,商务印书馆,1984 年。

《读〈资本论〉》,李其庆、冯文光译,中央编译出版社,2001 年。

《哲学与政治:阿尔都塞读本》,陈越编,吉林人民出版社,2003 年。

《黑格尔的幽灵:政治哲学论文集Ⅰ》,唐正东、吴静译,南京大学出版社,2005 年。

[法]**拉康:**

《拉康选集》,褚孝泉等译,上海三联书店,2001 年。

[法]**德里达:**

《一种疯狂守护着思想:德里达访谈录》,何佩群译,上海人民出版社,1997 年。

《立场》,杨恒达、刘北成译,桂冠图书公司,1998 年。

《文学行动》,赵兴国等译,中国社会科学出版社,1998 年。

《马克思的幽灵:债务国家、哀悼活动和新国际》,何一译,中国人民大学出版社,1999 年。

《论文字学》,汪堂家译,上海译文出版社,1999 年。

《多义的记忆:为保罗·德曼而作》,蒋梓骅译,中央编译出版社,

1999年。

《声音与现象:胡塞尔现象学中的符号问题导论》,杜小真译,商务印书馆,1999年。

《书写与差异》,张宁译,生活·读书·新知三联书店,2001年。

《明天会怎样:雅克·德里达与伊丽莎白·卢迪内斯库对话录》,苏旭译,中信出版社,2002年。

《德里达中国讲演录》,杜小真、张宁主编,中央编译出版社,2003年。

《胡塞尔〈几何学的起源〉引论》,方向红译,南京大学出版社,2004年。

《多重立场:与亨利·隆塞、朱莉·克里斯特娃、让-路易·乌德宾、居伊·斯卡培塔的会谈》,佘碧平译,生活·读书·新知三联书店,2004年。

《解构与思想的未来》,夏可君编,杜小真等译,吉林人民出版社,2006年。

《〈友爱的政治学〉及其他》,夏可君编,胡继华译,吉林人民出版社,2006年。

《宗教》,杜小真译,商务印书馆,2006年。

《论精神:海德格尔与问题》,朱刚译,上海译文出版社,2008年。

《解构之旅·中国印记:德里达专集》,张宁著译,南京大学出版社,2009年。

《胡塞尔哲学中的发生问题》,于奇智译,商务印书馆,2009年。

《无赖》,汪堂家、李之喆译,上海译文出版社,2011年。

[法]**福柯**:

《性意识史》(第一卷),尚衡译,桂冠图书公司,1990年。

《性史》,谢石译,结构群文化事业公司,1990年。

《癫狂与文明:理性时代的精神病史》,孙淑强、金筑云译,浙江人民出版社,1990年。

《疯颠与文明》，刘北成、杨远婴译，桂冠图书公司，1992年。

《癫狂与文明：理性时代的精神病史》，孙淑强、金筑云译，淑馨出版社，1994年。

《临床医学的诞生》，刘絮恺译，时报文化出版公司，1994年。

《性史》，黄勇民、俞宝发译，上海文化出版社，1988年。

《性史》，张廷深等译，上海科学技术文献出版社，1989年。

《知识的考掘》，王德威译，麦田出版公司，1993年。

《权力的眼睛：福柯访谈录》，严锋译，上海人民出版社，1997年。

《福柯集》，杜小真编选，上海远东出版社，1998年。

《知识考古学》，谢强、马月译，生活·读书·新知三联书店，1998年。

《古典时代疯狂史》，林志明译，时报文化出版公司，1998年。

《规训与惩罚：监狱的诞生》，刘北成、杨远婴译，生活·读书·新知三联书店，1999年。

《性史》，姬旭升译，青海人民出版社，1999年。

《必须保卫社会》，钱翰译，上海人民出版社，1999年。

《疯癫与文明：理性时代的疯癫史》，刘北成、杨远婴译，生活·读书·新知三联书店，1999年。

《性经验史》，佘碧平译，上海人民出版社，2000年。

《词与物：人文科学考古学》，莫伟民译，上海三联书店，2001年。

《临床医学的诞生》，刘北成译，译林出版社，2001年。

《激进的美学锋芒》，周宪译，中国人民大学出版社，2003年。

《不正常的人》，钱翰译，上海人民出版社，2003年。

《外边思维》，洪维信译，行人出版社，2003年。

《主体解释学》，佘碧平译，上海人民出版社，2005年。

《古典时代疯狂史》，林志明译，生活·读书·新知三联书店，2005年。

《傅柯说真话》，郑义恺译，群学出版公司，2005年。

《傅柯与文学》，赖俊雄主编，书林出版公司，2008年。

《米歇尔·福柯，一种目光》，谢强、马月译，湖南教育出版社，2009年。

《福柯读本》，汪民安主编，北京大学出版社，2010年。

《安全、领土与人口》，钱翰、陈晓径译，上海人民出版社，2010年。

《生命政治的诞生》，莫伟民、赵伟译，上海人民出版社，2011年。

后现代主义：

[法]**利奥塔：**

《后现代性与公正游戏：利奥塔访谈、书信录》，谈瀛洲译，上海人民出版社，1997年。

《后现代状态：关于知识的报告》，车槿山译，生活·读书·新知三联书店，1997年。

《后现代主义》，赵一凡等译，社会科学文献出版社，1999年。

《后现代道德》，莫伟民等译，学林出版社，2000年。

《非人：时间漫谈》，罗国祥译，商务印书馆，2000年。

《马尔罗传》，蒲北溟译，东方出版中心，2000年。

《话语，图形》，谢晶译，上海人民出版社，2012年。

[美]**罗蒂：**

《后哲学文化》，黄勇译，上海译文出版社，1992年。

《哲学和自然之镜》，李幼蒸译，生活·读书·新知三联书店，1987年。

《偶然、反讽与团结：一个实用主义者的政治想像》，徐文瑞译，麦田出版公司，1998年。

《后形而上学希望》，张国清译，上海译文出版社，2003年。

《偶然、反讽与团结》，徐文瑞译，商务印书馆，2003年。

《真理与进步》，杨玉成译，华夏出版社，2004年。

《筑就我们的国家：20世纪美国左派思想》，黄宗英译，生活·读书·新知三联书店，2006年。

《罗蒂文选》，孙伟平编译，社会科学文献出版社，2007 年。

《实用主义哲学》，林南译，上海译文出版社，2009 年。

《哲学、文学和政治》，黄宗英等译，上海译文出版社，2009 年。

《哲学的场景》，王俊、陆月宏译，上海译文出版社，2009 年。

《文化政治哲学》，张国清译，北京大学出版社，2011 年。

[法]波德里亚：

《消费社会》，全志钢译，南京大学出版社，2000 年。

《完美的罪行》，王为民译，商务印书馆，2000 年。

《物体系》，林志明译，上海人民出版社，2001 年。

《生产之镜》，仰海峰译，中央编译出版社，2005 年。

《象征交换与死亡》，车槿山译，译林出版社，2006 年。

《符号政治经济学批判》，夏莹译，南京大学出版社，2009 年。

《冷记忆 4：1995—2000》，张新木、陈凌娟译，南京大学出版社，2009 年。

《冷记忆 1：1980—1985》，张新木、李万文译，南京大学出版社，2009 年。

《冷记忆 5：2000—2004》，张新木、姜海佳译，南京大学出版社，2009 年。

《冷记忆 3，断片集：1991—1995》，张新木、陈旻乐、李露露译，南京大学出版社，2009 年。

《冷记忆 2：1987—1990》，张新木、王晶译，南京大学出版社，2009 年。

《美国》，张生译，南京大学出版社，2011 年。

《论诱惑》，张新木译，南京大学出版社，2011 年。

[法]德勒兹：

《德勒兹论傅柯》，杨凯麟译，麦田出版公司，2000 年。

《哲学与权力的谈判：德勒兹访谈录》，刘汉全译，商务印书馆，

2000 年。

《福柯褶子》,于奇智、杨洁译,湖南文艺出版社,2001 年。

《褶子:莱布尼茨与巴罗克风格》,杨洁译,湖南文艺出版社,2001 年。

《尼采与哲学》,周颖、刘玉宇译,社会科学文献出版社,2001 年。

《康德与柏格森解读:柏格森主义·康德的批判哲学》,张宇凌、关群德译,社会科学文献出版社,2002 年。

《游牧思想:吉尔·德勒兹、费利克斯·瓜塔里读本》,陈永国编译,吉林人民出版社,2003 年。

《时间-影像:电影 2》,谢强等译,湖南美术出版社,2004 年。

《何谓哲学?》,林长杰译,台湾商务印书馆,2004 年。

《斯宾诺莎的实践哲学》,冯炳昆译,商务印书馆,2004 年。

《德勒兹论文学》,李育霖译,麦田出版公司,2006 年。

《德勒兹论福柯》,杨凯麟译,江苏教育出版社,2006 年。

《弗兰西斯·培根:感觉的逻辑》,董强译,广西师范大学出版社,2007 年。

《什么是哲学?》,张祖建译,湖南文艺出版社,2007 年。

《普鲁斯特与符号》,姜宇辉译,上海译文出版社,2008 年。

《法兰西斯·培根:感官感觉的逻辑》,陈蕉译,桂冠图书公司,2009 年。

《哲学的客体:德勒兹读本》,陈永国、尹晶编译,北京大学出版社,2010 年。

《资本主义与精神分裂》(第二卷),姜宇辉译,上海书店出版社,2010 年。

《批评与临床》,刘云虹、曹丹红译,南京大学出版社,2012 年。

参 考 文 献

一、著作部分:

1. [苏联]奥·符·特拉赫坦贝尔著:《西欧中世纪哲学史纲》,于汤山译,中国对外翻译出版公司,1985 年。

2. [德]马克思、[德]恩格斯:《共产党宣言》,见《马克思恩格斯选集》(第一卷),中共中央马克思恩格斯列宁斯大林著作编译局编译,人民出版社,1995 年。

3. [德]马克思、[德]恩格斯:《德意志意识形态》,见《马克思恩格斯选集》(第一卷),中共中央马克思恩格斯列宁斯大林著作编译局编译,人民出版社,1995 年。

4. [德]马克思:《关于 179 号〈科伦日报〉社论》,见《马克思恩格斯全集》(第一卷),中共中央马克思恩格斯列宁斯大林著作编译局编译,人民出版社,1956 年。

5. [德]恩格斯:《路德维希·费尔巴哈与德国古典哲学的终结》,见《马克思恩格斯选集》(第四卷),中共中央马克思恩格斯列宁斯大林著作编译局编译,人民出版社,1995 年。

6. [德]恩格斯:《自然辩证法》,见《马克思恩格斯选集》(第三卷),中共中央马克思恩格斯列宁斯大林著作编译局编译,人民出版社,1995 年。

7. [苏联]列宁:《青年团的任务》,见《列宁选集》(第四卷),中共中央马克思恩格斯列宁斯大林著作编译局编译,人民出版社,1995 年。

8. [苏联]列宁:《什么是人民之友以及他们如何攻击社会民主党

人?》，见《列宁选集》（第一卷），中共中央马克思恩格斯列宁斯大林著作编译局编译，人民出版社，1995 年。

9. [苏联]列宁：《马克思主义的三个来源和三个组成部分》，见《列宁选集》（第二卷），中共中央马克思恩格斯列宁斯大林著作编译局编译，人民出版社，1995 年。

10. [苏联]列宁：《论无产阶级文化》，见《列宁选集》（第四卷），中共中央马克思恩格斯列宁斯大林著作编译局编译，人民出版社，1995 年。

11. 毛泽东：《新民主主义论》，见《毛泽东选集》（第二卷），人民出版社，1991 年。

12. 毛泽东：《论联合政府》，见《毛泽东选集》（第三卷），人民出版社，1991 年。

13. 毛泽东：《论人民民主专政》，见《毛泽东选集》（第四卷），人民出版社，1991 年。

14. 樊树志：《晚明史》（1573—1644），复旦大学出版社，2003 年。

15. 赵尔巽等：《清史稿》，中华书局，1976 年。

16. 胡绳主编：《从鸦片战争到五四运动》（上下册），人民出版社，1981 年。

17. 李新、陈铁健主编：《中国新民主主义革命史》（共七卷），上海人民出版社，1993 年。

18. 李禹：《国魂——中国抗日战争纪实》，中共中央党校出版社，1995 年。

19. 钟鸣旦编：《徐家汇藏书楼明清天主教文献》（1—4），辅仁大学神学院，1996 年。

20. 朱维铮主编：《利玛窦中文著译集》，复旦大学出版社，2001 年。

21. [意]利玛窦、[比]金尼阁：《利玛窦中国札记》，何高济等译，中华书局，1983 年。

22. 永珞等：《四库全书总目》，中华书局，1965 年。

23. 徐宗泽编：《明清间耶稣会士译著提要》，中华书局，1949 年。

24. 李之藻编:《天学初函》,根据梵蒂冈图书馆藏 1628 年李之藻刻本影印,学生书局,1966 年。

25. 徐光启等:《天主教东传文献续编》,学生书局,1966 年。

26. [法]费赖之:《在华耶稣会士列传及书目》,冯承钧译,中华书局,1995 年。

27. [法]荣振华:《在华耶稣会士列传及书目补编》,耿昇译,中华书局,1995 年。

28. [德]波塞尔编:《莱布尼茨与中国》,李文潮译,科学出版社,2002 年。

29. 上海图书馆编:《中国近代期刊篇目汇录》(共三卷六册),上海人民出版社,1965 年。

30. 四川大学、复旦大学哲学系编:《全国主要报刊哲学论文资料索引》(1900—1949),商务印书馆,1989 年。

31. 钟离蒙、杨凤麟编:《中国现代哲学史资料汇编》(共 4 集),辽宁大学内部出版,1981—1982 年。

32.《外国哲学》编委会:《外国哲学译著书目提要》,见《外国哲学》(8—10 辑),商务印书馆,1981 年。

33. 中国社会科学院哲学研究所编:《外国哲学史研究集刊》(1—8),上海人民出版社,1978 年以来。

34. 中国现代外国哲学研究会:《现代外国哲学论集》(1—10 集),生活·读书·新知三联书店,1981 年以来。

35. 梁启超:《中国近三百年学术史》,东方出版社,1996 年。

36. 梁启超:《清代学术概论》,中华书局,1954 年。

37. 柳诒征:《中国文化史》,正中书局,1948 年。

38. 钱穆:《中国近三百年学术史》,商务印书馆,1997 年。

39. 沈福伟:《中西文化交流史》,上海人民出版社,1985 年。

40. 方豪:《中西交通史》,岳麓书社,1987 年。

41. 萧楚父、许苏民等:《明清启蒙学术流变》,辽宁教育出版社,1995 年。

42. 张西平:《中国与欧洲早期宗教和哲学交流史》,东方出版社,2001 年。

43. 沈定平:《明清之际中西文化交流史——明代:调适与会通》,商务印书馆,2001 年。

44. 冯友兰:《中国哲学史新编》(第四卷),人民出版社,1988 年。

45. 侯外庐主编:《中国思想通史》(第四卷),人民出版社,1982 年。

46. 嵇文甫:《晚明思想史论》,东方出版社,1996 年。

47. 张学智:《明代哲学史》,北京大学出版社,2000 年。

48. 朱维铮主编:《基督教与近代文化》,上海人民出版社,1994 年。

49. 赵敦华:《基督教哲学 1500 年》,人民出版社,1994 年。

50. 王晓朝:《基督教与帝国文化》,东方出版社,1997 年。

51. 孙尚扬:《基督教与明末儒学》,东方出版社,1994 年。

52. 张铠:《庞迪我与中国》,北京图书馆出版社,1997 年。

53. 许志伟、赵敦华主编:《冲突与互补:基督教哲学在中国》,社会科学文献出版社,2000 年。

54. [法]谢和耐:《中国与基督教——中西文化的首次撞击》(增补本),耿昇译,上海古籍出版社,2003 年。

55. [美]邓恩:《从利玛窦到汤若望——晚明的耶稣会传教士》,余三乐等译,上海古籍出版社,2003 年。

56. 余三乐:《早期西方传教士与北京》,北京出版社,2001 年。

57. 容闳:《西学东渐记》,岳麓书社,1985 年。

58. 熊月之:《西学东渐与晚清社会》,上海人民出版社,1994 年。

59. 汪澍白:《艰难的转型——中国文化从传统到现代转化的宏观考察》,湖南出版社,1991 年。

60. 冯天瑜主编:《中国文化的现代转型》,湖北教育出版社,1996 年。

61. 陈旭麓:《近代中国社会的新陈代谢》,上海人民出版社,1992 年。

62. 吴延桢、赵颂尧:《坎坷的历程——近代学习西方八十年》,中国社会科学出版社,1993 年。

63. 刘宗敬:《向西方学习的探索与反思》,求实出版社,1988 年。

64. 龚书铎:《近代中国与文化抉择》,北京师范大学出版社,1993 年。

65. 曾乐山:《中西文化与哲学争论史》,华东师范大学出版社,1987 年。

66. 郑师渠、史革新:《近代中西文化论争的反思》,高等教育出版社,1991 年。

67. 中国近代文化史丛书编委会编:《中国近代文化问题》,中华书局,1989 年。

68. 艾恺:《世界范围内的反现代化思潮——论文化守成主义》,贵州人民出版社,1991 年。

69. 罗荣渠主编:《从"西化"到现代化——五四以来有关中国的文化趋向和发展道路论争文选》,北京大学出版社,1990 年。

70. 罗荣渠:《现代化新论——世界与中国的现代化进程》,北京大学出版社,1993 年。

71. 庞朴:《文化的民族性与时代性》,中国和平出版社,1988 年。

72. 丁伟志、陈崧:《中西体用之间》,中国社科文献出版社,1995 年。

73. 冯契:《中国近代哲学的革命进程》,华东师范大学出版社,1997 年。

74. 袁伟时:《中国现代哲学史稿》(上),中山大学出版社,1987 年。

75. 李泽厚:《中国近代思想史论》(修订本),安徽文艺出版社,1994 年。

76. 朱维铮:《求索真文明——晚清学术史论》,上海古籍出版社,1996 年。

77. 张海林:《近代中外文化交流史》,南京大学出版社,2003 年。

78. 李喜所:《中国近代社会与文化研究》,人民出版社,2003 年。

79. 陈胜粦:《林则徐与鸦片战争论稿》,中山大学出版社,1990 年。

80. 李瑚:《魏源研究》,朝华出版社,2002 年。

81. 任复兴主编:《徐继畬与东西方文化交流》,中国社会科学出版社,1993 年。

82. 顾长声:《从马礼逊到司徒雷登——来华新教传教士评传》,上海人民出版社,1985 年。

83. [英]汤森:《马礼逊——在华传教士的先驱》,王振华译,大象出版社,2002 年。

84. 阮芳纪等编:《洋务运动史论文选》,人民出版社,1985 年。

85. 周建波:《洋务运动与中国早期现代化思想》,山东人民出版社,2001 年。

86. 刘广京、朱昌峻:《李鸿章评传——中国现代化的起始》,上海古籍出版社,1995 年。

87. 郑海麟:《黄遵宪与近代中国》,生活·读书·新知三联书店,1988 年。

88. 容闳著:《容闳自传——我在中国和美国的生活》,石霓译注,百家出版社,2003 年。

89. 张海林:《王韬评传》,南京大学出版社,1993 年。

90. 袁伟时:《中国现代思想散论》,广东教育出版社,1998 年。

91. 汪荣祖:《晚清变法思想论丛》,联经出版公司,1983 年。

92. 孔祥吉:《戊戌维新运动新探》,湖南人民出版社,1988 年。

93. 广东康梁研究会编:《戊戌后康梁维新派研究论集》,广东人民出版社,1994 年。

94. 田伏隆:《辛亥革命与二十世纪中国》,湖南人民出版社,2001 年。

95. 朱英主编:《辛亥革命与近代中国社会变迁》,华中师范大学出版社,2001 年。

96. 汤志钧:《康有为与戊戌变法》,中华书局,1984 年。

97. 易新鼎:《梁启超与中国的学术思想史》,中州古籍出版社,1992 年。

98. 苏中立:《救国·启蒙·启示——严复和中西文化》,东北师范大学出版社,1992 年。

99. 王樾:《谭嗣同变法思想研究》,学生书局,1990 年。

100. 章念驰编:《章太炎生平与学术》,生活·读书·新知三联书店,1988 年。

101. 周一平、沈茶英:《中西文化交汇与王国维学术成就》,学林出版社,1999 年。

102. 沈渭滨:《孙中山与辛亥革命》,上海人民出版社,1993 年。

103. 李时岳、赵矢元:《孙中山与中国民主革命》,辽宁人民出版社,1981 年。

104. 林家有:《孙中山与中国近代化道路研究》,广东教育出版社,1999 年。

105. 蔡建国:《蔡元培与近代中国》,上海社会科学院出版社,1997 年。

106. 黄见德:《20 世纪西方哲学东渐史导论》,首都师范大学出版社,2002 年。

107. 夏禹龙主编:《中国文化发展的转机》,知识出版社,1989 年。

108. 袁伟时编著:《告别中世纪——五四文献选粹与解读》,广东人民出版社,2004 年。

109. 周钧美选编:《世纪先声——五四·新文化运动文选》,华文出版社,1999 年。

110. 丁守和主编:《中国近代启蒙思潮》(上中下),社会科学文献出版社,1999 年。

111. 陈崧编:《五四前后东西文化问题论战文选》,中国社会科学出版社,1989 年。

112. 吴晓明编选:《德赛二先生与社会主义——陈独秀文选》,远东出版社,1994 年。

113. 高瑞泉编选:《向着新的理想社会——李大钊文选》,远东出版社,1995 年。

114. 李达:《李达文集》(共四卷),人民出版社,1988 年。

115. 季羡林主编:《胡适全集》(共四十四卷),安徽教育出版社,2003 年。

116. 张申府:《张申府文集》(共四卷),河北人民出版社,2005 年。

117. 李石岑:《李石岑论文集》,商务印书馆,1924 年。

118. 郭湛波:《近五十年中国思想史》,北平人文书店,1935 年。

119. 贺麟:《当代中国哲学》,胜利出版公司,1947 年。

120. 杨河、邓安庆:《康德黑格尔哲学在中国》,首都师范大学出版社,2002 年。

121. 杨寿堪等:《实用主义在中国》,首都师范大学出版社,2002 年。

122. 胡军:《分析哲学在中国》,首都师范大学出版社,2002 年。

123. 成海鹰等:《唯意志论哲学在中国》,首都师范大学出版社,2002 年。

124. 许全兴主编:《延安时期的毛泽东思想》,陕西教育出版社,1988 年。

125. 宋一秀主编:《毛泽东思想科学体系》,北京出版社,1993 年。

126. 张岱年等:《文化的冲突与融合——张申府、梁漱溟、汤用彤百年诞辰纪念文集》,北京大学出版社,1997 年。

127. 田文军:《冯友兰新理学研究》,武汉出版社,1990 年。

128. 郭齐勇、龚建平:《梁漱溟哲学思想》,湖北人民出版社,1996 年。

129. 郭齐勇:《熊十力思想研究》,天津人民出版社,1993 年。

130. 宋祖良、范进编:《会通集——贺麟生平与学术》,生活·读书·新知三联书店,1993 年。

131. 侯成亚等编译:《张颐论黑格尔》,四川大学出版社,2000 年。

132. 张耀南:《张东荪知识论研究》,洪叶文化事业公司,1995 年。

133. 郑大华:《张君劢学术思想评传》,北京图书馆出版社,1999 年。

134. 毛泽东:《论十大关系》,人民出版社,1976 年。

135. 邓小平:《解放思想,实事求是,团结一致向前看》,见《邓小平文选》(第一卷),人民出版社,1983 年。

136. 邓小平:《思想路线政治路线的实现要靠组织路线来保证》,见《邓小平文选》(第一卷),人民出版社,1983 年。

137. 邓小平:《在武昌、深圳、珠海、上海等地的谈话要点》,见《邓小平文选》(第三卷),人民出版社,1993 年。

138. 邓小平:《建设社会主义的物质文明和精神文明》,见《邓小平文选》(第三卷),人民出版社,1993 年。

139. 刘少奇:《在中国共产党第八次全国代表大会上的政治报告》,见《中国共产党第八次全国代表大会文献》,人民出版社,1957 年。

140. 周恩来:《关于知识分子问题的报告》,见中共中央文献编辑委员会编:《周恩来选集》(下卷),人民出版社,1984 年。

141. 周恩来:《论知识分子问题》,见《周恩来选集》(下),人民出版社,1984 年。

142. 陆定一:《百花齐放百家争鸣》,见《陆定一文集》,人民出版社,1991 年。

143. 江泽民:《在庆祝中国共产党成立七十周年大会上的讲话》,见《十三大以来重要文献选编》(下),人民出版社,1993 年。

144.《中国共产党中央委员会关于建国以来党的若干历史问题的决议》,见《三中全会以来重要文献选编》(下),人民出版社,1982 年。

145.《关于社会主义精神文明建设指导方针的决议》,见《十二大以来重要文献选编》(下),人民出版社,1988 年。

146. 本书编委会:《中华人民共和国国史全鉴》,团结出版社,1996 年。

147. 胡绳武、戴鞍钢等:《中国 20 世纪全史》,中国青年出版社,2001 年。

148. 丛进:《曲折发展的岁月(1949—1989 年的中国)》,河南人民出版社,1989 年。

149. 王年一:《大动乱的年代》,河南人民出版社,1989 年。

150. 才树祥等:《震惊世界的 1976》,华夏出版社,1994 年。

151. 汤应武:《1976 年以来的中国》,经济日报出版社,1997 年。

152. 王海光:《从革命到改革》,法律出版社,2000 年。

153. 高屹、缪德修主编:《邓小平时代的中国(1975—1984)》(全两册),光明日报出版社,1996 年。

154. 沈宝祥:《真理标准问题讨论始末》,中国青年出版社,1997 年。

155. 袁木主编:《历史的足迹——中国在改革开放中前进》(共六卷),新华出版社,1987—1999 年。

156. 赵剑英主编:《复兴中国——中共第三代对中国现代化的新追求》,社会科学文献出版社,1999 年。

157. 董兆祥主编:《中国改革开放 20 年纪事》,上海人民出版社,1998 年。

158. 许庆朴、李爱华主编:《有中国特色社会主义理论探源》,人民出版社,2002 年。

159. 陈孔立主编:《台湾历史纲要》,九州出版社,1996 年。

160. 连横(连雅堂):《台湾通史》,众文图书股份有限公司,1979 年。

161. 黄大受:《台湾史纲》,三民书局,1982 年。

162. 新闻出版署信息中心、中国版本图书馆编:《全国总书目》,中华书局,1949 年以来。

163. 北京图书馆《中国国家书目》编委会主编:《中国国家书目》,书目文献出版社,1986 年以来。

164. 哲学研究杂志社:《中国哲学年鉴》,哲学研究杂志社出版,1982 年以来。

165. 中国人民大学书报资料中心:《外国哲学》(复印报刊资料),1978 年以来。

166. 哲学研究编辑部:《中国哲学史问题讨论专辑》,科学出版社,1957 年。

167. 张世英主编:《德国哲学》,北京大学出版社,1986—2001 年。

168.《外国哲学》编辑组:《外国哲学》(1—16 辑),商务印书馆,1981—2004 年。

169.《中国现象学与哲学评论》编委会:《中国现象学与哲学评论》,上海译文出版社,1995 年以来。

170. 洪汉鼎主编:《中国诠释学》,山东人民出版社,2003 年以来。

171. 台湾图书馆编印:《“中华民国”出版图书目录》(每月一期),1975 年以来。

172. 台湾图书馆编印:《“中华民国”期刊论文索引》,1974 年以来。

173. 中国论坛编辑委员会:《海峡两岸学术研究的发展》,中国论坛杂志社,1988 年。

174. 廖仁义:《异端观点——战后台湾文化霸权的批判》,桂冠图书股份有限公司,1990 年。

175. 岳介先主编:《世纪的交融与选择:现代西方人本主义价值观人生观与我国当代青年》,安徽大学出版社,1997 年。

176. 李步楼主编:《冲击与思考——西方思潮在中国》,湖北人民出版社,1991 年。

177. 李步楼、贺绍甲主编:《非理性主义人生哲学在中国》,陕西人民教育出版社,1996 年。

178. 魏金声主编:《现代西方人学思潮的震荡》,中国人民大学出版社,1996 年。

179. 谢龙编:《中西哲学与文化比较新论:北京大学名教授演讲录》,人民出版社,1995 年。

180. 上海中西哲学与文化交流研究中心编:《时代与思潮》(17 集),学林出版社,1989 年以来。

181. 汤一介主编:《现象学思潮在中国》,首都师范大学出版社,

2011 年。

182. 王岳川:《后现代后殖民主义在中国》,首都师范大学出版社,2002 年。

183. 王守常等:《马克思主义哲学在中国》,首都师范大学出版社,2011 年。

184. 丁守和:《民主科学在中国的命运》,中华书局,1994 年。

185. 谢龙等:《哲学百年》,北京出版社,1999 年。

186. 黄见德:《西方哲学在当代台湾和香港》,首都师范大学出版社,2002 年。

187. 黄克剑:《挣扎中的儒学——论海峡彼岸的新儒家思想》,海峡文艺出版社,1995 年。

188. 赵德志:《现代新儒家与西方哲学》,辽宁大学出版社,1994 年。

189. 启良:《新儒学批判》,上海三联书店,1995 年。

190. 郑家栋:《本体与方法——从熊十力到牟宗三》,辽宁大学出版社,1992 年。

191. 黄俊杰:《儒学与现代台湾》,中国社会科学出版社,2001 年。

192. 耿开君:《中国文化的"外在超越"之路——论台湾新士林哲学》,当代中国出版社,1999 年。

193. 包利民、章雪富主编:《两希文明哲学经典译丛》,中国社会科学出版社,2004 年。

194. 当代哲学丛书编委会:《今日中国哲学》,广西人民出版社,1996 年。

195. 董驹翔、董翔薇编:《哲人忆往》,中国青年出版社,1999 年。

196. 胡军:《道与真:金岳霖哲学思想研究》,人民出版社,2002 年。

197. 胡军、王中江等:《金岳霖思想研究》,中国社会科学出版社,2004 年。

198. 中国社会科学院哲学研究所编:《金岳霖学术思想研究》,四川人民出版社,1987 年。

199. 杨国荣:《从严复到金岳霖——实证论与中国哲学》,高等教育出版社,1996 年。

200. 王鉴平:《冯友兰哲学思想研究》,四川人民出版社,1988 年。

201. 田文军:《冯友兰新理学研究》,武汉出版社,1990 年。

202. 宋志明等:《冯友兰学术思想评传》,北京图书馆出版社,1999 年。

203. 冯宗璞等编:《冯友兰先生百年诞辰纪念文集》,清华大学出版社,1995 年。

204. 王思隽、李肃东:《贺麟评传》,百花洲文艺出版社,1995 年。

205. 宋祖良、范进编:《会通集——贺麟生平与学术》,生活・读书・新知三联书店,1993 年。

206. 马敏等主编:《跨越中西文化的巨人——韦卓民学术思想国际研讨会论文集》,华中师范大学出版社,1995 年。

207. 段德智编:《陈修斋先生纪念文集》,武汉大学出版社,1997 年。

208. 谭鑫田、李秋零编:《苗力田教授纪念文集》,中国人民大学出版社,2001 年。

209. 金岳霖学术基金学术委员会编:《金岳霖文集》(共四卷),甘肃人民出版社,1995 年。

210. 冯友兰:《三松堂全集》,河南人民出版社,1994 年。

211. 崔唯航选编:《王玖兴文集》,河北大学出版社,2005 年。

212. 冯静、杨一之编:《理性的追求——杨一之著述选粹》,社会科学文献出版社,2000 年。

213. 贺麟:《哲学与哲学史论文集》,商务印书馆,1990 年。

214. 贺麟:《黑格尔哲学讲演集》,上海人民出版社,1986 年。

215. 汝信、叶秀山主编:《姜丕之文集》,社会科学文献出版社,1997 年。

216. 冯契:《冯契文集》(共十卷),华东师范大学出版社,1997 年。

217. 高清海:《高清海文集》(共八卷),吉林人民出版社,2000 年。

218. 冯定:《冯定文集》(共两卷),人民出版社,1989 年。

219. 洪谦:《论逻辑经验主义》,商务印书馆,1999 年。

220. 熊伟:《自由的真谛——熊伟文选》,中央编译出版社,1997 年。

221. 陈启伟:《西方哲学论集》,辽宁大学出版社,1998 年。

222. 赵敦华:《西方哲学的中国式解读》,黑龙江人民出版社,2002 年。

223. 赵敦华:《基督教哲学 1500 年》,人民出版社,1994 年。

224. 吴江:《吴江论集》,兰州大学出版社,2004 年。

225. 刘炼编:《何干之文集》(2 卷本),北京出版社,1993 年。

226. 萧楚父:《吹沙集》,巴蜀书社,1991 年。

227. 段德智选编:《陈修斋哲学与哲学史论文集》,武汉大学出版社,1995 年。

228. 杨祖陶:《康德黑格尔哲学研究》,武汉大学出版社,2001 年。

229. 张世英:《天人之际——中西哲学的困惑与选择》,人民出版社,1995 年。

230. 汪子嵩:《亚里士多德 · 理性 · 自由》,河北大学出版社,2003 年。

231. 刘放桐:《马克思主义与西方哲学的现当代走向》,人民出版社,2002 年。

232. 韦卓民:《韦卓民学术论著选》,华中师范大学出版社,1997 年。

233. 何卓恩:《殷海光与近代中国自由主义》,上海三联书店,2004 年。

234. 黎汉基:《殷海光思想研究:由五四到战后台湾,1919—1969》,正中书局,2000 年。

235. 王中江:《万山不许一溪奔——殷海光评传》,水牛图书出版事业有限公司,1997 年。

236. 张斌峰、王中江编:《西方现代自由主义与中国古典传统》,湖北人民出版社,2000 年。

237. 张斌峰、张晓光主编:《殷海光学术思想研究——海峡两岸殷海光学术研讨会论文集》,辽宁大学出版社,2000 年。

238. 陈昭瑛:《台湾儒学的当代课题:本土性与现代性》,中国社会科学出版社,2001 年。

239. 颜炳罡:《当代新儒学引论》,北京图书馆出版社,1998 年。

240. 刘述先:《儒家思想开拓的尝试》,中国社会科学出版社,2001 年。

241. 李山等:《现代新儒家传》,山东人民出版社,2002 年。

242. 蒋国保、余秉颐:《方东美思想研究》,天津人民出版社,2004 年。

243. 张祥浩:《唐君毅思想研究》,天津人民出版社,1994 年。

244. 颜炳罡:《整合与重铸:当代大儒牟宗三先生思想研究》,学生书局,1995 年。

245. 樊志辉:《台湾新士林哲学研究》,黑龙江人民出版社,2001 年。

246. 林正弘主编:《殷海光全集》(共十八卷),桂冠图书公司,1989 年。

247. 殷海光:《殷海光文集》(共四卷),湖北人民出版社,2001 年。

248. 殷海光:《思想与方法》,香港文艺书屋,1968 年。

249. 殷海光:《中国文化的展望》,桂冠图书公司,1988 年。

250. 胡秋原:《胡秋原选集》,东大图书公司,1994 年。

251. 胡秋原:《中华心》,社会科学文献出版社,1995 年。

252. 江日新等编:《陈康哲学论文集》,联经出版公司,1985 年。

253. 劳思光:《思想方法五讲新编》,香港中文大学出版社,1998 年。

254. 林毓生:《中国传统的创造性转化》,生活·读书·新知三联书店,1988 年。

255. 傅伟勋:《从西方哲学到禅佛教》,生活·读书·新知三联书店,1989年。

256. 林正弘:《知识·逻辑·科学哲学》,东大图书股份有限公司,1985年。

257. 陈鼓应:《悲剧哲学家尼采》,生活·读书·新知三联书店,1987年。

258. 何秀煌:《文化·哲学与方法》,东大图书股份有限公司,1988年。

259. 徐复观:《学术与政治之间》,学生书局,1985年。

260. 黄克剑编:《方东美集》,群言出版社,1993年。

261. 方东美:《生生之德》,黎明文化事业公司,1979年。

262. 唐君毅:《唐君毅全集》(共三十卷),学生书局,1991年。

263. 黄克剑编:《唐君毅集》,群言出版社,1993年。

264. 黄光剑编:《牟宗三集》,群言出版社,1993年。

265. 牟宗三:《中西哲学之会通十四讲》,上海古籍出版社,1997年。

266. 黄克剑等编:《张君劢集》,群言出版社,1993年。

267. 张君劢:《中西印哲学文集》,学生书局,1981年。

268. 杜维明:《儒学第三期发展的前景问题》,联经出版公司,1989年。

269. 成中英:《世纪之交的抉择——论中西哲学的会通与融合》,知识出版社,1991年。

270. 刘述先:《文化与哲学的探索》,学生书局,1986年。

271. 刘述先:《中西哲学论文集》,学生书局,1987年。

272. 上海格致书院:《格致书院课艺》,上海富强斋书局,1898年。

273. 中山大学西学东渐文献馆主编:《西学东渐研究(第一辑):西学东渐与中国社会现代化》,商务印书馆,2008年。

274. 黄见德:《20世纪西方哲学东渐史导论》,首都师范大学出版社,2007年。

275. 黄见德:《西方哲学在当代台湾和香港》,首都师范大学出版社,2011 年。

276. 黄见德:《西方哲学东渐史》(上),人民出版社,2005 年。

277. 黄见德:《西方哲学东渐史》(下),人民出版社,2005 年。

278. 黄见德:《西方哲学的传入与研究》,福建人民出版社,2007 年。

279. 黄见德:《20 世纪西方哲学东渐问题》,湖南教育出版社,1998 年。

280. 黄见德:《西方哲学在当代中国》,华中理工大学出版社,1996 年。

281. 北京外国语大学中国海外汉学研究中心、中国近现代新闻出版博物馆编:《西学东渐与东亚近代知识的形成和交流》,上海人民出版社,2012 年。

282. 张晓:《近代汉译西学书目提要:明末至 1919》,北京大学出版社,2012 年。

283. 史春风:《商务印书馆与中国近代文化》,北京大学出版社,2006 年。

284. 钱穆:《中国思想史》,九州出版社,2012 年。

285. 冯志杰:《中国近代翻译史(晚清卷)》,九州出版社,2011 年。

286. 方文华:《20 世纪中国翻译史》,西北大学出版社,2005 年。

287. [古罗马]塞涅卡:《道德和政治论文集》,袁瑜琤译,北京大学出版社,2010 年。

288. [苏联]奥·符·特拉赫坦贝尔:《西欧中世纪哲学史纲》,于汤山译,中国对外翻译出版公司,1985 年。

289. [美]鲁一士:《黑格尔学述》,贺麟译,商务印书馆,1945 年。

290. 王宗熠:《苦乐年华》,北京大学出版社,2004 年。

291. 解放日报社编:《学点哲学史》,上海人民出版社,1973 年。

292. [古罗马]西塞罗:《图斯库兰讨论集》,转引自《西塞罗全集·修辞学卷》,王晓朝译,人民出版社,2007 年。

293. 傅乐安:《托马斯·阿奎那基督教哲学》,上海人民出版社,1990年。

394. 潘志华:《休谟与〈人性论〉》,人民出版社,2010年。

295. [英]培根:《学术的进展》,刘运同译,上海人民出版社,2007年。

296. 周晓亮主编:《西方哲学史(学术版)》(第四卷),凤凰出版社,2004年。

297. [荷兰]斯宾诺莎:《斯宾诺莎书信集》,洪汉鼎译,商务印书馆,1993年。

298. 尚杰主编:《西方哲学史(学术版)》(第五卷),凤凰出版社,2005年。

299. 北京大学哲学系外国哲学史教研室编译:《十八世纪法国哲学》,商务印书馆,1979年。

300. 俞吾金、汪行福、王凤才、林晖、徐英瑾:《德国古典哲学》,人民出版社,2009年。

301. [德]黑格尔:《哲学史讲演录》(第四卷),贺麟译,王太庆校,商务印书馆,1997年。

302. 董德福:《生命哲学在中国》,广东人民出版社,2001年。

303. [英]罗素:《西方的智慧》,殷晓蓉等译,上海人民出版社,1992年。

304. 伍蠡甫主编:《西方文论选》(上下卷),上海译文出版社,1979年。

305. [德]尼采:《权力意志》,孙周兴译,商务印书馆,2007。

306. [德]海德格尔:《存在与时间》,陈嘉映、王庆节译,生活·读书·新知三联书店,1987年。

307. [法]萨特:《存在与虚无》,陈宣良等译,杜小真校,生活·读书·新知三联书店,1987年。

308. [德]伽达默尔:《真理与方法》,洪汉鼎译,上海译文出版社,1999年。

309. [德]伽达默尔:《哲学生涯:我的回顾》,陈春文译,商务印书馆,2003 年。

310. 陈晓明、杨鹏:《结构主义与后结构主义在中国》,首都师范大学出版社,2011 年。

311. [美]理查德·罗蒂:《哲学和自然之镜》,李幼蒸译,生活·读书·新知三联书店,1987 年。

312. [英]傅兰雅主编:《格致汇编》,上海格致书院,1876 年—1892 年。

313. 郭士力主编:《东西洋考每月统记传》,中国广州,1833 年—1838 年。

314. [意]艾儒略:《西学凡》,学生书局,1965 年。

315. [英]培根:《新工具》,许宝骙译,商务印书馆,2005 年。

316. [美]林乐知:《万国公报》,林华书院,1874 年—1907 年。

317. 郭湛波:《近五十年中国思想史》, 北平人文书店,1936 年。

318. 罗光:《教廷与中国使节史》,台湾光启社,1976 年。

319. 魏源:《海国图志·叙》,中州古籍出版社,1999 年。

320. 王韬:《英人倍根》,参见《瓮牖余谈》卷二,岳麓书社,1988 年。

321. [美]林乐之:《中西关系略论》(共四卷),上海美华书馆活字刊本 1876 年。

322. 中国科学院哲学研究所资料室编:《资产阶级学术思想批判参考资料》(第八集),商务印书馆,1960 年。

323. 欧阳哲生编:《胡适文集———胡适文存》,北京大学出版社,1998 年。

324. 郭嵩焘:《郭嵩焘日记》(三),湖南人民出版社,1982 年。

325. 梁启超:《西政丛书叙》,见《饮冰室合集·文集之二》,中华书局,1989 年。

326. 钱钟书:《谈艺录》,中华书局,1984 年。

327. 瞿秋白:《鲁迅杂感选集》,见《瞿秋白文集》(第 2 卷),人民文学出版社,1953 年。

328. 郜元宝:《尼采在中国》,上海三联书店,2001 年。

329. 鲁迅:《文化偏至论》,见《鲁迅全集》(第一卷),人民文学出版社,1973 年。

330. 张颐:《黑格尔的伦理学说——其发展、意义与局限》,见《张颐论黑格尔》,四川大学出版社,2000 年。

331. [葡]傅泛际、李之藻:《名理探》,生活·读书·新知三联书店,1959 年。

332. [德]花之安:《德国学校略论》,见《西政丛书》,慎记书庄石印本,1897 年。

333. 蔡元培:《哲学总论》,见《蔡元培全集》(第一卷),中华书局,1984 年。

334. 黄远生:《新旧文化冲突》,商务印书馆,1984 年。

335. 冯友兰:《新事论》,见《冯友兰集》,群言出版社,1993 年。

336. [古希腊]赫拉克利特:《赫拉克利特哲学思想集》,杨伯恺译,辛垦书店,1934 年。

337. [古希腊]伊壁鸠鲁:《学说与格言》,杨伯恺译,辛垦书店,1934 年。

338. [古希腊]柏拉图:《巴门尼德斯篇》,陈康译,商务印书馆,1982 年。

339. [古希腊]亚里士多德:《亚里士多德伦理学》,向达、夏崇普译,商务印书馆,1933 年。

340. [德]黑格尔:《哲学史讲演录》(第四卷),贺麟、王太庆译,商务印书馆,1978 年。

341. [德]尼采:《苏鲁支语录》,徐梵澄译,商务印书馆,1992 年。

342. 金岳霖:《知识论》,商务印书馆,1983 年。

343. 贺麟:《文化与人生》,商务印书馆,1988 年。

344. 中共中央文献研究室:《毛泽东文集》(第六卷),人民出版社,1999 年。

345. 贺麟:《五十年来的中国哲学》,辽宁教育出版社,1989 年。

346. [古希腊]柏拉图:《柏拉图文艺对话集》,朱光潜译,人民文学出版社,1963 年。

347. 严群编著:《柏拉图》,世界书局,1934 年。

348. [古希腊] 柏拉图:《泰阿泰德 智术之师》,严群译,商务印书馆,1963 年。

349. [古希腊]亚里士多德:《形而上学》,吴寿彭译,商务印书馆,1959 年。

350. 贺麟:《斯宾诺莎哲学简述》,载《哲学与哲学史论文集》,商务印书馆,1990 年。

351. [英] 培根:《培根论说文集》,水天同译,商务印书馆,1983 年。

352. [英]培根:《新大西岛》,何新译,商务印书馆,1959 年。

353. [英]休谟:《自然宗教对话录》,陈修斋、曹棉之译,商务印书馆,1962 年。

354. 中共中央马克思恩格斯列宁斯大林著作编译局:《列宁短篇哲学著作》,人民出版社,1993 年。

355. [古希腊]柏拉图:《理想国》,郭斌和、张竹明译,商务印书馆,1986 年。

356. [古希腊]亚里士多德:《亚里士多德全集》(第一卷),苗力田主编,中国人民大学出版社,1990 年。

357. [古希腊]柏拉图:《柏拉图全集》(第一卷),王晓朝译,人民出版社,2002 年。

358. [苏联]亚力山大洛夫:《西欧哲学史》,王永江等译,商务印书馆,1989 年。

359. [意]托马斯 · 阿奎那:《神学大全》,刘俊余等译,碧岳学社,中华道明会, 2008 年。

360. [英]韦烈亚力:《基督教新教在华传教士名录》,卫礼译,天津人民出版社,2013 年。

361. 赵敦华、傅乐安主编:《西方古典哲学原著选辑·中世纪哲学》(上下册),商务印书馆,2013年。

362. 北京大学哲学系外国哲学史教研室编译:《古希腊罗马哲学》,生活·读书·新知三联书店,1957年。

363. 梁启超:《变法通议》,华夏出版社,2002年。

364. [古希腊]亚里士多德:《寰有诠》,[葡]傅泛际、李之藻译,葡萄牙孔伯拉大学出版社,1592年。

365. [古希腊]亚里士多德:《名理探》,[葡]傅泛际、李之藻译,葡萄牙孔伯拉大学出版社,1631年。

366. [古希腊]亚里士多德:《政治学》,吴寿彭译,商务印书馆,1965年 。

367. [英]培根:《新工具》,沈因明译,辛垦书店,1934年。

368. 张东荪:《新哲学论丛》,商务印书馆,1929年。

369. 张东荪、张耀南:《知识与文化》,中国广播电视出版社,1995年。

370. 张东荪:《思想与社会》,岳麓书社,2010年。

371. 张东荪:《理性与民主》,岳麓书社,2010年。

372. 梭罗文:《德谟克里特: 哲学道德集》,辛垦书店,1934年。

373. [古希腊]柏拉图:《柏拉图对话六种》,张师竹、张东荪译,华东师范大学出版社,2011年。

374. 金岳霖:《金岳霖哲学三书:论道》,中国人民大学出版社,2010年。

375. 金岳霖:《金岳霖哲学三书:逻辑》,中国人民大学出版社,2010年。

376. 熊十力:《新唯识论》,中国人民大学出版社,2006年。

377. [英]颉德:《大同学》,李提摩太、蔡尔康合译 ,南方日报出版社,2018年。

378. [德]马克思、[德]恩格斯:《共产党宣言》,陈望道译,上海社会主义研究社,1920年。

379. 毛泽东:《中国共产党在民族战争中的地位》,见《毛泽东选集》(第二卷),人民出版社,1991 年。

380. [德]马克思:《资本论》(第一、二、三卷),郭大力、王亚南译,读书生活出版社,1938 年。

381. [德]马克思、[德]恩格斯:《马克思恩格斯文选》,佚名译,外国文书籍出版局,1954 年。

382. [德]马克思:《1844 年经济学哲学手稿》,刘丕坤译,人民出版社,1979 年。

383. 联共(布)中央特设委员会:《联共(布)党史简明教程》,人民出版社,1975 年。

384. [苏]斯大林:《辩证唯物主义与历史唯物主义》,人民出版社,1955 年。

385. [荷]斯宾诺莎:《伦理学》,贺麟译,商务印书馆,1958 年。

386. [法]拉梅特里:《人是机器》,顾寿观译,生活・读书・新知三联书店,1956 年。

387. [法]霍尔巴赫:《自然的体系》(上册),管士滨译,商务印书馆,1964 年。

388. [德]黑格尔:《历史哲学》,王造时译,商务印书馆,1963 年。

389. [德]康德:《纯粹理性批判》,蓝公武译,生活・读书・新知三联书店,1957 年。

390. [德]黑格尔:《逻辑学》,杨一之译,商务印书馆,1966 年。

391. [德]康德:《判断力批判》,宗白华、韦卓民译,商务印书馆,1964 年。

392. [德]尼采:《悲剧的诞生:尼采美学文选》,周国平译,上海人民出版社,2009 年。

393. [德]尼采:《尼采著作全集》,孙周兴译,商务印书馆,2010 年。

394. [德]尼采:《尼采全集》(第二卷),杨恒达译,中国人民大学出版社,2011 年。

395. [德]胡塞尔 :《纯粹现象学通论》,李幼蒸译,商务印书馆,1992 年。

396. 孙周兴选编:《海德格尔选集》,上海三联书店,1996 年。

397. [德]海德格尔:《林中路》,孙周兴译,上海译文出版社,1997 年 。

398. [德]伽达默尔:《诠释学 Ⅰ、Ⅱ:真理与方法》,洪汉鼎译,商务印书馆,2010 年。

399. [法]雅克·德里达:《胡塞尔〈几何学的起源〉引论》,方向红译,南京大学出版社,2004 年。

400. [法]福柯:《古典时代疯狂史》,林志明译,生活·读书·新知三联书店,2005 年。

401. [法]福柯:《知识考古学》,谢强、马月译,生活·读书·新知三联书店,1998 年。

402. [英]维特根斯坦:《逻辑哲学论》,郭英译,商务印书馆,1962 年。

403. [美]普特南 著:《逻辑经验主义》,洪谦主编,商务印书馆,1982 年。

404. [德]费尔巴哈:《费尔巴哈哲学著作选集》(上下卷),洪谦、王太庆译,生活·读书·新知三联书店,1959 年。

405. [德]恩格斯:《路德维希·费尔巴哈和德国古典哲学的终结》,中共中央马克思恩格斯列宁斯大林著作编译局译,人民出版社,2018 年。

406. [德]费希特:《全部知识学的基础》,王玖兴译,商务印书馆,1986 年。

407. [古希腊]亚里士多德:《政治学》,徐大同选编,吴寿彭译,商务印书馆,2006 年。

408. 北京大学哲学系外国哲学史教研室编译:《古希腊罗马哲学》,商务印书馆,1982 年。

409. [古希腊]柏拉图:《理想国》,吴献书译,商务印书馆 ,

1929年。

410. [古罗马]塞涅卡:《哲学的治疗》,吴欲波译,中国社会科学出版社,2007年。

411. [英]休谟:《人类理解研究》,关文运译,商务印书馆,1957年。

412. [英]休谟:《人性论》,关文运译,商务印书馆,1980年。

413. [英]霍布斯:《利维坦》,张明译,内蒙古人民出版社,1998年。

414. [法]笛卡尔:《探求真理的指导原则》,管震湖译,商务印书馆,1991年。

415. [英]罗素:《哲人咖啡厅:罗素道德哲学》,李国山等译,九州出版社,2004年。

416. [法]笛卡尔:《哲人咖啡厅:笛卡尔思辨哲学》,尚新建等译,九州出版社,2004年。

417. 陈修斋、段德智:《莱布尼茨》,商务印书馆,1982年。

418. [法]孔狄亚克:《人类知识起源论》,洪洁求、洪丕柱译,商务印书馆,1989年。

419. [德]黑格尔:《精神哲学》,杨祖陶译,人民出版社,2006年。

420. [德]伽达默尔:《真理与方法:哲学诠释学的基本特征》(上下卷),洪汉鼎译,上海译文出版社,2004年。

421. [法]拉康:《拉康选集》,褚孝泉等译,上海三联书店,2001年。

422. 康有为:《新学伪经考》,中国人民大学出版社,2010年。

423. 徐怀启:《古代基督教史》,华东师范大学出版社,1988年。

424. [美]鲁一士:《黑格尔学述》,贺麟译,商务印书馆,1945年。

425. 王治心:《中国与基督教史》,上海古籍出版社,2004年。

426. 柳诒征:《中国文化史》,正中书局,1948年。

427. [法]费赖之:《在华耶稣会士列传及书目》(上下册),冯承钧译,商务印书馆,1938年。

428. 薛晓源、金惠敏:《评说“超人”:尼采在中国的百年解读》,社会科学文献出版社,2001 年。

429. [法]柏格森:《时间与意志自由》,潘梓年译,商务印书馆,1927 年。

430. [德]石里克、[德]卡尔纳普等:《逻辑经验主义》(上卷),洪谦、江天骥等译,商务印书馆,1982 年。

431. [德]石里克、[德]卡尔纳普等:《逻辑经验主义》(下卷),洪谦、江天骥等译,商务印书馆,1984 年。

432. 冯友兰:《新理学》,生活·读书·新知三联书店,2007 年。

433. 冯友兰:《新原人》,生活·读书·新知三联书店,2007 年。

434. 冯友兰:《新原道》,生活·读书·新知三联书店,2007 年。

435. 冯友兰:《新知言》,生活·读书·新知三联书店,2007 年。

436. 冯友兰:《新世训:生活方法新论》,生活·读书·新知三联书店,2007 年。

437. 冯友兰:《新事论:中国到自由之路》,生活·读书·新知三联书店,2007 年。

438. 冯友兰:《冯友兰文集》(全十卷),长春出版社,2007 年。

439. 贺麟:《近代唯心论简释》,上海人民出版社,2009 年。

440. [德]黑格尔著:《历史哲学》,王造时译,商务印书馆,1963 年。

441. [德]黑格尔:《小逻辑》,贺麟译,生活·读书·新知三联书店,1950 年。

442. [英]约翰·马仁邦主编:《劳特利奇哲学史》(全 10 册),孙毅、查常平、戴远方等译,中国人民大学出版社,2017 年。

443. 杨真:《基督教史纲》,生活·读书·新知三联书店,1979 年。

444. 徐怀启:《古代基督教史》,华东师范大学出版社,1996 年。

445. 车铭洲:《西欧中世纪哲学概论》,天津人民出版社,1982 年。

446. 傅乐安:《托马斯·阿奎那传》,河北人民出版社,1997 年。

447. 中国社会科学院哲学研究所西方哲学史研究室编:《外国哲

学史研究集刊(7):中世纪哲学研究》,上海人民出版社,1985年。

448.[英]休谟:《人之悟性论》,伍光健译,商务印书馆,1930年。

449.[英]休谟:《人类理解研究》,关琪桐译,商务印书馆,1936年。

450.[英]休谟:《人类理智研究》,吕大吉译,商务印书馆,1999年。

451.[英]休谟:《人性论》,佚名译,中国社会科学出版社,2009年。

452.[法]笛卡尔:《论灵魂的激情》,贾江鸿译,商务印书馆,2016年。

453.[德]莱布尼茨:《形而上学序论》,陈德荣译,商务印书馆,1937年。

454.[英]霍布斯:《哲学家与英格兰法律家的对话》,姚中秋译,上海三联书店,2006年。

455.[英]霍布斯:《一位哲学家与英格兰普通法学者的对话》,毛晓秋译,上海人民出版社,2006年。

456.[德]康德:《康德著作全集》(全九卷),李秋零主编,中国人民大学出版社,2003—2010年。

457.[德]费希特:《费希特著作选集》(五卷本),梁志学主编,商务印书馆,1990—2006年。

458.[德]费尔巴哈:《费尔巴哈哲学著作选集》(上卷),荣震华等译,生活·读书·新知三联书店,1959年。

459.[德]费尔巴哈:《费尔巴哈哲学著作选集》(下卷),荣震华等译,生活·读书·新知三联书店,1962年。

460.[荷兰]斯宾诺莎:《知性改进论》,贺麟译,商务印书馆,1960年。

461.[英]培根:《崇学论》,关琪桐译,商务印书馆,1938年。

462.[德]莱布尼茨:《人类理智新论》,陈修斋译,商务印书馆,1982年。

463. 陈修斋主编:《欧洲哲学史的经验主义和理性主义》,人民出版社,2007年。

464. [德]尼采:《悲剧的诞生　尼采美学文选》,周国平译,上海译文出版社,2017年。

465. [奥地利]胡塞尔:《逻辑研究》(第一卷),倪梁康译,上海译文出版社,1994年。

466. [奥地利]胡塞尔:《逻辑研究》(第二卷第一部分),倪梁康译,上海译文出版社,1998年。

467. [奥地利]胡塞尔:《逻辑研究》(第二卷第二部分),倪梁康译,上海译文出版社,1999年。

468. [德]维特根斯坦著:《维特根斯坦全集》,涂纪亮主编,河北教育出版社,2003年。

469. [德]莫里茨·石里克:《自然哲学》,佚名译,商务印书馆,1984年。

470. 学艺杂志社:《学艺》,中华学艺社,1924年第六卷第5号。

471. 学术研究会:《民铎》,商务印书馆编印,1925年第六卷第4期。

472.《哲学译丛》编辑部:《德国哲学解释学专辑》,《哲学译丛》,1986年第3期。

473.《哲学译丛》编辑部:《德国哲学解释学专辑》,《哲学译丛》,1986年第3期。

474. 徐宗泽编著:《明清间耶稣会士译著提要》,中华书局,1949年。

475. 中国科学院哲学研究所资料室编:《资产阶级学术思想批判参考资料》,商务印书馆,1961年。

二、论文部分

1. 习近平:《坚定文化自信,建设社会主义文化强国》,《求是》,2019年第12期。

2. 卢海燕:《“西方哲学名著研究编译会”在京成立》,《哲学研究》,1989 年第 2 期。

3. 张广达:《唐代的中外文化汇聚与晚清的中西文化冲突》,《中国社会科学》,1986 年第 3 期。

4. 张荫麟:《明清之际西学输入中国考略》,《清华大学学报》(自然科学版),1924 年第一卷第 1 期。

5. 郑克晟:《关于明清之际耶稣会士来华的几个问题》,《南开史学》,1981 年第 2 期。

6. 史静寰:《谈明清之际入华耶稣会士的学术传教》,《内蒙古师范大学学报》(哲学社会科学版),1983 年第 3 期。

7. 刘建:《十六世纪天主教对华传教政策的演变》,《世界宗教研究》,1986 年第 1 期。

8. 孙明章:《传教士和明清之际的思想界》,《浙江学刊》,1990 年第 4 期。

9. 黄启臣:《明代天主教在中国的传播及其文化效应》,《史学集刊》,1994 年第 2 期。

10. 臧荣:《明清之际来华耶稣会士的评价》,《北方论丛》,1981 年第 4 期。

11. 陈申如、朱正谊:《试论明末清初耶稣会士的历史作用》,《中国史研究》,1980 年第 2 期。

12. 杨洪:《明末清初基督教东传与中西文化交流》,《华夏文化》,1995 年第 6 期。

13. 刘耘华:《明清之际基督教文化在中土之流传和变异》,《东方丛刊》,1996 年第 2 辑。

14. 丁顺茹:《论西方传教士在明清之际中西文化交流中的作用》,《广州师院学报》(社会科学版),1997 年第 3 期。

15. 饶良伦:《明末清初西学东渐评议》,《求是学刊》,1988 年第 1 期。

16. 陈卫平:《论明清之际西学传播的思想张力》,《汉江论坛》,

1993 年第 10 期。

17. 李建忠:《明末清初吸收西方文化的历史启示》,《桂海论丛》,1994 年第 4 期。

18. 邹振环:《明清之际的西书中译及其文化意义》,见祝瑞开主编:《宋明思想和中华文明》,学林出版社,1995 年。

19. 戴维杨:《从〈交友论〉看中西思想文化交流史上的一个范例:利玛窦和徐光启》,见《纪念利玛窦来华四百周年中西文化交流国际学术会议论文集》,辅仁大学出版社,1983 年。

20. 沈清松:《利玛窦在华文化进路之哲学反省》,《国际汉学》,1995 年第 1 期。

21. 范传培:《利玛窦对我国近代化的贡献》,见《纪念利玛窦来华四百周年中西文化交流国际学术会议论文集》,辅仁大学出版社,1983 年。

22. 黄炳炎:《利玛窦的神学著作〈天主实义〉简介》,见《纪念利玛窦来华四百周年中西文化交流国际学术会议论文集》,辅仁大学出版社,1983 年。

23. 蒋复璁:《利玛窦来华传教的经过与其所作天主实义的精神》,见《纪念利玛窦来华四百周年中西文化交流国际学术会议论文集》,辅仁大学出版社,1983 年。

24. 王萍:《利玛窦译述〈几何原本〉对中国的影响》,见《纪念利玛窦来华四百周年中西文化交流国际学术会议论文集》,辅仁大学出版社,1983 年。

25. 徐明德:《明清之际来华耶稣会士对中西文化交流的贡献》,《杭州大学学报》(人文社科版),1986 年第 4 期。

26. 林金水:《试论艾儒略传播基督教的策略与方法》,《世界宗教研究》,1995 年第 1 期。

27. 王庆余:《利玛窦:近代西方文化使者》,《百科知识》,1980 年第 12 期。

28. 樊洪业:《西学东渐第一师:利玛窦》,《自然辩证法通讯》,1989

年第 5 期。

29. 汤一介:《论利玛窦汇合中西文化的尝试》,《宗教》,1988 年第 2 期。

30. 刘璐:《南怀仁在中国》,《紫禁城》,1980 年第 3 期。

31. 康志杰:《西学东渐的先行者汤若望》,《中国典籍与文化》,1993 年第 3 期。

32. 顾宁:《艾儒略和他的〈西学凡〉》,《世界历史》,1994 年第 5 期。

33. 冯天瑜:《徐光启的学术路线》,见《明清文化史散论》,华中理工学院出版社,1984 年。

34. 钟鸣旦:《〈四库全书总目提要〉对于西学的评价》,《中外关系史学会通讯》,1983 年第 4 期。

35. 萧楚父:《十七世纪中国学人对西方文化传入的态度》,见《文化:中国与世界》编委会:《文化:中国与世界》(第二辑),生活·读书·新知三联书店,1987 年。

36. 孙西:《论"礼仪"之争》,《中国史研究》,1987 年第 4 期。

37. 陈钦在、黄兰英:《中西文化的一次剧烈冲突:论明清时期的"中国礼仪之争"》,《浙江学刊》,1992 年第 2 期。

38. 林金水:《明清之际士大夫与中西礼仪之争》,《历史研究》,1993 年第 2 期。

39. [美]W.J.裴德生、朱鸿林:《徐光启李之藻杨廷筠成为天主教徒试释》,见中国社会科学院历史研究所明史研究室编:《明史研究论丛》(第 5 辑),江苏古籍出版社,1991 年。

40. 罗光:《〈天学初函〉(影印本)序》,见李之藻:《天学初函》(影印本),学生书局,1965 年。

41. 欧阳珍:《马克思恩格斯论鸦片战争》,《文史哲》,1952 年第 2 期。

42. 戴逸:《闭关政策的历史教训》,《人民日报》,1979 年 3 月 13 日。

43. 熊月之:《"师敌之长技以制敌"是魏源而不是林则徐说的》,《历史教学》,1980 年第 4 期。

44. 吴泽、黄丽镛:《魏源〈海国图志〉研究》,《历史研究》,1963 年第 4 期。

45. 熊月之:《近代西学东渐的序幕:早期传教士在南洋等地活动史料钩沉》,《史林》,1992 年第 4 期。

46. 李志刚:《马礼逊与英华书院》,《文史知识》,1988 年 12 月。

47. 李喜所:《两次鸦片战争时期传教士在华的文化活动》,《湘潭大学学报》(社会科学版),1990 年第 3 期。

48. 王继平:《洋务运动与中国现代化》,见《近代中国与近代文化》,中国社会科学出版社,2003 年。

49. 李喜所:《洋务运动与认识世界》,见《中国近代社会与文化研究》,人民出版社,2003 年。

50. 皮明庥:《"中体西用"论评议》,见《辛亥革命与近代思想:近代历史研究录》,陕西师大出版社,1986 年。

51. 史革新:《十九世纪六十年代至九十年代西学在中国的传播》,《北京师范大学学报》(社会科学版),1985 年第 5 期。

52. 刘钝:《从徐光启到李善兰——从〈几何原本〉之完壁透视明清文化》,《自然辩证法通讯》,1989 年第 3 期。

53. 王维俭:《丁韪良和京师同文馆》,《中山大学学报》(哲学社会科学版),1984 年第 2 期。

54. 邹振环:《傅兰雅与江南制造局的译书》,《历史教学》,1986 年第 10 期。

55. 邹振环:《慕维廉与〈新工具〉》,见朱维铮主编:《基督教与近代文化》,上海人民出版社,1994 年。

56. 李喜所:《林乐知在华的文化活动》,《社会科学研究》,2001 年第 1 期。

57. 陈启伟:《谁是我国近代介绍西方哲学的第一人》,《东岳论丛》,2000 年第 4 期。

58. 忻平:《论王韬与上海格致书院》,《档案与历史》,1987 年第 1 期。

59. 王芸生:《容闳和他的〈西学东渐记〉》,《读书》,1979 年第 6 期。

60. 陆宝千:《郭嵩焘之洋务思想》,《广文月刊》,1968 年第 3 期。

61. 邹振环:《薛福成与〈瀛环志略〉续编》,见王元化主编:《学术集林》(第 14 卷),远东出版社,1998 年。

62. 李喜所:《马建中与中西文化交流》,见《中国近代社会与文化研究》,人民出版社,2003 年。

63. 李茂肃:《黄遵宪的爱国主义精神》,《光明日报》,1959 年 11 月 8 日。

64. 戴逸:《戊戌时代的思想解放》,《历史研究》,1958 年第 9 期。

65. 范文澜:《戊戌变法的历史意义》,《人民日报》,2010 年 8 月 12 日。

66. 杨立强:《民族觉醒的里程碑——关于戊戌变法评价的若干问题》,《复旦学报》,1979 年第 5 期。

67. 周恩来:《在辛亥革命五十周年纪念大会上的讲话》,《人民日报》,1961 年 10 月 10 日。

68. 李达:《辛亥革命五十周年学术讨论会开幕词》,《历史研究》,1961 年第 6 期。

69. 光明日报社论:《辛亥革命的历史意义》,《光明日报》,1961 年 10 月 10 日。

70. 李泽厚:《论康有为的哲学思想》,《哲学研究》,1957 年第 1 期。

71. 汤志钧:《康有为早期的“大同”思想》,《江海学刊》,1963 年第 10 期。

72. 耿云志:《论〈新民丛报〉前期梁启超对思想启蒙运动的贡献》,见张江明主编:《论戊戌维新运动及康有为、梁启超》,广东人民出版社,1985 年。

73. 黄见德:《论梁启超在中国传播西方哲学的启蒙意义》,《安徽师范大学学报》(人文社会科学版),1989年第3期。

74. 王拭:《严复在维新运动时期(1895—1898)的思想与活动》,《南京大学学报》,1956年第4期。

75. 李泽厚:《论严复》,《历史研究》,1977年第2期。

76. 孙长江:《论谭嗣同》,《历史研究》,1965年第3期。

77. 冯契:《王国维的哲学思想与治学方法》,《河北学刊》,1987年第6期。

78. 黄见德:《论王国维对近代德国哲学的研究》,《江淮论坛》,1989年第6期。

79. 陈锡祺:《孙中山和辛亥革命》,《中山大学学报》,1979年第4期。

80. 林家有:《中华民族的发展与民族精神的振兴——论孙中山的民族发展观》,见广东省孙中山研究会编:《"孙中山与亚洲"国际学术讨论会论文集》,中山大学出版社,1994年。

81. 周兴梁:《吸取·融贯·创新——略论孙中山与中西文化的关系》,见广东省孙中山研究会编:《"孙中山与亚洲"国际学术讨论会论文集》,中山大学出版社,1994年。

82. 汤志钧:《辛亥革命前章炳麟学术思想评价》,《文史哲》,1964年第2期。

83. 孔繁:《章太炎在主编〈民报〉时期的哲学思想》,《哲学研究》,1978年第5期。

84. 黄见德:《论章太炎传播西方哲学的特点》,《社会科学动态》,1990年第10期。

85. 黄见德:《论马君武对西方哲学的研究与传播》,《华中理工大学学报》,1990年第2期。

86. 黄见德:《论蔡元培对康德哲学的研究》,《华中理工大学学报》,1988年第2期。

87. 黎红雷:《辛亥革命前法国启蒙哲学在中国的传播和影响》,

《法国研究》,1986 年第 4 期。

88. 丁伟志:《近代中国中西文化交流的历史特点》,《中国文化研究》,1998 年第 3 期。

89. 丁伟志:《本世纪初的文化自省》,《传统文化与现代化》,1995 年第 5 期。

90. 罗荣渠:《论现代化的世界进程》,《中国社会科学》,1990 年第 5 期。

91. 陈启伟:《"哲学"译名考》,《哲学译丛》,2001 年第 3 期。

92. 张磊:《划时代的伟大启蒙——纪念五四运动六十周年》,《学术月刊》,1979 年第 2 期。

93. 丁守和:《论五四时期的社会思潮》,《新华文稿》,1979 年第 5 期。

94. 陈辽:《特点 · 落差 · 原因 · 启示——略论五四时期的中外文化交流》,见夏禹龙主编:《中国文化发展的转机》,知识出版社,1989 年。

95. 黄见德:《论五四时期西方哲学在中国的传播》,见夏禹龙主编:《中国文化发展的转机》,知识出版社,1989 年。

96. 冯贵等:《马克思主义哲学在中国的传播》,见中国现代哲学史研究会编:《中国现代哲学与文化思潮》,求实出版社,1989 年。

97. 段启咸:《唯物史观在中国的传播》,《江汉论坛》,1983 年第 3 期。

98. 李慎兆:《论陈独秀在新文化运动中的历史作用》,《北京师范大学学报》(社会科学版),1979 年第 3 期。

99. 许全兴:《简论陈独秀的前期哲学思想》,《中国哲学史研究》,1986 年第 2 期。

100. 袁伟时:《先驱者的历史功勋——论李大钊哲学思想的地位》,《哲学研究》,1981 年第 8 期。

101. 吕明灼:《李大钊对传播马克思主义的贡献》,《哲学研究》,1983 年第 2 期。

102. 宋镜明:《李达同志在建党时期对传播马克思主义的贡献》,《武汉大学学报》(人文科学版),1983 年第 3 期。

103. 丁守和:《试论瞿秋白的哲学思想》,《马克思主义研究》,1986 年第 1 期。

104. 章清:《实用主义哲学与近代中国启蒙运动》,《复旦学报》(社会科学版),1988 年第 5 期。

105. 朱文华:《试论胡适在五四新文化运动中的作用和地位》,《复旦学报》(社会科学版),1979 年第 3 期。

106. 胡军:《罗素与张申府》,见张岱年、汤一介主编:《文化的冲突与融合——张申府、梁漱溟、汤用彤百年诞辰纪念文集》,北京大学出版社,1997 年。

107. 钱碧湘:《鲁迅与尼采哲学》,《中国社会科学》,1982 年第 2 期。

108. 黄见德:《五四时期尼采哲学在中国传播的重新认识》,《华中理工大学学报》,1989 年第 1 期。

109. 贺麟:《康德黑格尔哲学东渐记》,见《中国哲学》编辑部:《中国哲学》(第二辑),生活·读书·新知三联书店,1980 年。

110. 张静如:《抗日战争与中国社会现代化》,《北京师范大学学报》(社会科学版),1995 年第 4 期。

111. 武文全:《30 年代中国社联的活动及其历史功绩》,《学术月刊》,2000 年第 8 期。

112. 马克锋:《试论 30 年代中期的中国本位文化建设运动》,《宝鸡文理学院学报》(社会科学版),1987 年第 4 期。

113. 朱清华:《〈哲学评论〉杂志和中国近现代哲学》,《学术月刊》,2000 年第 8 期。

114. 汪子嵩:《中西哲学的交会——漫忆西南联大哲学系的教授》,《读书》,1999 年第 9 期与第 10 期。

115. 汪子嵩:《学术需要自由——纪念西南联合大学 45 周年》,见西南联大北京校友会编:《庆祝西南联大成立 65 周年纪念特辑》,

2002 年。

116. 李凌:《西南联大的学术》,《社会科学报》,2003 年 12 月 18 日。

117. 胡昌善:《延安时期马克思主义哲学的传播及其特点》,《武汉师范学院学报》,1983 年第 1 期。

118. 袁似瑶:《马克思主义哲学与中国民主革命》,《广西师范学院学报》(哲学社会科学版),1983 年第 2 期。

119. 黎澍:《马克思主义在中国胜利的历史背景和国际意义》,《马克思主义研究丛刊》,1983 年第 1 期。

120. 蔡德麟:《从马克思主义在中国的传播到毛泽东思想的形成》,《安徽大学学报》(哲学社会科学版),1983 年第 1 期。

121. 赵德志:《李达的〈社会学大纲〉在中国马克思主义哲学与发展史上的地位》,《社会科学辑刊》,1987 年第 4 期。

122. 叶佐英、卢国英:《艾思奇同志三十年代在上海的哲学活动》,《云南社会科学》,1982 年第 1 期。

123. 刘培育:《一代宗师金岳霖》,《哲学研究》,1984 年第 8 期。

124. 胡军:《中国哲学的现代化与金岳霖的〈知识论〉》,《理论探讨》,1994 年第 3 期。

125. 冯契:《"新理学"的理性精神》,《学术月刊》,1991 年第 2 期。

126. 方克立:《全面评价冯友兰》,《哲学研究》,1997 年第 12 期。

127. 汗子嵩:《研究希腊哲学的楷模——从〈陈康哲学论文集〉说起》,《读书》,1989 年第 10 期。

128. 杨祖陶:《西哲东渐的宗师——汤用彤先生追忆》,《学术月刊》,2001 年第 4 期。

129. 詹志芳:《圣哲徐梵澄》,《人物》,2000 年第 8 期。

130. 郑涌:《重读〈维也纳学派哲学〉有感》,《读书》,1992 年第 6 期。

131. 赵德志:《熊十力与生命哲学》,《辽宁大学学报》(哲学社会科学版),1993 年第 3 期。

132. 王宗昱:《梁漱溟与柏格森哲学》(下),《社会科学家》,1989年第4期。

133. 简力:《贺麟先生与黑格尔哲学》,见宋祖良、范进主编:《会通集》,生活·读书·新知三联书店,1993年。

134. 张学智:《贺麟的哲学翻译》,《广东社会科学》,1991年第4期。

135. 张耀南:《张东荪与中国哲学的现代化》,《首都师大学报》,1999年第3期。

136. 吕希晨:《论张君劢对传播现代西方哲学的贡献》,见中国现代哲学史研究会编:《中国现代哲学与文化思潮》,求实出版社,1989年。

137.《人民日报》社论:《用马克思主义理论来指导我们的国家建设工作——纪念马克思诞生135周年》,《人民日报》,1953年5月5日。

138. 刘少奇:《马克思列宁主义在中国的胜利》,《红旗》,1959年第19期。

139. 许立群、陈道、陈茂仪:《〈关于正确处理人民内部矛盾的问题〉是对马克思列宁主义的重大贡献》,《哲学研究》,1958年第3期。

140. 马特:《讨论日丹诺夫关于亚历山大洛夫〈西欧哲学史〉的发言》,《新建设》,1950年第1期。

141. 艾思奇:《关于几个哲学问题》,《新建设》,1950年第1期。

142. [苏联]E.波莫葛耶娃、夏禹文:《罗素——新世界战争哲学化的挑拨者》,《新建设》,1952年第8期。

143. 金岳霖:《介绍威尔斯〈实用主义:帝国主义底哲学〉》,《新建设》,1954年第10期。

144. 任华:《介绍康福斯的〈科学与唯心主义的对立〉》,《新建设》,1954年第12期。

145. 黄枬森:《回顾〈哲学〉专刊的早期工作》,见《光明日报四十年》编辑小组编:《光明日报四十年》,光明出版社,1989年。

146. 刘放桐:《总结经验教训,加强对现代西方哲学的研究》,《复旦学报》(社会科学版),1984 年第 5 期。

147. 贺麟:《关于哲学史上唯心主义的评价问题》,见哲学研究编辑部编:《中国哲学史问题讨论专辑》,科学出版社,1957 年。

148. 贺麟:《讲授唯心主义课程的一些体会》,《光明日报》,1952 年 1 月 4 日。

149. 冯友兰:《关于中国哲学史研究的两个问题》,见哲学研究编辑部编:《中国哲学史问题讨论专辑》,科学出版社,1957 年。

150. 朱谦之:《关于中国哲学史的对象和范围问题》,见哲学研究编辑部编:《中国哲学史问题讨论专辑》,科学出版社,1957 年。

151. 任继愈:《中国哲学史的对象和范围》,见哲学研究编辑部编:《中国哲学史问题讨论专辑》,科学出版社,1957 年。

152. 洪谦:《应该重视西方哲学史的研究》,《人民日报》,1957 年 6 月 7 日。

153. 关锋:《反对哲学史工作中的修正主义》,《哲学研究》,1958 年第 1 期。

154. 任华:《苏联哲学史研究工作中的重大成就》,《光明日报》,1957 年 11 月 17 日。

155. 赵敦华:《西方哲学通史》(第一卷),北京大学出版社,1996 年。

156. 江夏:《〈哲学史简编〉出版》,《人民日报》,1957 年 4 月 10 日。

157. 葛力:《治哲学述怀》,见董驹翔、董翔薇编:《哲人忆往》,中国青年出版社,1999 年。

158. 邓晓芒:《读韦卓民先生西方哲学译著的文化断想》,见马敏等编:《跨越中西文化的巨人——韦卓民学术思想国际研讨会论文集》,华中师范大学出版社,1995 年。

159. 王元化:《韦卓民哲学遗著片谈》,见马敏等编:《跨越中西文化的巨人:韦卓民学术思想国际研讨会论文集》,华中师范大学出版社,1995 年。

160. 王宏维:《功力绵厚 见地精深——韦卓民先生对康德“三大批判”的研究》,见马敏等编:《跨越中西文化的巨人——韦卓民学术思想国际研讨会论文集》,华中师范大学出版社,1995 年。

161. 何建明:《文化接受与交融的方法论问题——韦卓民文化方法论思想引论》,见马敏等编:《跨越中西文化的巨人:韦卓民学术思想国际研讨会论文集》,华中师范大学出版社,1995 年。

162. 王元化:《关于黑格尔〈小逻辑〉一书的通信·跋》,见《读黑格尔》,百花州文艺出版社,1997 年。

163. 杨一之:《康德黑格尔哲学讲稿》,商务印书馆,1996 年。

164. 王树人:《读一之老师文集有感》,见冯静编:《理性的追求——杨一之著述选粹》,社会科学文献出版社,2000 年。

165. 王树人:《为了进取的纪念——写在杨一之教授逝世一周年的日子里》,见冯静编:《理性的追求——杨一之著述选粹》,社会科学文献出版社,2000 年。

166. 鲍世珍:《智识分子的一代楷模》,见冯静编:《理性的追求——杨一之著述选粹》,社会科学文献出版社,2000 年。

167. 唐晓文:《读几本哲学史》,《红旗》,1972 年第 2 期。

168. 宋祖良:《三十五年来的西方哲学史研究》,《学习与思考》,1984 年第 5 期。

169. 王树人:《挣脱羁绊投身变革——十年来哲学与哲学史研究的若干反思》,《学术月刊》,1989 年第 1 期。

170. 王元明:《20 世纪尼采哲学在中国的盛衰》,《南开学报》(哲学社会科学版),1999 年第 1 期。

171. 王元明:《实用主义在中国》,《哲学动态》,2000 年第 3 期。

172. 江怡:《实证主义在我国当代哲学中的命运》,《哲学动态》,1999 年第 9 期。

173. 顾红亮:《近 20 年来杜威哲学研究综述》,《哲学动态》,1997 年第 10 期。

174. 杨祖陶:《德国古典哲学研究的现代价值——〈德国古典哲学

逻辑进程〉再版前言》,《哲学研究》,2003年第4期。

175. 杨河:《20世纪康德黑格尔哲学在中国的传播和研究》,《厦门大学学报》(哲学社会科学版),2001年第1期。

176. 黄见德:《现象学研究在我国述评》,《哲学动态》,1998年第3期。

177. 王路:《语言哲学研究述评》(上),《国外社会科学》,1997年第6期。

178. 何卫平:《西方解释学在中国的传播及效应》,《世界哲学》(增刊),2000年。

179. 王为理:《海德格尔研究述评》,《哲学动态》,1996年第6期。

180. 黄见德:《理想与抱负的体现——有感于〈希腊哲学史〉一、二卷问世》,《学术月刊》,1994年第10期。

181. 孙月才:《三代学人的智慧》,《读书》,1994年第4期。

182. 汪子嵩:《陈康、苗力田与亚里士多德哲学研究——兼论西方哲学的研究方法和翻译方法》,《中国人民大学学报》,2001年第4期。

183. 洪汉鼎:《我和苗公的斯宾诺莎缘》,见谭鑫田、李秋零编:《苗力田教授纪念文集》,中国人民大学出版社,2001年。

184. 李秋零:《无尽的思念》,见谭鑫田、李秋零编:《苗力田教授纪念文集》,中国人民大学出版社,2001年。

185. 黄见德:《呕心沥血30多年的智慧结晶——评洪汉鼎〈斯宾诺莎哲学研究〉》,《北京社会科学》,1994年第2期。

186. 黄枏森:《〈批判哲学的批判〉一书简评》,《哲学研究》,1980年第5期。

187. 郭大为:《重估费希特的价值——费希特著作选集编译告成》,《哲学动态》,2000年第10期。

188. 张世英:《为了人类美好的未来——评〈费希特青年时期的哲学创作〉》,《哲学研究》,1994年第2期。

189. 姜丕之:《谈谈贺麟先生对黑格尔辩证法的研究》,见宋祖良、范进编:《会通集》,生活·读书·新知三联书店,1993年。

190. 杨祖陶:《论贺麟先生对黑格尔哲学体系构成的创见》,见宋祖良、范进编:《会通集》,生活·读书·新知三联书店,1993 年。

191. 侯鸿勋:《贺麟先生与黑格尔的法哲学》,见宋祖良、范进编:《会通集》,生活·读书·新知三联书店,1993 年。

192. 高全喜:《贺麟先生与〈精神现象学〉》,见宋祖良、范进编:《会通集》,生活·读书·新知三联书店,1993 年。

193. 黄行发:《求真求是的学术道路——读贺麟的〈黑格尔哲学讲演集〉》,见宋祖良、范进编:《会通集》,生活·读书·新知三联书店,1993 年。

194. 陈修斋:《论贺麟先生对唯心主义的评价》,见宋祖良、范进编:《会通集》,生活·读书·新知三联书店,1993 年。

195. 钱广华:《贺麟先生与康德哲学》,见宋祖良、范进编:《会通集》,生活·读书·新知三联书店,1993 年。

196. 梁志学:《贺麟对费希特的研究》,见宋祖良、范进编:《会通集》,生活·读书·新知三联书店,1993 年。

197. 洪汉鼎:《贺师与斯宾诺莎》,见宋祖良、范进编:《会通集》,生活·读书·新知三联书店,1993 年。

198. 罗志野:《贺麟教授论实用主义》,见宋祖良、范进编:《会通集》,生活·读书·新知三联书店,1993 年。

199. 周谷城:《贺麟先生的治学风格》,见宋祖良、范进编:《会通集》,生活·读书·新知三联书店,1993 年。

200. 罗达仁:《谈谈贺麟先生的翻译风格》,见宋祖良、范进编:《会通集》,生活·读书·新知三联书店,1993 年。

201. 周辅成:《哲学·文化与民族——我所了解的贺麟先生》,见宋祖良、范进编:《会通集》,生活·读书·新知三联书店,1993 年。

202. 汪子嵩:《陈修斋哲学与哲学史论文集·序》,见段德智选辑:《陈修斋哲学与哲学史论文集》,武汉大学出版社,1995 年。

203. 杨祖陶:《陈修斋哲学与哲学史论文集·序》,见段德智选辑:《陈修斋哲学与哲学史论文集》,武汉大学出版社,1995 年。

204. 郭齐勇:《陈修斋先生与一桩哲学公案》,见段德智选辑:《陈修斋先生纪念文集》,武汉大学出版社,1997 年。

205. 段德智:《陈修斋的哲学生涯与理论贡献刍议》,见段德智选辑:《陈修斋先生纪念文集》,武汉大学出版社,1995 年。

206. 徐瑞康:《陈修斋先生与西欧近代唯理论和经验论》,见段德智选辑:《陈修斋先生纪念文集》,武汉大学出版社,1997 年。

207. 段德智:《谈谈陈修斋先生在西欧近代唯理论和经验论哲学研究方面的贡献》,见段德智选辑:《陈修斋先生纪念文集》,武汉大学出版社,1997 年。

208. 李超杰:《探究天人古今　卓成一家之言——张世英教授的哲学研究》,《北京大学学报》,1996 年第 1 期。

209. 萧楚父:《让逻辑之光照亮历史》,《中国社会科学》,1996 年第 1 期。

210. 江怡佚:《美国哲学的历史把握——读涂纪亮的新著〈美国哲学史〉(三卷本)》,《哲学动态》,2000 年第 7 期。

211. 李树琦:《以"辩证分析"对待"分析哲学"》,《中国社会科学》,1988 年第 2 期。

212. 吴伦生:《广博巡视长学识,细微分析见功底——赵敦华教授的西方哲学研究》,《北京大学学报》,1994 年第 6 期。

213. 王炜:《于天人之际,求自由之真谛——忆熊伟先生》,《外国哲学》(第 23 辑),2012 年。

214. 邓晓芒:《中国百年西方哲学研究中的十大文化错位》,《世界哲学》,2002 年增刊。

215. [德]M.缪勒:《中国人的黑格尔:关于百年来中国大陆和台湾对黑格尔的接受调查报告》,佚名译,《世界哲学》,2002 年增刊。

216. 黄见德:《略论当代台湾学者的西方哲学研究》,《华中科技大学学报》,2001 年第 3 期。

217. 唐君毅等:《为中国文化敬告世界人士宣言》,《民主评论》,1958 年第 1 期。

218. 廖仁义:《台湾哲学的历史构造——日据时期哲学思想的发生与演进》,《当代》,1988 年 8 月。

219. 沈清松:《哲学在台湾之发展》,见《中国论坛》杂志社编:《海峡两岸学术研究的发展》,中国论坛社,1988 年。

220. 邬昆如:《欧陆现代思潮在台湾省的创新与发展》,《哲学杂志》,1996 年第 25 期。

221. 林正弘:《台湾分析哲学之回顾与现况》,《哲学杂志》,1999 年第 27 期。

222. 刘述先:《当代儒学发展之新契机》,见郑家栋、叶海烟主编:《新儒家评论》(第二辑),中国广电出版社,1995 年。

223. 刘述先:《中华文化在多元文化中的位置》,《二十一世纪》,2000 年第 4 期。

224. 傅伟勋:《哲学探求的荆棘之路》,见《从西方哲学到禅佛教》,生活·读书·新知三联书店,1989 年。

225. 成中英:《深入西方哲学的核心》,见《世纪之交的抉择》,知识出版社,1991 年。

226. 刘述先:《哲学探索的机缘背景与实存体证》,见《中西哲学论文集》,学生书局,1987 年。

227. 胡秋原:《我的时代和我的思想》,见《中华心》,社会科学文献出版社,1995 年。

228. 韦政通:《社会关怀》,见《思想的探险》(下),正中书局,1994 年。

229. 林毓生:《试图贯通于热烈与冷静之间——略述我的治学缘起》,见《热烈与冷静》,上海文艺出版社,1998 年。

230. 翁之光:《近期台湾哲学文化思潮概述》,《哲学动态》,1993 年第 9 期。

231. 黄克剑:《当代新儒家八大家编纂旨趣》,见唐君毅:《唐君毅集》,群言出版社,1993 年。

232. 郑家栋:《中西融合的另一走向》,《读书》,1993 年第 10 期。

233. 陈来:《分化与重组:台湾学界一瞥》,《读书》,1993 年第 1 期。

234. 李慎之:《全球化时代与中国人的使命》,《东方》,1994 年第 5 期。

235. 李慎之:《辨异同・合东西——中国文化前景展望》,《东方》,1994 年第 3 期。

236. 汤一介:《古今东西之争与中国现代文化的发展》,《江淮论坛》,1994 年第 6 期。

237. 袁伟时:《建立适应全球化时代的文化心态》,《传统与现代》,1994 年第 6 期。

238. 袁伟时:《西化・现代化・政治家・知识分子》,《传统与现代》,1994 年第 4 期。

239. 汤一介、闵惠泉:《文化历程的反思与展望》,《现代传播:中国传媒大学学报》,1996 年第 3 期。

240. 萧楚父:《中国哲学启蒙的坎坷道路》,见《吹沙集》,巴蜀书社,1991 年。

241. 萧楚父:《对外开放的历史反思》,见《吹沙集》,巴蜀书社,1991 年。

242. 萧楚父:《世纪桥头的一些浮想》,见武汉大学哲学系编:《珞珈哲学论坛》(第一辑),武汉大学出版社,1996 年。

243. 黄见德:《西方哲学东渐与中国的现代化》,《广东社会科学》,1998 年第 1 期。

244. 黄见德:《西方哲学东渐与文化民族主义》,《开放时代》,1997 年第 6 期。

245. 方克立:《二十世纪中国哲学的宏观审视》,《中国社科院研究生院学报》,1994 年第 4 期。

246. 尤西林:《人文学科与 20 世纪中国学术》,《学术月刊》,1998 年第 7 期。

247. [苏联]日丹诺夫:《在关于亚历山大洛夫〈西欧哲学史〉一书

讨论会上的发言》，见《苏联哲学问题》，李立三译，作家书屋，1950 年。

248. [西班牙]庞迪我：《天主实义续篇》，见吴相湘主编：《天主教东传文献续编》(一)，学生书局，1966 年。

249. 严复：《天演论・序》，见王栻主编：《严复集》(第五册)，中华书局，1986 年。

250. 严复：《原强》，《直报》，1895 年 3 月 4 日至 3 月 9 日。

251. 蔡新乐：《文化史就是翻译史——陈寅恪的历史发现与其翻译观初探》，《外语与外语教学》，2006 年第 10 期。

252. 程新宇：《西方哲学东渐百年：回顾、反思、展望——海峡两岸西方哲学东渐学术研讨会综述》，《世界哲学》，2003 年第 1 期。

253. 陈应年：《20 世纪西方哲学理论东渐述要(上)》，《世界哲学》，2001 年第 2 期。

254. 谢地坤：《西方哲学研究 30 年(1978—2008)的反思》，《安徽师范大学学报》(人文社科版)，2008 年第 4 期。

255. 张东荪：《休谟哲学与近代思潮》，《哲学评论》，1928 年第 1 期。

256.《哲学研究》编辑部：《反思有益于前进——复刊二十年来的回顾和展望》，《哲学研究》，1990 年第 1 期。

257. 李毓章：《20 世纪中国的费尔巴哈研究》，《厦门大学学报》(哲学社会科学版)，2003 年第 4 期。

258. 王韬：《西学原始考》，参见《西学辑存》，光绪庚寅刻本。

259. [德]莱布尼茨：《莱布尼茨致闵明我的两封信》，庞景仁译，《中国哲学史研究》，1981 年第 3 期。

260. 梁启超：《论不变法之害》，见林文光选编：《梁启超文选》，四川文艺出版社，2009 年。

261. 梁启超：《近世文明初祖二大家之学说》，《新民丛报》，1902 年第 1 号。

262. 严复：《论世变之亟》，《直报》，1895 年 2 月 4 日至 2 月 5 日。

263. 马君武：《社会主义与进化论的比较》，《译书汇编》，1903 年 2

月第 11 号。

264. 梁启超:《西哲之星云说及佛教之器世间论》,《大陆报》,1903 年 8 月第 12 期。

265. 王国维:《叔本华之哲学及其教育学说》,《教育世界》,1904 年 5 月第 75 号与第 77 号。

266. 陈独秀:《宪法与孔教》,《新青年》,1916 年 11 月第二卷第 3 号。

267. 陈独秀:《〈新青年〉罪案之答辩书》,《新青年》,1919 年 1 月第六卷第 1 号。

268. 张颐:《关于黑格尔哲学回答张君劢先生》,《大公报》(文学副刊),1932 年 2 月 25 日至 3 月 14 日。

269. 甘蛰仙:《康德在唯心论史上之地位》,《晨报·副刊》,1924 年 4 月 22 日第 88 号。

270. 张铭鼎:《康德批判哲学之形式说》,《民铎》,1925 年第六卷第 4 号。

271. 范寿康:《康德知识哲学概说》,《学艺》,1924 年第六卷第 5 号。

272. 虞山:《康德审美哲学概论》,《学艺》,1924 年第六卷第 5 号。

273. 陈独秀:《人生真义》,《新青年》(文学副刊),1918 年第四卷第 2 号。

274. 李大钊:《介绍哲人尼杰》,《晨钟报》,1916 年 8 月 22 日。

275. 傅斯年:《随感录》,《新潮》,1919 年第一卷第 5 号。

276. [德]尼采:《新偶像》,雁冰译,《解放与改造》,1919 年第一卷第 6 号。

277. 田汉:《说尼采的〈悲剧之发生〉》,《少年中国》,1919 年第三期。

278. 鲁迅:《再论雷锋塔的倒掉》,《语丝》,1925 年第 15 期。

279. 陈独秀:《吾人最后之觉悟》,《新青年》,1916 年第一卷第 6 号。

280. 胡绳:《新启蒙运动》,《自修大学》,1937 年第一卷第 2 期第 11 号。

281. 林一新:《中国思想发展的回顾及其前途》,《文化建设》,1935 年第十卷第 7 期。

282. 张申府、关琪桐:《笛卡尔方法论》,《清华学报》,1936 年第十一卷第 1 号。

283. 陈望道:《党成立时期的一些情况》,《党史资料》,1980 年第 1 辑。

284. 梁启超:《三十自述》,见《饮冰室合集》(2),中华书局,1989 年。

285. 梁启超:《"国民十大元气论"叙论》,见《饮冰室合集》(1),中华书局,1988 年。

286. 康有为:《诸天讲》(卷二),见《康南海先生遗著汇刊》,宏业书局,1976 年。

287. 王国维:《论近年之学术界》,见《王国维先生全集》(第五集),台湾大学书局,1976 年。

288. 傅统先:《傅统先自述》,见高增德、丁东编:《世纪学人自述》,北京十月文艺出版社,2000 年。

289. [法]列维・斯特劳斯:《论反潮流》,佚名译,《新观察员》,1967 年第 15 期。

290. 方汉文:《镜像拉康:后精神分析学在中国》,《中国图书评论》,2008 年第 3 期。

291. 杨一之:《自述》,见《理性的追求——杨一之著述选粹》,社科文献出版社,2000 年。

292. [比利时]南怀仁:《进呈穷理学书奏》,参见徐宗泽编著:《明清间耶稣会译著提要》,中华书局,1949 年。

293. 王国维:《汗德之知识论》,《教育世界》,1904 年。

294. 乐黛云:《尼采与中国现代文学》,《北京大学学报》(哲学社会科学版),1980 年第 3 期。

295. [德]马立安·高利克:《尼采在中国(1918—1925)》,林振华、刘燕译,《国际汉学》,2018 年第 2 期。

296. 瞿菊农:《有机的国家与国民自觉——纪念黑格尔百年忌辰》,见叶青编:《黑格尔:其生平其哲学及其影响附费尔巴哈》,辛垦书店,1935 年。

297. [英]罗素:《中国问题》,秦悦译,学林出版社,1996 年。

298. 袁刚、孙家祥、任秉强主编:《中国到自由之路:罗素在华讲演集》,北京大学出版社,2004 年。

299. 王新命等:《中国本位的文化建设宣言》,《文化建设》,1935 年第 1 期。

300. [德]马克思:《黑格尔辩证法和哲学的批判》,贺麟译,《新建设》,1954 年第 11 期。

301. [德]马克思:《疏远化了的劳动》,何思敬译,《新建设》,1955 年第 11 期。

302. [英]模礼崧:《古今万国纲鉴录》,东生龟次郎等刊,1875 年。

303. 谢无量:《德国大哲学者尼采之略传及学说》,《大中华杂志》,1915 年第一卷第七期。

304. 傅斯年:《随感录》,《新潮》,1919 年第一卷第 5 号。

305. 郭沫若:《匪徒颂》,《时事新报·学灯》,1920 年 1 月 23 日。

306. [德]施莱特尔:《解释学———当代资产阶级哲学的组成部分》,佚名译,《哲学译丛》,1985 年第 2 期。

307. 钱智修:《现今两大哲学家学说概略》,《东方杂志》,1931 年第十卷第 1 号。

308. 毛泽东:《关于正确处理人民内部矛盾的问题》,《人民日报》,1957 年 6 月 19 日。

309. [德]尼采:《市场之蝇》,沈雁冰译,《解放与改造》,1919 年 12 月 1 日第一卷第 7 号。

310. 陶汇曾:《康德之法律哲学》,见中国科学院哲学研究所资料室编:《资产阶级学术思想批判参考资料》,商务印书馆,1959 年。

311. [德]莱布尼茨:《莱布尼茨致闵明我的两封信》,庞景仁译,《中国哲学史研究》,1981 年第 3 期。

312. 汤一介:《利玛窦汇合东西文化的尝试》,《中国论坛》,1989 年第 3 期。

313. 严复:《述黑格尔唯心论》,《寰球学生报》,1916 年。

314. 鲁迅:《随感录三十八》,《新青年》,1928 年 11 月 15 日。

315. 鲁迅:《再论雷峰塔的倒掉》,《语丝》,1925 年第 15 期。

316. 乐黛云:《尼采与中国现代文学》,《北京大学学报》(哲学社会科学版),1980 年第 3 期。

317. [捷克]高利克:《尼采在中国(1918—1925)》,林振华、刘燕译,《国际汉学》,2018 年第 2 期。

318. 郭大为、梁志学:《黑格尔全集》(第 6 卷),《中国哲学年鉴》,2018 年第 1 期。

319. 姜建强:《叔本华:一个再思考》,《学习与探索》,1993 年。

320. [德]施莱特尔:《解释学——当代资产阶级哲学的组成部分》,中原译,《哲学译丛》,1985 年第 2 期。

图书在版编目(CIP)数据

西方哲学经典著作在中国的翻译和研究/高阳,田召见著.—上海:上海三联书店,2021.11
ISBN 978-7-5426-7290-2

Ⅰ.①西… Ⅱ.①高… ②田… Ⅲ.①西方哲学-翻译-研究 Ⅳ.①B5

中国版本图书馆 CIP 数据核字(2020)第 246230 号

西方哲学经典著作在中国的翻译和研究

著　　者 / 高　阳　田召见

责任编辑 / 宋寅悦
装帧设计 / 一本好书
监　　制 / 姚　军
责任校对 / 张大伟　王凌霄

出版发行 / 上海三联书店
(200030)中国上海市漕溪北路 331 号 A 座 6 楼
邮购电话 / 021-22895540
印　　刷 / 上海惠敦印务科技有限公司

版　　次 / 2021 年 11 月第 1 版
印　　次 / 2021 年 11 月第 1 次印刷
开　　本 / 640 mm × 960 mm　1/16
字　　数 / 280 千字
印　　张 / 21
书　　号 / ISBN 978-7-5426-7290-2/B·714
定　　价 / 80.00 元

敬启读者,如发现本书有印装质量问题,请与印刷厂联系 021-63779028